राष्ट्रनायक गुरु गोविन्द सिंह

राष्ट्र-नायक
गुरु गोविन्द सिंह

हंसराज 'रहबर'

साक्षी प्रकाशन
एस-16, नवीन शाहदरा, दिल्ली-110032
फोन : 011-22324833, 09810461412

ISBN : 81-86265-63-5

प्रकाशक

साक्षी प्रकाशन

एस-16, नवीन शाहदरा, दिल्ली-110032

फोन : 011-22324833, 09810461412

प्रथम संस्करण : 2019

मुद्रक शर्मा प्रिंटर्स, दिल्ली-93,

Rastra Nayak Guru Gobind Singh

Life Sketch by Hansraj Rahbar

अपनी बात

देश की वर्तमान समस्याएं इतिहास की देन हैं और वे देशी-विदेशी निहित स्वार्थों द्वारा इतिहास को विकृत करके पैदा की गई हैं। उन्हें इतिहास का वैज्ञानिक अध्ययन करके ही समझा और सुलझाया जा सकता है। गुरु गोविंद सिंह की प्रस्तुत जीवनी इसी उद्देश्य से लिखी गई है।

गुरु गोविंद सिह सिख-लहर के दसवें और अंतिम गुरु थे और सिख-लहर भक्ति-आंदोलन का अभिन्न अंग थी, इसलिए सिख-लहर समेत पूरे भक्ति-आन्दोलन और जिन ऐतिहासिक परिस्थितियों ने इस आंदोलन को जन्म दिया, उसका जायजा लेना आवश्यक था। हमें जो इतिहास पढ़ाया जाता है, उसमें भक्ति-आंदोलन को समाज-सुधार और विभिन्न सम्प्रदायों में मेल-जोल बढ़ाने का मानवतावादी धार्मिक आंदोलन कहा जाता है। लेकिन सत्य यह है कि भक्ति-आंदोलन तुर्कों और मुगलों के सांस्कृतिक आक्रमण की प्रतिक्रिया था और उसका उद्देश्य भारतीय संस्कृति की रक्षा करना था। आखिर इसी आंदोलन ने विदेशी सत्ता के विरुद्ध सशस्त्र संघर्ष का रूप धारण किया। जब तक आंदोलन के इस सांस्कृतिक तथा राजनीतिक पक्ष को न समझ लिया जाए तब तक कबीर, नानक और तुलसी ने जो महत्वपूर्ण भूमिका अदा की, उसे समझ पाना संभव नहीं है, नानक की भूमिका तुलसी और कबीर की भूमिका से किस माने में अलग और सशक्त है, यह भी समझ पाना संभव नहीं है और देशी-विदेशी निहित स्वार्थों ने इतिहास को सम्प्रदायों में बांटकर जो भ्रांतियाँ फैला दी हैं, उनसे मुक्त होना भी संभव नहीं है।

तुलसी और कबीर से नानक की भूमिका इस माने में अलग है कि उन्होंने प्रचलित धर्मों के मुकाबले एक नए धर्म की स्थापना की और इस नए धर्म की नई मान्यताओं को प्रचारित-प्रसारित करने तथा व्यावहारिक रूप देने के लिए संगत, पंगत और गुरु-गद्दी, तीन संस्थाओं की स्थापना की। इससे सिख-लहर जन-मानस में पैठी और संगठित हुई।

गुरु-गद्दी का उद्देश्य राष्ट्र को विदेशी गुलामी से मुक्त कराना और रूढ़िग्रस्त जर्जर भारतीय समाज का रूपान्तरण करके उसे नया बनाना था। नानक से लेकर दसवें गुरु गोविंद सिंह तक, सभी गुरु प्रतिभाशाली विद्वान् और कवि थे और वे सबके सब देश की ऐतिहासिक और सांस्कृतिक परम्परा से जुड़े हुए थे। उन्होंने ने सिर्फ राष्ट्रीय संस्कृति की, विदेशी आक्रमण से रक्षा की, बल्कि उसे विकसित भी किया और समृद्ध बनाया। संस्कृति किसी भी राष्ट्र की रीढ़ होती है। विदेशी आक्रमणकारी इस रीढ़ को तोड़ने का भरसक प्रयास करता है ताकि विजित राष्ट्र केंचुआ बन जाए, उसमें प्रतिरोध की भावना शक्तिहीन रहे। अतएव संस्कृति को विकसित करना, समृद्ध बनाना, विदेशी शासन के विरुद्ध प्रतिरोध की शक्तियों को जागृत-पोषित करना और सुदृढ़ बनाना था।

गुरु-गद्दी मुगल राज्य के प्रारम्भ में स्थापित हुई और उसके विघटन तक लगभग दो सौ बरस कायम रही। उद्देश्य चूंकि शोषण दमन पर आधारित शासन और समाज को बदलना था, इसलिए देशी-विदेशी निहित स्वार्थों से टकराव अवश्यंभावी था। वह टकराव पांचवें गुरु अर्जुनदेव की शहीदी से शुरू हुआ और छठे गुरु हरगोविंद सिंह मीरी और फकीरी की दो तलवारें पहनकर गद्दी पर बैठें और शिष्यों को आदेश दिया कि वे अब गुरु-भेंट के रूप में शस्त्र और घोड़े लाएं। यहाँ से जो शस्त्र-संघर्ष शुरू हुआ, दसवें गुरु गोविंद सिंह ने उसे पराकाष्ठा तक पहुंचाने तथा गुणात्मक मोड़ देने में जिस सूझ-बूझ, वीरता और त्याग का परिचय दिया, मानव- समाज के इतिहास में वह अपनी मिसाल आप है।

गुरु नानक का जन्म चाहे पंजाब में हुआ, पर उन्होंने धर्म-प्रचार के लिए देश-विदेश की लम्बी-लम्बी यात्राएं कीं और हर जगह अपने शिष्य बनाए। गुरु तेगबहादुर भी लम्बी यात्रा पर निकले और सुदूर पूर्व में बंगाल तथा असम को प्रचार-केन्द्र बनाया। गुरु गोविंद सिंह का जन्म पटना में गंगा-तट पर और देहान्त गोदावरी के तट पर हुआ। दक्षिण जाने का उद्देश्य दक्षिणवासियों को राष्ट्रीय संघर्ष के लिए तैयार करना और विदेशी सत्ता के विरुद्ध संयुक्त मोर्चा बनाना था। डॉ. गोपाल सिंह ने नेशलन बुक ट्रस्ट से प्रकाशित अपनी पुस्तक ''गुरु गोविंद सिंह'' में लिखा है—''ढाका में सिख-संगत के नाम अपने एक पत्र में गुरु ने बंगाल को अपना आध्यात्मिक घर कहा है। इससे जान पड़ता है कि गुरु जी जो संघर्ष कर रहे थे, वह सारे राष्ट्र के लिए था, केवल पंजाब के लिए नहीं। यह भी दिलचस्प बात है कि गुरु नानक से लेकर गुरु गोविंद सिंह तक किसी ने भी अपनी वाणी में पंजाब का नहीं, सारे भारत का उल्लेख किया है।'' (पाद टिप्पणी, पृष्ठ-67)

मतलब यह कि सिख गुरु किसी सम्प्रदाय विशेष के नहीं, पूरे राष्ट्र के नेता थे। उन्हें हिन्दू और मुसलमान दोनों का सहयोग और समर्थन प्राप्त था। हिन्दुओं में तो एक-दो लड़के गुरु-गद्‌दी को समर्पित करने की प्रथा चल पड़ी थी। यह प्रथा मुगल काल में ही नहीं, ब्रिटिश काल में भी बनी रही। पंजाब में आज भी ऐसे हिन्दू-परिवार देखने में आते हैं, जिनमें एक लड़का सिख और बाकी दो या तीन हिन्दू हैं। धर्म भले ही अलग हो—इतिहास एक, परम्परा एक, भाषा और संस्कृति एक, बेटी-रोटी का सम्बन्ध एक, अलगाव की कोई बात ही नहीं?

दरअसल हिन्दू नाम का कोई अलग धर्म ही नहीं। शैव, वैष्णव, बुद्ध, जैन, कबीरपंथी, गोरखपंथी इत्यादि भारत-भूमि पर जन्में जितने भी सम्प्रदाय हैं, सब "हिन्दू" शब्द की परिधि में आ जाते हैं। इनमें से कोई किसी को भी अपना धर्म अथवा किसी को भी अपना ईश्वर या गुरु माने, वह हिन्दू है और जो किसी को भी न मानने वाला निपट नास्तिक है, वह भी हिन्दू[1] है। लेकिन उन सबकी राष्ट्रीयता एक है। राष्ट्रीयता का धर्म-अधर्म से कोई ताल्लुक नहीं। वह इतिहास और परम्परा से निर्धारित होती है।

इस दृष्टि से "हिन्दू, मुस्लिम, सिख, ईसाई—सब आपस में भाई-भाई" का नारा भ्रामक है। इससे राष्ट्रीय एकता बनने के बजाय खंडित हुई हैं। नारा चाहे किसी ने भी दिया हो, उसके पीछे अंग्रेजों की फूटपरस्त नीति काम कर रही थी। अंग्रेज शासकों ने देश की आबादी को धर्म के नाम पर बांटकर हरेक धर्म को अलग राष्ट्र बताया और उन सबकी मिली-जुली संस्कृति को सामासिक संस्कृति का नाम दिया।

परिणाम यह हुआ कि हम धर्म के नाम पर लड़ मरे। हमारा इतिहास बंट गया, परम्परा बंट गई और हीरो बंट गए। फलतः इस महान संस्कृति वाले हमारे इस उपमहाद्वीप के पहले दो देश बने और फिर तीन बन गए। साम्प्रदायिक समस्या ज्यों की त्यों बनी रही, बल्कि पहले से भी विकट रूप धारण कर लिया। विडम्बना देखिए, देश-विभाजन से पहले साम्प्रदायिक दंगों में हिन्दू-सिख एक पक्ष और

---

1. 'हिन्दू' शब्द 'सिंधु' से बिगड़ कर बना है। सिंधु नदी के इस पार बसने वालों को 'हिन्दू' कहा जाता था और विदेशों में आज भी कहा जाता है। इसका अर्थ था—'हिन्दुस्तानी' हिन्दू समाज और हिन्दू संस्कृति का मतलब भी हिन्दुस्तानी समाज और हिन्दुस्तानी संस्कृति समझा जाता था। लेकिन अब 'हिन्दू' शब्द रूढ़ धार्मिक अर्थ में प्रयोग होने लगा है, इसलिए हिन्दू समाज और हिन्दू संस्कृति कहने से जो ध्वनित होता है, वह रूढ़ और संकीर्ण है। इसलिए भारतीय समाज, भारतीय संस्कृति अथवा हिन्दुस्तानी समाज, हिन्दुस्तानी संस्कृति कहना ही उचित है।

मुसलमान दूसरा पक्ष होते थे। लेकिन आज हिन्दू-सिखों को आपस में लड़ाया जा रहा है और खालिस्तान की माँग हो रही है। सिख गुरु जो कभी पूरे राष्ट्र की रक्षा और मुक्ति के लिए लड़े, वे आज सिर्फ सिखों के हीरो बनकर रह गए हैं। इसके लिए जनता जिम्मेदार नहीं, गलत नेतृत्व और गलत समझ जिम्मेदार है।

साम्प्रदायिक समस्या का एकमात्र हल यह है कि इतिहास की वैज्ञानिक व्याख्या की जाए। देश की जनता को धर्म के आधार पर बांटकर जो वैमनस्य फैलाया गया है, वह तभी दूर होगा। वैज्ञानिक व्याख्या के अनुसार हमारा यह विशाल देश विभिन्न राष्ट्रीयताओं का देश है। एक राष्ट्रीयता में एक से अधिक धर्मों के मानने वाले लोग हो सकते हैं, पर उनकी भाषा और संस्कृति एक होती है। उदाहरणतः पंजाब में हिन्दू, सिख, मुसलमान ईसाई इत्यादि विभिन्न धर्मों के लोग रहते हैं (या रहते थे), पर उन सब की भाषा और संस्कृति एक है। किसी भी पंजाबी हिन्दू या मुसलमान, का पंजाबी को अपनी मातृभाषा न मानना पंजाबी राष्ट्रीयता के विकास में बाधा डालना और साम्प्रदायिकता को बढ़ावा देना है। सिख गुरुओं ने पंजाबी भाषा में साहित्य रचा और लिपि का आविष्कार किया। इसके लिए हर पंजाबी को उनका आभार मानना चाहिए, क्योंकि उन्होंने पंजाबी संस्कृति को संकट से उबारा, उसे विकसित किया और समृद्ध बनाया। इससे पंजाबी को "गुरुमुखी" कहकर सिखों की बना देना गलत है।

भाषा और संस्कृति में चोली-दामन का संबंध है। दोनों का विकास अन्योन्याश्रित है। राष्ट्रीयताओं की भाषा और संस्कृति जितनी अधिक विकसित होगी, समृद्ध बनेगी–राष्ट्रभाषा और संस्कृति भी उतनी ही विकसित होगी, समृद्ध बनेगी। दोनों में अंतर्विरोध पैदा करने का परिणाम यह है कि साम्प्रदायिक समस्या की तरह क्षेत्रवाद की समस्या ने भी विकट रूप धारण कर लिया है। इस समस्या का भी एकमात्र हल यह है कि हर क्षेत्र में प्रशासन की कार्रवाई क्षेत्रीय भाषा में हो और उसे प्राथमिक स्कूल से यूनिवर्सिटी तक शिक्षा का माध्यम बनाया जाए। जन दबाव से भाषा के आधार पर राज्य भले ही बना दिए गए, पर विवाद के मुद्दे छोड़ दिए गए और अंग्रेजी का प्रभुत्व ज्यों का त्यों बना रहा। जो प्रशासन प्रणाली अंग्रेजों ने हमें गुलाम बनाए रखने के लिए लागू की थी, वह अब भी ज्यों की त्यों बनी हुई है। आई. सी. एस. को आ. ए. एस. कह देने से क्या फर्क पड़ता है। पहले भी राय बहादुरों और खान बहादुरों के लड़के आई. सी. एस. बनते थे, वे ही अब आई. ए. एस. बनते हैं। नौकरशाही का प्रभुत्व बदस्तूर कायम है। आपस में लड़ने के बजाय अंग्रेजी के प्रभुत्व और नौकरशाही के प्रभुत्व से लड़ने की जरूरत है।

ये समस्याएं संसद में बहस नहीं, जन-क्रांति द्वारा हल होंगी। जनक्रांति 1857 से इतिहास के एजंडे पर है, पर उसे क्रांति-विरोधी षड्यंत्र रच कर बार-बार टाला गया है। टालने के ही परिणाम-स्वरूप भटकाव-बिखराव की वर्तमान स्थिति पैदा हुई। जब तक समस्याएं हल नहीं होगी, स्थिरता नहीं आएगी। संघर्ष जारी है, और जारी रहेगा।

जनता इतिहास बनाती ही नहीं, इतिहास जीती भी है। इतिहास उसका प्रेरणा स्रोत है और इतिहास ही उसका शस्त्रागार है। दसवें गुरु गोविन्द सिंह ने इस बात को भली-भांति समझ लिया था। उन्होंने शोषित-उत्पीड़ित जनता को पहले इतिहास और परम्परा से जोड़कर राष्ट्रीय चेतना से लैस किया, उसके बाद ही खालसा की स्थापना हुई। वर्तमान भटकाव-बिखराव की स्थिति को खत्म करने और जन-संघर्ष को सफल बनाने के लिए भी शोषित-उत्पीड़ित जनता को इतिहास और परम्परा से जोड़ना और राष्ट्रीय चेतना से लैस करना आवश्यक है। गुरु गोविन्द सिंह की यह जीवनी इसी उद्देश्य से लिखी गई है। उनका संघर्ष और त्याग चूंकि पूरे राष्ट्र के लिए था, इसलिए इसका नाम "राष्ट्रनायक गुरु गोविन्द सिंह" उपयुक्त समझा गया।

एक बात और, कुछ देशी-विदेशी लेखकों ने गुरु गोविन्द सिंह के जीवन में चमत्कारी घटनाएं जोड़कर उन्हें अवतार या मिथक बना दिया है। लेकिन गुरु जी चमत्कारों के विरुद्ध थे और खुद लिखा है कि "जो कोई मुझे अवतार मानेगा, नरक में जाएगा।" उन्होंने राम, कृष्ण आदि को भी अवतार नहीं माना, 'अन्याय और अत्याचार के विरुद्ध लड़ने वाले 'महापुरुष' कहा है। गुरु गोविन्द सिंह भी असत्य और अन्याय के विरुद्ध लड़ने वाले महापुरुष थे। और साथ ही प्रतिभा-सम्पन्न विचारक तथा दार्शनिक भी थे। वह हमारे लिए प्रेरणा और शिक्षा के स्रोत हैं–प्रकाश स्तम्भ हैं।

–हंसराज रहबर
नवीन शाहदरा, दिल्ली
10.11.82

अनुक्रम

बचपन और शिक्षा

23 पौष, संवत् 1723 विक्रमी—मुताबिक 22 दिसम्बर, 1666 ई. की आधी रात के समय एक बालक का जन्म हुआ, जिसका नाम गोविन्द रखा गया। यह बालक दशमेश गुरु गोविन्द सिंह के नाम से प्रसिद्ध हुआ। गोविन्द राय का गोविन्द सिंह बनना एक ऐतिहासिक घटना है, जिसका उल्लेख यथास्थान पर आगे होगा।

गुरु गोविन्द सिंह का जन्म बिहार की राजधानी पटना में हुआ। जिस स्थान पर उनका जन्म हुआ, वहाँ अब एक शानदार गुरुद्वारा है, जिसका नाम "श्री हरिमंदिर साहब" है। सिख धर्म के चार तख्त है, जहाँ से पंथ की अगुवाई के आदेश जारी होते हैं। इन चार तख्तों में "श्री हरिमंदिर साहब" का दूसरा नम्बर है, जबकि पहला नम्बर अमृतसर के "श्रीअकाल तख्त" का है।

गुरु गोविन्द के पिता गुरु तेगबहादुर 15 मई, 1665 ई. को आनंदपुर से सिख-धर्म का प्रचार करने लम्बी यात्रा पर निकले। वे दमदमा साहब, कुरुक्षेत्र, प्रयाग, वाराणसी इत्यादि होते हुए पटना पहुँचे। इस यात्रा में उनका परिवार भी उनके साथ था। यहाँ से वे खुद तो बंगाल और असम की ओर चले गए, लेकिन परिवार को पटना में ही छोड़ गए। कारण, उनकी पत्नी गुजरी गर्भवती थीं और वह यात्रा के कष्ट सहन करने में असमर्थ थीं। परिवार की देख-रेख की जिम्मेदारी उन्होंने अपने साले कृपाल को सौंपी और पत्नी गुजरी से यह इच्छा व्यक्त की कि अगर होने वाला बालक लड़का हो तो उसका नाम गोविन्द रखा जाए, कारण शायद यह रहा हो कि उनके पिता छठे गुरु का नाम हरगोविन्द था और सिख आंदोलन को एक नया मोड़ देने में गुरु हरगोविन्द की भूमिका बड़ी महत्वपूर्ण तथा प्रेरणादायक थी। अपने जीवन-चरित "विचित्र नाटक" में गुरु गोविन्द सिंह ने अपने पिछले जन्म और इस जन्म के बारे में इस प्रकार लिखा है—"पूर्वजन्म में मैं दुष्टदमन नाम का राजा था। वृद्धावस्था प्राप्त होने पर अपने पुत्र विजय राय को गद्दी सौंपकर

मैं हेमकूट नाम के पर्वत पर चला गया, जहाँ अर्जुन ने तपस्या की थी। वहाँ मैं मंडल ऋषि से उपदेश पाकर और पद्मासन बांधकर महाकाल के ध्यान में मग्न हुआ। कुछ समय की तपस्या के बाद महाकाल पुरुष ने मुझे दर्शन दिए और अपने ''निजपुत्र'' की पदवी देकर कहा कि मेरे अन्य अवतार सब ''स्वयमेव ईश्वर'' कहलाए हैं, पर तुम अपने को ''ईश्वर का सेवक'' प्रसिद्ध करना। इसी के बाद गुरु तेगबहादुर के यहाँ मेरा जन्म हुआ।''

जब गोविन्द का जन्म हुआ तो गुरु तेगबहादुर ढाका में थे। पिता को पुत्र जन्म का शुभ समाचार सुनाने ढाका आदमी भेजा गया। गुरु तेगबहादुर की आयु उस समय साढ़े पैंतालीस वर्ष थी और तब तक उनके एक भी संतान नहीं थी। अब पुत्र जन्म का समाचार सुनकर उन्हें जो प्रसन्नता हुई होगी, उसका अनुमान सहज में लगाया जा सकता है। मैकालिफ ने लिखा है कि बच्चे का जन्म धूम-धाम से मनाया गया। तोपों की सलामी दी गई और संगीतकारों ने अपनी कला का प्रदर्शन किया।

ढाका से गुरु तेगबहादुर असम की ओर चले गए। इस बारे में कुछ इतिहासकारों का मत है कि अमोह कबीले के राजा चक्रध्वज पर मुगल सेना ने चढ़ाई की थी, जिसका सेनापति मिर्जा रामसिंह था। औरंगजेब ने गुरु तेगबहादुर को रामसिंह की मदद के लिए असम भेजा था। लेकिन सिख इतिहासकारों का इससे मतभेद है। उदाहरणतः सुरेन्द्र सिंह जौहर ने उक्त मत का खंडन करते हुए लिखा है कि 'गुरु तेगबहादुर बेटे के जन्म से पहले ही सन् 1666 में धर्म-प्रचार के उद्देश्य से बंगाल और असम की ओर चले गए थे। राजा रामसिंह ने कामरूप पर बहुत बाद में चढ़ाई की और वह सन् 1669 में रंगमति पहुँचा। वहाँ उसने गुरु तेगबहादुर से भेंट की और गुरु जी की मध्यस्थता से दोनों पक्षों में समझौता हो गया। इस समझौते के स्मारक के रूप में मिट्टी के एक टीले का निर्माण हुआ और उसके करीब ही एक गुरुद्वारा बनाया गया।'[1]

गुरु तेगबहादुर लगभग ढाई बरस तक असम में धर्म-प्रचार करते रहे। वहाँ से वे सन् 1670 में पटना लौटे। इस समय बालक की आयु साढ़े तीन बरस थी। बालक सुन्दर और तंदुरुस्त था। पिता ने अपनी इस इकलौती सन्तान को पहली बार देखा था। इस उम्र में बच्चा अपनी तोतली जबान से जो बातें करता है, उनमें कितनी मिठास, सहजता और मासूमियत होती है और उन्हें सुनने को पिता का

---

1. गुरु गोविन्द सिंह (जीवनी) पृ., 17

मन कितना ललकता है, इस बात को जो परिवार वाले हैं और जो बच्चों से प्यार करते हैं, वे भली-भांति समझ सकते हैं। लेकिन गुरु तेगबहादुर पटना में एक दिन भी नहीं रुके, क्योंकि उनका कर्तव्य उन्हें तुरन्त मातृभूमि पंजाब लौटने के लिए पुकार रहा था। पंजाब ही उनके कार्य का मुख्य केन्द्र था। गुरु-गद्दी की स्थापना वहीं हुई थी। सिख-लहर की भीतरी विसंगतियों के कारण अब यह गद्दी संकट में थी। सोढी कबीले के पृथ्वीचंद तथा धीरमल्ल और सातवें गुरु हरराय के बेटे रामराय ने अपने को गुरु घोषित करके अलग-अलग गद्दियाँ कायम कर ली थीं। ये प्रतिद्वंद्वी गुरु घराने का नाश करने पर तुले हुए थे और गुरु तेगबहादुर उन्हीं के सताए हुए परिवार के संग लम्बी यात्रा पर निकले थे। अब भी परिवार को साथ ले जाना खतरे से खाली नहीं था। लेकिन नकली गुरुओं से गुरु-गद्दी की रक्षा के लिए गुरु तेगबहादुर को अपनी आध्यात्मिक राजधानी आनंदपुर जाना आवश्यक था। अतएव वह बालक गोविन्द तथा परिवार को कृपाल की देख-रेख में पटना छोड़कर खुद आनंदपुर लौट आए।

गोविन्द का बचपन पटना में गुजरा। सिख गुरुओं को पातशाह कहा जाता था। आठवें पातशाह, नवें पातशाह और दसवें पातशाह। पातशाह का मतलब है, बादशाह। देश-विदेश में उनके बहुत से अनुयायी थे, जो उन्हें स्वेच्छा से भेंट-नजराना देते और उनके आदेश का पालन करते थे। यों गुरुओं की मान्यता तथा शान-शौकत किसी बादशाह तथा राजा से कम नहीं थी। गुरु बालक का लालन-पालन राजकुमारों की भांति खूब ठाट-बाट लाड़-प्यार से हुआ। तनिक बड़े होकर जब उन्होंने हमजोलियों के संग खेलना शुरू किया तो उनके खेल भी राजकुमारों तथा सेनापतियों जैसे होते थे। उनका सबसे प्रिय खेल यह था कि ये हमजोलियों को दो टोलियों में बांट देते थे और फिर इन दोनों टोलियों में आपस का युद्ध होता था।

गुरु जी का पुत्र होने के कारण लोग-बाग तथा हमजोली वाले उनका आदर करते थे। जब लड़कों की दो सेनाओं में नकली लड़ाई होती तो गोविन्द राय राजा तथा सेनापति की भूमिका अदा करते। लड़के उन्हें उसी प्रकार अपना नेता मान लेते, जिस प्रकार अपनी सेना संगठित करके वह बाद में बने। वह तीर और गुलेल का निशाना साधना खुद भी सीखते और खेल में शामिल दूसरे लड़कों को भी सिखाते। कभी-कभी वे अदालत भी लगाते, हमजोलियों की शिकायतें सुनते और उन पर अपना फैसला सुनाते।

वह बड़े नटखट और निडर थे। कहा जाता है कि एक दिन जहाँ वह अपने संगी-साथियों के साथ खेल रहे थे, उधर से होकर पटना के नवाब की सवारी निकली।

अरदलियों और अहलकारों ने कहा, ''लड़कों, नवाब साहब को सलाम करो?'' लड़कों के नेता गोविन्द चट आगे बढ़े और हाथ उठाकर बोले, ''नहीं भाई, सलाम नहीं करना, नवाब को मुंह चिढ़ाना है।'' बस, अब क्या था, लड़कों ने पंक्ति बांधकर एक साथ मुँह चिढ़ाया और फिर भाग खड़े हुए। नवाब साहब ऐंठ कर चले गए।

अन्य खेलों मे उनका एक खेल यह भी था कि वे कभी-कभार गंगा पर जाते। वहाँ नहाते और तैरना सीखते। उन्हें नदी तट पर कितने ही भक्त जन समाधि में मग्न दिखाई पड़ते। लड़कों को शरारत सूझती और वे दोनों हाथों से उन पर पानी फेंकते। समाधि भंग होती, भक्तजन कपड़ों को भीगने से बचाने के लिए भाग खड़े होते और चंचल बालक खिलखिला कर हंसते, किलकारियाँ मारते।

शिवदत्त नाम के एक प्रसिद्ध पंडित थे। उनकी बड़ी मान्यता थी। वह भी गंगा तट पर साधना किया करते थे। एक दिन लड़कों ने उन्हें एकान्त और शान्त स्थान पर ध्यानस्थ बैंठे देखा। वह ऐसे मग्न और आनंद विभोर थे, जैसे भगवान साक्षात् सामने खड़े दर्शन दे रहे हों। नटखट गोविन्द दबे पांव उनके पास गया और कान से मुंह लगाकर जोर से कहा ''झात।''

शिवदत्त का ध्यान भंग हुआ तो गोविन्द का गोरा चिट्टा मुस्कराता चेहरा नजर आया। वे खिल उठे। लगा कि भगवान, जिसे वे कल्पना में देख रहे थे, बालरूप धारण किए सामने खड़े हैं। वे उसी दिन से गोविन्द के श्रद्धालु बन गए।

'होनहार बिरवान के होत चीकने पात' कहावत के अनुसार नटखट और निडर बालक गोविन्द का व्यक्तित्व आकर्षक और प्रभावशाली था। बहुत से लोग उन्हें प्यार करने और उनके प्रति श्रद्धाभाव दर्शाने लगे, जिनमें हिन्दुओं के अलावा मुसलमानों की भी काफी बड़ी संख्या थी। इन श्रद्धालुओं में नवाब रहीम बख्श और करीम बख्श के नाम उल्लेखनीय हैं। उन्होंने एक गांव और एक बाग भेंट में दिया, जो आज भी पटना के गुरुद्वारा की जागीर है। गुरु में श्रद्धा रखने वाले सभी लोगों का बालक गोविन्द से प्यार करना स्वाभाविक था।

राजा फतहचंद सैनी और उनकी पत्नी भी बालक गोविन्द से बहुत प्यार करते थे। उनके अपनी कोई सन्तान नहीं थी। बालक गोविन्द हमजोलियों की टोली लेकर अकसर उनके महल में चले जाते। राजा और रानी दोनों उन्हें देखकर बड़े प्रसन्न होते। लगता, जैसे बालकों के रूप में बहार आई हो, रंग-बिरंगे फूल खिले हों, मधुर कंठ पंछी चहचहा रहे हों। रानी बच्चों के खेल में विशेष रूप से रस लेती, बालक गोविन्द के प्रति स्नेह और वात्सल्य जताती, तरह-तरह के खिलौने और उपहार देती। बालक तो बालक, प्यार और स्नेह की भाषा तो मूक पशु-पक्षी

भी समझ लेते हें। रानी और गोविन्द में अनुराग का सूक्ष्म सूत्र दिन-दिन दृढ़ होता चला गया। रानी जब तक बालक गोविन्द को देख न लेती, उन्हें चैन न पड़ता। बालक गोविन्द का मन भी रानी का लाड़-दुलार पाने के लिए ललकता रहता और वह अपनी टोली के संग महल में एक-दो बार अवश्य जाता। यह स्नेह-संबंध यहाँ तक बढ़ा कि एक दिन रानी बालक गोविन्द को गोद में भरकर बोली, ''कहो बेटा, माँ!'' बालक गोविन्द ने कहा–''माँ'' और अपनी नन्हीं-नन्हीं कोमल बांहें रानी के गले में डाल दीं। रानी ने उसे सस्नेह छाती से लगा लिया। वात्सल्य का यह दृश्य जिसने भी देखा गद्गद हो गया। उसी दिन से रानी और गाविन्द में माँ-बेटे का संबंध स्थापित हो गया।

बचपन के छह-सात साल इसी प्रकार खेल-कूद और स्नेह-प्यार में बीते। गोविन्द का कद नौ-दस साल के बालक जैसा निकल आया। वह दादी, माँ और मामा का ही नहीं, पूरे पटना शहर की आंखों का तारा था। वहाँ की हिंदी भाषा उसने सहज में सीख ली और पंजाबी घर पर सिखाई जाती थी।

गुरु तेगबहादुर ने पंजाब लौटकर आनंदपुर को अपना प्रचार केन्द्र बनाया। हिन्दू रियासत कहलूर के एक गाँव माखेपुर में जमीन खरीद कर यह नगर उन्होंने ख़ुद बसाया था, लेकिन कीरतपुर छोड़कर यहाँ आने पर भी सोढियों ने उन्हें चैन नहीं लेने दिया और उन्हें नगर बसाने का काम अधूरा छोड़कर लम्बी-यात्रा पर निकल जाना पड़ा। इस यात्रा से उनका प्रभाव बढ़ा। हुकूमत के बल पर उछल-कूद मचाने वाले विरोधी शान्त हुए। गुरु के लौट आने पर बहुत से व्यापारी, कारीगर और निस्सहाय लोग आनंदपुर में आ बसे। काम-धंधे शुरू हुए। संगत-पंगत का सिलसिला बाकायदा शुरू हो जाने से आध्यात्मिक भूख तथा पेट की भूख की तृप्ति होने लगी। पाठशालाएँ और मदरसे खुल जाने से पढ़ाई-लिखाई का भी अच्छा प्रबन्ध हो गया। अब गुरु तेगबहादुर ने अपने परिवार को पटना से आनंदपुर अपने पास बुला लिया। कुछ इतिहासकारों का मत है कि गुरु परिवार फरवरी सन् 1672 में पटना से रवाना हुआ और कुछेक के अनुसार वह सन् 1673 में वहाँ से चला। मतलब यह कि गोविन्द राय ने छह-सात साल पटना में बिताए।

कवि संतोष सिंह इत्यादि कुछ इतिहासकार यह भी कहते हैं कि बालक गोविन्द राय के आनंदपुर पहुंचने से पहले ही गुरु तेगबहादुर औरंगजेब के बुलावे पर दिल्ली के लिए रवाना हो चुके थे, इसलिए पिता पुत्र में भेंट नहीं हो सकी। लेकिन अधिकांश लेखकों का मत इसके विपरीत है और तथ्यों के अनुसार वही ठीक है। विचित्र नाटक में स्वयं गुरु गोविन्द सिंह ने लिखा है–

तही प्रकाश हमारा भइयो,
पटना शहर विश्व भव लइयो।
भद्र देस हमको लै आए,
भांति-भांति दाईन दुलराये।
कीनी अनिक भांति तन रिच्छा,
दीनी भांति-भांति की सिच्छा।
जब हम धर्म-कर्म मो आरा,
देवलोक तब पिता सिधारा।

जाहिर है कि बालक गोविन्द राय को पिता से प्यार-दुलार मिला और उनकी शिक्षा-दीक्षा पर विशेष ध्यान दिया गया। गुरु तेगबहादुर समय की गति को पहचानते थे और वस्तु स्थिति से भली भांति अवगत थे। न सिर्फ देश की राजनीतिक स्थिति गंभीर थी, बल्कि गुरु-गद्दी के साथ भी कई तरह के झगड़े-झमेले तथा ईर्ष्या-द्वेष जुड़ गए थे। गुरु का जीवन बाहरी और भीतरी खतरों से घिरा हुआ था। वह पुत्र को इस योग्य बनाना चाहते थे कि वह इन खतरों से जूझ सके। इसलिए उसकी शिक्षा-दीक्षा पर विशेष ध्यान देना आवश्यक था। गोविन्द ने हिंदी और पंजाबी पटना ही में काफी सीख ली थी। अब उनकी धार्मिक शिक्षा का प्रबंध किया गया। गुरु-वाणी का पाठ करने और अर्थ समझाने का काम मुंशी साहबचंद को सौंपा गया। मुंशी साहबचंद 'ग्रंथ साहब' की गूढ़ सम्यक् व्याख्या करने के लिए प्रसिद्ध थे। फारसी उस समय की दरबारी भाषा थी, इसलिए फारसी पढ़ना भी जरूरी था, जो उन्होंने काजी पीर मुहम्मद से सीखी। इस भाषा पर उनका कितना अधिकार था, इसका अनुमान उनकी फारसी शायरी से सहज में लगाया जा सकता है। देश के अतीत और सांस्कृतिक परम्परा को समझने और उसे आत्मसात करने के लिए संस्कृत का ज्ञान भी आवश्यक था। फिर पांचवें गुरु अर्जुनदेव ने अपने प्राणों का बलिदान देकर बता दिया था कि आत्म-रक्षा के लिए हथियार बांधना और युद्ध-विद्या सीखना भी आवश्यक है। सही सिख वह है जिसके हृदय में प्यार, हाथ में तलवार और मुख पर अकाल मुख का नाम है। ऐसे सिखों के भावी सेनापति गोविन्द राय को घुड़सवारी, नेजाबाजी और तीरंदाजी इत्यादि शस्त्र-विद्या सिखाने का विशेष प्रबन्ध किया गया। यों भी प्राचीन काल से यह प्रथा चली आ रही थी कि शस्त्र-विद्या के बगैर शास्त्र-विद्या अधूरी समझी जाती थी। इसलिए क्षत्रियों को, जिन्हें देश की रक्षा का दायित्व सौंपा गया था, शास्त्र-विद्या और शस्त्र-विद्या एक साथ सिखाई जाती थी।

इस व्यस्त कार्यक्रम के बाद जो समय बचता, वह, गोविंद राय हमजोलियों के साथ खेल-कूद में बिताते। पटना की तरह यहाँ भी उनका सबसे प्रिय खेल लड़कों को दो सेनाओं में ब्रांटकर युद्ध-कला का अभ्यास करना था।

गोविंद राय ने बचपन से अभी किशोरावस्था में प्रवेश ही किया था, पढ़ाई-लिखाई अभी चल ही रही थी कि पिता दिल्ली जाकर शहीद हुए और पंथ की अगुवाई का दायित्व नौ बरस की उम्र में उनके कंधों पर आ पड़ा।

गुरु अर्जुनदेव के बाद गुरु तेगबहादुर की देश के लिए शहादत सिख गुरुओं का दूसरा बलिदान था। इसके बाद तो बलिदानों का तांता ही बंध गया। ये बलिदान मुगल राज्य को बहुत महंगे पड़े। गुरु गोविंद सिंह इन्हीं बलिदानों की तैयारी में गोविंद राय से गोविंद सिंह बने और उनकी जीवन-कहानी वास्तव में बलिदानों की कहानी है। हम इसे गुरु तेगबहादुर के बलिदान से शुरू करते हैं।

पिता का बलिदान

गुरु तेगबहादुर के बलिदान की घटना सन् 1674 में घटित हुई। औरंगजेब ने उन्हें दिल्ली बुलाया और उनके सामने दो विकल्प रखे; एक यह कि वह अपना धर्म छोड़कर इस्लाम कबूल करें और दूसरा यह कि अगर धर्म नहीं छोड़ते तो मरना कबूल करें। गुरु तेगबहादुर ने धर्म बदलने के बजाय मरना कबूल किया। निस्संदेह धर्म के लिए यह उनका एक महान बलिदान था।

लेकिन कोई भी घटना अकस्मात नहीं घट जाती। उसके पीछे अनेक करण होते हैं। इन कारणों की खोज करना ही सही इतिहास है— घटना का वैज्ञानिक विश्लेषण है।

हमें इस घटना का भी विश्लेषण करना होगा, तभी हम औरंगजेब और उसकी धर्म-विरोधी नीति को समझ पाएंगे और तभी इस बलिदान के ऐतिहासिक महत्व को समझ लेना संभव हो सकेगा।

कहा जाता है कि धर्मांध, सुन्नी मुसलमान औरंगजेब ने गद्दी पर बेठते ही अपने पुरखे अकबर की मेल-जोल और सुलह-सफाई की उदार नीति को त्यागकर गैर मुस्लिमों पर जुल्म ढाने की बर्बर नीति अपनाई। उसने हिंदुओं के गांव के गांव, जबर्दस्ती मुसलमान बनाए, मंदिर ढाहाकर उनकी जगह मस्जिदें बनवाईं, मूर्तियाँ

तोड़ीं और 'जजिया कर' दोबारा लागू कर दिया। उसकी यही नीति व्यापक विद्रोह और मुगल राज्य के विघटन का कारण बनी।

लेकिन ऐसा लिखने वाले इतिहासकार यह भूल जाते हैं कि अकबर और औरंगज़ेब दोनों ऐतिहासिक परिस्थितियों की पैदावार थे और उनकी नीतियाँ उनकी निजी नहीं थीं, बल्कि ऐतिहासिक परिस्थितियों द्वारा निर्धारित हुई थीं। समय निरन्तर गतिशील है। अकबर और औरंगजेब में सौ साल का अंतर है। इस सौ साल में जो परिवर्तन हुए उनसे एक नई स्थिति रूपायित हुई। औरंगजेब की नीति उसके सुन्नी मुसलमान होने से नहीं, इस नई ऐतिहासिक स्थिति द्वारा निर्धारित हुई और यह नीति उसके गद्‌दी पर बैठते ही नहीं बन गई, उसके लम्बे शासन काल में क्रमशः विकसित हुई।

अकबर और उसकी नीति पर हम अगले अध्याय में गुरु गोविंद सिंह की विरासत, सिख-लहर और भक्ति-आंदोलन पर लिखते समय प्रकाश डालेंगे। अभी हम औरंगजेब और उसकी नीति को लेंगे।

औरंगजेब शाहजहाँ और मुमताज महल की 14 संतानों में से छठी संतान था। वह 21 जुलाई 1658 को, जब उसकी उम्र 38 बरस थी, गद्‌दी पर बैठा। एक साल बाद 5 अगस्त, 1659 को अभिषेक की रस्म अदा हुई तो उसे "अब्दुल मुजफ्फर मुहिउद्दीन मुहम्मद औरंगजेब बहादुर आलमगीर पादशाहे–गाजी" के उपाधियुक्त लम्बे नाम से पुकारा जाने लगा। "आलमगीर" का मतलब है–"विश्व विजेता" और गाजी का मतलब है–"पवित्र योद्धा।"

वह अपने बड़े भाई दाराशिकोह, उसके बेटे सुलेमान शिकोह और छोटे भाई मुराद की हत्या करके गद्‌दी पर बैठा था। उसने बूढ़े पिता शाहजहाँ को कैद कर दिया और मंझला भाई शुजा जान बचाकर फरकान भाग गया। इतिहासकारों का कहना है कि औरंगजेब की इस निर्दयता और अत्याचार के कारण लोगों में विद्रोह की भावना पैदा हुई और राज्य में अशांति फैली। यह धारणा गलत है, क्योंकि मुगल शाहजादों में सत्ता के लिए संघर्ष सदा होता आया था। जहाँगीर और शाहजहाँ ने भी गद्‌दी के लिए नजदीक और दूर के, जो दावेदार थे, उन सबका सफाया किया था। इससे पहले तुर्क काल में भी यही परम्परा दिखाई देती है। दरअसल इन शासकों के लिए इस्लाम का अर्थ था–"जिसके हाथ में इस्लाम की लम्बी तलवार है, उसे शासक बनने का दैवी अधिकार प्राप्त है।"

औरंगजेब ने गद्‌दी पर बैठते ही प्रजा को अपना विरोधी बनाने के बजाय उसे अपने पुरखों की तरह संतुष्ट करने का प्रयास किया। एक साल के गृह-युद्ध

से राजतंत्र अस्त-व्यस्त हो गया था और अकाल के कारण महंगाई बहुत बढ़ गई थी। उसने प्रशासन प्रणाली को सुधारा और उत्पीड़ित जनता को राहत देने के लिए कई तरह के स्थानीय तथा केन्द्रीय कर माफ कर दिए। जजिया तो उसने गद्दी पर बैठने के 21 साल बाद सन् 1679 में लगाया और इसका कारण यह था कि उसे इधर और उधर लगातार युद्ध लड़ने पड़े थे, जिससे राज्य की आर्थिक स्थिति बिगड़ गई थी। उसे सुधारने के लिए धन की दरकार थी। यह बात कि औरंगजेब सवा मन (सवा सेर) जनेऊ हर रोज उतरवा कर खाना खाता था, एकदम गप है, निराधार है। जनेऊ अगर लोहे के नहीं, धागे के थे तो सोचिए, सवा मन नहीं, सवा सेर धागे में ही कितने जनेऊ बन सकते हैं और जनेऊ सिर्फ सवर्ण हिन्दू पहनते थे, उनकी संख्या का अंदाजा कीजिए औरंगजेब ने सन् 1658 से 1707 तक 49 बरस राज किया। इन 49 बरसों में इतने जनेऊ हर रोज उतरवाना कैसे संभव हो सका। ये सब इतिहास को विकृत करने वाली मनगढंत बातें हैं।

अतएव मुगल राज्य के विघटन का कारण औरंगजेब की हिन्दू विरोधी नीति नहीं, बल्कि वह नई स्थिति थी, जो उसके शासन काल तक आते-आते रूपायित हुई थी, जिसकी ओर आदर्शवादी इतिहासकारों का ध्यान ही नहीं जाता। मुगलों के सामंती शासन के दौरान हमारे देश की विभिन्न राष्ट्रीयताएं (जातियाँ) अस्तित्व में आईं। उनकी अपनी-अपनी भाषा, साहित्य और संस्कृति विकसित हुई। राष्ट्रीयता और स्वाधीनता की चेतना जागी और केन्द्र के विरुद्ध, जो उन्हें दबाकर रखता था, विद्रोह की भावना प्रबल हुई। औरंगजेब के शासन काल में इस विद्रोह-भावना ने सशस्त्र-संघर्षों का व्यापक रूप धारण कर लिया। सबसे पहले तिलपट के जमींदार गोकुल की अगुवाई में मथुरा जिला के जाट उठ खड़े हुए। उन्होंने शाही फौजदार अब्दुलन की हत्या कर दी। गोकल के बाद इस विद्रोह का नेतृत्व राजा राय ने संभाला और यह विद्रोह भरतपुर तथा आगरा के पूरे जाट क्षेत्र में फैलता चला गया। सतनामी विद्रोह भी इसी जाट विद्रोह का एक अंग था। पंजाबी राष्ट्रीयता की अगुवाई सिख गुरु कर रहे थे। इसने पहले ही (गुरु अर्जुनदेव के समय) सशस्त्र-संघर्ष का रूप ले लिया था। महाराष्ट्र के राष्ट्रीय विद्रोह की अगुवाई शिवाजी ने की और मुगलों को नाकों चने चबवाए। यह वह युग था जब सांस्कृतिक और राजनीतिक लड़ाइयाँ धर्म के माध्यम से लड़ी जाती थीं। इसलिए इन विद्रोहों के ऊपरी रूप चाहे धार्मिक थे, पर इन सबकी अंतर्वस्तु सत्ता-संघर्ष और स्वाधीनता की चाह थी। ये विद्रोह जाटों, मरहठों, सिखों और राजपूतों तक ही सीमित नहीं थे, रुहेले और पठान भी उठ खड़े हुए थे। उत्तर पश्चिम सीमा के युसफजई अफरीदी और खटक पठान कबीले

मुगल राज्य के विरुद्ध एकजुट हो गए। पठान विद्रोह का प्रमुख नेता खुशहाल खाँ खटक था, जो पश्तो का जबर्दस्त कवि भी था। उसने पठान राष्ट्रीयता को कलम और तलवार दोनों से प्रेरित किया। वह लगातार सात साल तक लड़ता रहा। वह मुगलों से इतनी नफरत करता था कि उसने मरते समय अपने अनुयायियों को वसीयत की "मुझे उस जगह दफनाना जहाँ मुगल घोड़ों के सुमों की टाप तक सुनाई न दे।"

जदुनाथ सरकार ने लिखा है–"अफगान युद्ध ने राज्य की अर्थव्यवस्था को तबाह कर दिया। इसके बाद राजपूतों से जो युद्ध हुआ उसके लिए अफगान सैनिकों की भरती नामुमकिन हो गई... इसके अलावा शिवाजी पर दबाव कम हुआ, क्योंकि बेहतरीन मुगल सेना को दक्षिण से हटाकर अफगान युद्ध में लाना पड़ा।"

यह स्थिति थी जिसका औरंगजेब को सामना करना पड़ा। युद्ध के कई मोर्चे खुल गए थे, जिनमें वह बुरी तरह फंस गया था। इस स्थिति में उसे कुछ ऐसे कदम उठाने पड़े, जो अपने सुन्नी अनुयायियों को खुश करने के लिए जरूरी थे। उदाहरण के लिए–उसने झरोखे से दर्शन देना छोड़ दिया। दरबार में संगीत बंद कर दिया। कश्मीर के ब्राह्मणों को मुसलमान बनने का आदेश दिया और फिर हिन्दुओं पर जजिया लगाया इत्यादि। जदुनाथ सरकार और आर.सी. मजुमदार आदि इतिहासकारों का यह कहना कि औरंगजेब सर्व प्रथम कट्टर सुन्नी मुसलमान था, उसकी धार्मिक नीति पर पार्थिक लाभ का जरा भी असर नहीं था, सही नहीं। उसकी इस नीति का एकमात्र उद्देश्य शासन की डूबती नैया को बचाना था। सत्ता में आने से पहले भी उसने जो सादा रहने, हाथ से कुरआन लिखने, राजगद्दी के प्रति उदासीनता दिखाने का, जो रुख अपनाया था, उसका उद्देश्य भी अपने छोटे भाई मुराद को धोखा देना और दारा शिकोह के खिलाफ सुन्नी अहलकारों की इमदाद हासिल करना था। धार्मिक रूप में पार्थक लाभ हमेशा छिपे रहे हैं, और छिपे रहते हैं। प्रियदर्शी अशोक ने भी, कलिंग विजय के बाद बुद्ध-धर्म को राज-धर्म बनाया, उसका उद्देश्य भी अहिंसा के सिद्धान्त को प्रचारित-प्रसारित करके अपने राज्य को सुरक्षित बनाए रखना था।

अब हम गुरु तेगबहादुर के बलिदान की घटना की ओर आते हैं। इस पृष्ठभूमि में उसे समझना आसान होगा।

सुरेन्द्र सिंह जौहर ने मैकालिफ के हवाले से लिखा है कि हिन्दुओं को इस्लाम धर्म में लाने का पहला प्रयोग कश्मीर में किया गया। इसके दो कारण थे। पहला यह कि कश्मीरी ब्राह्मण पढ़े-लिखे थे, इसलिए सोचा था कि अगर उन्हें मुसलमान

बना लिया जाए तो शेष हिन्दू स्वयं इस्लाम स्वीकार कर लेंगे। दूसरा यह कि काबुल और पेशावर के इस्लामी क्षेत्र कश्मीर के समीप थे, अगर कश्मीर निवासियों ने इस्लाम में आने से इनकार किया तो मुसलमान उसके खिलाफ जेहाद करेंगे। यानी अफगानों के विद्रोह का रुख इस तरफ पलट जाएगा। लेकिन जब कश्मीरी ब्राह्मणों ने धन और नौकरियों के प्रलोभन में आकर धर्म बदलने से इनकार किया तो कश्मीर के मुगल वायसराय शेर अफगन खां ने उन्हें छह महीने का समय दिया कि चाहे तो इस दौरान मुसलमान बन जाओ वरना तुम्हें मौत के घाट उतार दिया जाएगा।

कश्मीरी ब्राह्मण मुश्किल में फंस गए। एक तरफ शैतान और दूसरी तरफ समुद्र था। वे जाएं तो किधर जाएं? करें तो क्या करें? धर्म वे बदलना नहीं चाहते थे और मौत से बचने का कोई दूसरा उपाय दिखाई नहीं दे रहा था। किसी ने उन्हें सुझाया कि गुरु नानक नाम की एक शक्ति है और नवें गुरु तेगबहादुर उनकी गद्दी का संचालन कर रहे हैं। केवल वही एक व्यक्ति हैं, जिनके द्वारा धर्म की रक्षा संभंव है। केवल वही एक व्यक्ति हैं, जो इस कठिन समय में तुम्हारी सहायता कर सकते हैं। उन्हें बताया गया कि गुरुजी सतलज के किनारे आनंदपुर में रहते हैं।

डूबते को तिनके का सहारा। कश्मीरी ब्राह्मण पंजाब के मैदानों की गर्मी सहन करते हुए आनंदपुर पहुंचे और गुरु तेगबहादुर को अपनी विपदा कह सुनाई। गुरुजी चिंता में पड़ गए। ब्राह्मण इतनी दूर से आस लगाकर आए थे, पर उनकी धर्म-रक्षा और प्राण-रक्षा का कोई उपाय सुझाई नहीं दे रहा था। इसी समय बालक गोविंद खेलते-कूदते वहाँ आया और पिता की गोद में बैठ गया। वह अकसर यों ही पिता की गोद में आ बैठता था और पिता उसे दुलारते थे। पर आज वे गंभीर बने रहे। सामने कश्मीरी ब्राह्मण भी चिंता में डूबे सिर झुकाए बेठे थे। हर तरफ सन्नाटा था। प्रखर बुद्धि गोविंद ने स्थिति को भांप लिया और पूछा, "पिताजी आप किस चिंता में डूबे हैं? बात क्या है, बताइए तो सही?" गुरु जी ने बेटे के मासूम मुख की ओर देखा—एकटक देखते रहे। आखिर बोले-"इस समय देश और धर्म ऐसे संकट में हैं कि उसके लिए किसी महापुरुष के बलिदान की जरूरत है।" गोविंद राय ने सहज स्वभाव उत्तर दिया, "आपसे बड़ा महापुरुष और कौन होगा—जो अपने आपको बलिदान करे।"

बेटे की बात सुनकर गुरु तेगबहादुर चौंके। उनकी आंखों में चमक आई और चेहरा खिल उठा। वे ब्राह्मणों से बोले—"जाओ, औरंगजेब से कह दो कि अगर तुम गुरु तेगबहादुर को मुसलमान बना लो तो हम भी मुसलमान बनने को तैयार हैं।"

ब्राह्मण समझते थे कि उनकी सहायता के लिए गुरुजी अपने प्राणों की बलि दे रहे हैं। पर इसके सिवाय चारा भी कोई नहीं था। उन्होंने यह बात औरंगजेब से जा कहीं। वह सुनते ही आगबबूला हो गया। बर्मा की आहोम जाति के विद्रोह में, जिस गुरु तेगबहादुर ने मुगल सेनापति राजा रामसिंह की सहायता की थी, औरंगजेब उनके प्रभाव से भलीभांति अवगत था। कश्मीरी ब्राह्मणों की सहायता पर आकर वही प्रभाव उसके लिए चुनौती बन गया था। उसने गुरु तेगबहादुर को दिल्ली तलब किया।

गुरु तेगबहादुर जानते थे कि दिल्ली जाने का मतलब है, लौटकर नहीं आना। उन्होंने नौ बरस के गोविंद राय को गद्दी सौंपी और दिल्ली के लिए चल पड़े। वे निश्चय करके चले थे, इस्लाम कबूल करने का सवाल ही पैदा नहीं होता था। औरंगजेब ने उन्हें शहीद कर दिया।

उनके धड़ को उनका एक प्रेमी छकड़े में छिपाकर अपने घर ले गया। इस डर से कि भेद खुल जाने से सरकार के कोप का भाजन बनना पड़े। उसने गुरु के धड़ का संस्कार अपने झोंपड़े को आग लगाकर किया।

गुरु के सीस को रगड़ जाति के एक जीवननामी सिख ने आनंदपुर पहुंचाया। पिता के सीस को देखकर गुरु गोविंद राय ने यह दोहा पढ़ा—

साधन हेत इन जिनि करी,
सीस दिया पर सी न उचारी।
धर्म हेत साका जिनि किया,
सीस दिया पर सिरूर न दिया।

नवम्बर, 1675 को गुरु तेगबहादुर का दिल्ली में शहीद होना एक ऐतिहासिक घटना थी। इस बलिदान के महत्व को इन्दुभूषण बनर्जी ने इन शब्दों में व्यक्त किया है "धर्म के लिए उनके बलिदान ने निस्संदेह औरंगजेब की धार्मिक नीति के विरुद्ध प्रतिरोध को दृढ़ बनाया और साथ-ही-साथ इस बलिदान ने सिख-धर्म को अपने अंतिम चरण में नया रूप धारण करने का मार्ग प्रशस्त किया।" डॉ. गोकलचंद नारंग ने लिखा है—"उनकी मृत्यु ने वह कुछ कर दिखाया जो वह अपने जीवन काल में नहीं कर पाए थे। उत्तरी भारत में उनका बड़ा नाम था, राजपूत राजाओं में उनकी बड़ी मान्यता थी, पंजाब की किसान जनता उनकी पूजा करती

थी और पूरे हिन्दू धर्म की आंखे उन पर लगी हुई थीं। उनके बलिदान से पूरे पंजाब में आक्रोश और प्रतिरोध की आग भड़क उठी।"[1]

अब विशाल मुगल राज्य के विरुद्ध संघर्ष के नेतृत्व की जिम्मेदारी गुरु गोविंद सिंह पर आ पड़ी, जिनकी आयु उस समय सिर्फ नौ बरस थी। उन्होंने इस जिम्मेदारी को कैसे निभाया, यह समझने के लिए पहले उस विरासत, उस परम्परा को समझना आवश्यक है, जिसने गुरु तेगबहादुर को सीस देने की शक्ति प्रदान की और जो आगामी संघर्षों में गुरु गोविंद सिंह तथा समूची पंजाबी राष्ट्रीयता के लिए प्रेरणा का स्रोत बनी। यह विरासत, यह परम्परा गुरु नानकदेव से शुरू होने वाली सिख-लहर देशव्यापी भक्ति-आंदोलन का अभिन्न अंग थी। अतएव भक्ति-आंदोलन और सिख-लहर दोनों का जायजा लेना आवश्यक है। इतिहास को टुकड़ों में नहीं बांटा जा सकता।

---

1. इबोल्यूशन आफ दि खालसा, भाग 11, पृ. 63.
   ट्रांसफार्मेशन आफ सिखिज्म, पृ. 70

विरासत और परम्परा

भक्ति-आंदोलन

संस्कृति किसी भी राष्ट्र की रीढ़ की हड्डी होती है। रीढ़ टूट जाए तो राष्ट्र में प्रतिरोध की शक्ति नहीं रह जाती। इसलिए कोई भी विदेशी आक्रमणकारी अपनी राजनीतिक विजय को स्थायी और दृढ़ बनाने के लिए विजित राष्ट्र को सांस्कृतिक रूप से भी पराजित करने का भरसक प्रयास करता है। लेकिन सांस्कृतिक विजय राजनीतिक विजय जैसी सहज नहीं है, यह संघर्ष बड़ा पेचीदा होता है और लम्बा चलता है। सांस्कृतिक आक्रमण के विरुद्ध विजित राष्ट्र जो प्रतिरोध प्रस्तुत करता है, उसी से उसकी राजनीतिक मुक्ति का मार्ग प्रशस्त होता है।

अतएव मुसलमान हमलावरों ने अपनी राजनीतिक विजय के बाद हमारे राष्ट्र पर जो सांस्कृतिक आक्रमण किया, भक्ति-आंदोलन उसकी प्रतिक्रिया थी और सिख-लहर भी, जो भक्ति-आंदोलन का ही एक अभिन्न अंग है। जब तक इस तथ्य को समझ न लिया जाए तब तक कबीर, नानक और तुलसी की सांस्कृतिक भूमिका और शिवाजी तथा गुरु गोविंद सिंह की वीरोचित भूमिका का सही मूल्याँकन संभव नहीं है।

लेकिन हमारे इतिहास-लेखन में इस तथ्य को भुला दिया गया है अथवा जान-बूझकर नजरअंदाज किया गया है। भुला देने वालों को हम मोटे-तौर पर दक्षिणपंथी कह सकते हैं। ये लोग मुसलमान हमलावारों को हमलावर और उनकी राजनीतिक विजय को निस्संदेह गुलामी मानते हैं और मुस्लिम शासकों के अत्याचार गिनवाने में पृष्ठ के पृष्ठ रंगकर आक्रोश व्यक्त करते हैं, लेकिन भक्ति-आंदोलन मुसलमानों के सांस्कृतिक आक्रमण की प्रतिक्रिया थी, वे इस सूक्ष्म तथ्य को समझ पाने में

सर्वथा असमर्थ है। वे भक्ति-आंदोलन को प्राचीन काल से चली आ रही भक्ति परम्परा से जोड़कर कबीर और तुलसी को राम-भक्त तथा सूरदास और मीरा को कृष्ण-भक्त बताकर भक्ति-भावनाओं में खो जाते हैं। वे यह सोचने की जरूरत ही महसूस नहीं करते कि प्राचीन भक्ति-परम्परा में कर्म-मार्ग और ज्ञान-मार्ग की तरह भक्ति-मार्ग भी मोक्ष-प्राप्ति का एक साधन मात्र था, इस भक्ति-मार्ग ने भक्ति-आंदोलन का राष्ट्रव्यापी रूप मुसलमानों के भारत विजय के बाद धारण किया और इसका उद्‌देश्य विदेशी सांस्कृतिक आक्रमण से राष्ट्रीय संस्कृति की रक्षा करना और विदेशी गुलामी के विरुद्ध प्रतिरोध की भावना को सबल बनाना था।

इस ऐतिहासिक तथ्य को नजरअंदाज करने वाले दो तरह के लोग हैं: एक आत्म-समर्पणवादी और दूसरे तथाकथित प्रगतिशील। उनके नजदीक मुसलमान हमलावरों को हमलावर कहना और उनकी राजनीतिक विजय को गुलामी का नाम देना राष्ट्रीय एकता को भंग करने वाला अक्षम्य गुनाह है। जब राजनीतिक गुलामी भी गुलामी नहीं तो सांस्कृतिक आक्रमण और उसकी प्रतिक्रिया का सवाल ही पैदा नहीं होता। ये लोग भक्ति-आंदोलन की एकांगी व्याख्या करके कबीर को हिन्दू-मुस्लिम एकता का अग्रदूत और प्रगतिशील बताते हैं जबकि तुलसी को ब्राह्मणवाद का समर्थक प्रतिक्रियावादी सिद्ध करते हैं अथवा भक्ति-आंदोलन पर लिखते समय उसका उल्लेख ही नहीं करते, जैसे भारतीय इतिहास ने तुलसीदास नाम का व्यक्ति पैदा ही न किया हो, जैसे उनके उल्लेख न करने से तुलसी का अस्तित्व ही मिट जाएगा। सोचिए, क्या इतिहास की इस एकांगी व्याख्या से राष्ट्रीय एकता कायम हुई या परिणाम एकदम विपरीत निकला? जाहिर है कि विपरीत निकला। देश के विभाजन-दर-विभाजन के बाद भी साम्प्रदायिक समस्या ज्यों-की-त्यों बनी हुई है, बल्कि दिन-दिन विकट रूप धारण करती जा रही है और कोई हल सुझाई नहीं दे रहा। सिखों में भी जिनकी सांस्कृतिक परम्परा एक है, प्रेरणा का स्रोत एक है और जिनका जन्म ही इस परम्परा और इस स्रोत की रक्षा के लिए हुआ था, पृथकता का रुझान बढ़ रहा है। यह सब तथ्यों को विकृत अथवा उनकी अवहेलना करने का ही परिणाम है।

इतिहास विज्ञान है, विज्ञान सत्य है और सत्य में किसी प्रकार के खोट अथवा झूठ की मिलावट अत्यंत हानिकर है। जब तक इस खोट को निकाल बाहर न किया जाए, हानि बढ़ती और भंयकर रूप धारण करती रहती है। ऐतिहासिक भौतिकवाद इतिहास के अध्ययन की वैज्ञानिक पद्धति है। इस खोट को इस वैज्ञानिक

पद्धति द्वारा ही निकाल फेंकना संभव है, अन्यथा नहीं। ऐतिहासिक भौतिकवाद के सिद्धान्त का प्रतिपादन करने वाले मार्क्स ने लिखा है—

"मुसलमान हमलावर थे। उन्होंने हिन्दुस्तान को राजनीतिक रूप से विजित कर लिया, लेकिन वे अपने सांस्कृतिक आक्रमण में पराजित हुए, क्योंकि हिन्दुस्तान की संस्कृति बहुत बढ़ी-चढ़ी थी।"[1]

हमारी बढ़ी-चढ़ी संस्कृति ने मुसलमानों के सांस्कृतिक आक्रमण का जो प्रतिरोध किया, उसका स्वरूप निस्संदेह धार्मिक था और धार्मिक होना, स्वाभाविक था, क्योंकि उस समय राजनीतिक तथा सांस्कृतिक लड़ाइयाँ धर्म के ही माध्यम से लड़ी जाती थीं। तीसरी दुनिया के पिछड़े देशों में इनका यह धार्मिक स्वरूप अब भी देखने को मिलता है। ईरान में बादशाह के खिलाफ खुमैनी का विद्रोह और अफ़गानिस्तान में इस्लामी मुजाहिदों द्वारा रूसी आक्रमणकारी सेना का प्रतिरोध इसके स्पष्ट उदाहरण हैं। भक्ति-परम्परा के देशव्यापी आंदोलन में बदल जाने का कारण ही यह था कि विदेशी सांस्कृतिक आक्रमण का प्रतिरोध उसकी नई अंतर्वस्तु थी। हिन्दुस्तान के मुसलमानों में सैयद, शेख आदि का जो जाति-भेद पाया जाता है, वह इस संघर्ष में हमलावरों की पराजय का प्रमाण है। हमारी समाज-व्यवस्था को बदलने के बजाय उन्होंने अपने को हमारी समाज-व्यवस्था के अनुरूप ढाला।

मतलब यह है कि जिस तरह उन्नीसवीं सदी का नव जागरण आंदोलन अंग्रेजों के सांस्कृतिक आक्रमण की प्रतिक्रिया था, उसी तरह भक्ति-आंदोलन मुसलमानों के सांस्कृतिक आक्रमण की प्रतिक्रिया था। भक्ति-आंदोलन ने न सिर्फ हमारी संस्कृति की, रक्षा की बल्कि अन्ततोगत्वा विदेशी दासता से मुक्ति पाने के लिए सशस्त्र संघर्ष का रूप धारण किया। गुरु गोविन्द सिंह इस सशस्त्र संघर्ष के राष्ट्रनायक थे।

इस बात को समझने के लिए उन मिथ्या धारणाओं को दूर करना होगा, जो हमारी राष्ट्रीय चेतना को कुंठित करने के लिए फैलाई गई हैं और जो इतिहास के वैज्ञानिक विश्लेषण में बाधा बनी हुई है।

पहली मिथ्या धारणा यह है कि हिन्दुस्तान में जो मुसलमान आए, उन्होंने इस मुल्क को अपना वतन बना लिया। वे चारों तरफ हिन्दुओं से घिरे हुए थे,

---

1. रचना संकलन भाग 1, मास्को से—हिंदी में प्रकाशित।

जिनसे बराबर द्वेष बनाए रखना मुमकिन नहीं था। इसलिए परस्पर मेल-जोल और परस्पर समझौते का मार्ग निकला और एक नई जिंदगी की तलाश ने एक नई संस्कृति को जन्म दिया, जो न विशुद्ध हिन्दू थी और न विशुद्ध मुस्लिम, निश्चित रूप से यह एक हिन्दू-मुस्लिम संस्कृति थी।[1]

इसी बात को यों भी कहा जाता है कि 'मुसलमान आर्यों की तरह बाहर से आए, आकर यही बस गए। और आर्यों की ही तरह यहाँ के हो गए।' यह उन लोगों की मानसिकता है, जो यह सोचते हैं कि मुसलमानों को विदेशी और हमलावर कहने से मुसलमान नाराज होंगे और इससे साम्प्रदायिक घृणा बढ़ेगी। मेल-जोल और समझौते की बात करो। यह कहो कि मुस्लिम संस्कृति ने हमारी प्राचीन संस्कृति को समृद्ध बनाया, अरबी और फारसी के प्रभाव से मेल-जोल की भाषा बनी, साहित्य और कला का विकास हुआ, इत्यादि-इत्यादि।

दूसरी मिथ्या धारणा यह है कि आर्य बाहर से आए और उन्होंने यहाँ के काली आंखों वाले आदिवासी द्रविड़ों को अपना दास बनाकर उन पर सैकड़ों साल राज किया। उनके बाद मुसलमान आए और उन्होंने भी सात सौ साल तक राज किया और फिर अंग्रेज आए तो वे यहाँ के शासक बन गए।

यह भ्रान्ति उन लोगों द्वारा फैलाई गई है, जो यह कहना चाहते हैं, कि यह देश तो देश ही नहीं, सराय है। जो भी आया उसके लिए कोई रोक टोक नहीं थी। यहाँ की जलवायु ही ऐसी होती है, जो यहाँ के लोगों को विदेशियों का प्रतिरोध करने और अपना शासन खुद संभालने के आयोग्य बनाती है। आर्य और मुसलमान भी यहाँ रहते-रहते विदेशियों का प्रतिरोध करने और अपना शासन खुद संभालने के अयोग्य बन गए। अतएव जब अंग्रेज आए तो सत्ता एक प्लेट में रखकर उन्हें पेश कर दी गई।

ये दोनों मिथ्या धारणाएं हमारी राष्ट्रीय चेतना को कुंठित करती है और इन दोनों का एकमात्र अभिप्राय यह मानसिकता पैदा करना है कि हम गुलामी को गुलामी न समझें, जुल्म को जुल्म न मानें और दुश्मन के आगे चुपचाप घुटने टेक दें। आत्मसमर्पणवादी हर जगह होते हैं, पर कोई भी राष्ट्र गुलामी को स्वीकारता नहीं। हमने भी नहीं स्वीकारा। इतिहास साक्षी है।

इन मिथ्या धारणाओं को निराधार सिद्ध करने के लिए हमें इतिहास का और फिर भारतीय समाज का अध्ययन करना होगा।

---

1. डॉ. ताराचंद 'इस्लाम का हिन्दू तहजीब पर असर' पृ. 173

पुरातत्ववेत्ता इस निष्कर्ष पर पहुँच चुके हैं कि प्रारम्भ में मंगोल, आर्य, नीग्रो, स्लाब, सेमिटिक-पाँच घुमक्कड़ जातियाँ थीं। उन्हें जहाँ कहीं अच्छी चरागाहें तथा दूसरी प्राकृतिक सुविधाएं मिलीं, वे वहीं जाकर बस रहीं बाद में यही जातियाँ हूण, मुगल, तातार, शक, कुशाण, दरद तथा खश आदि उप जातियों में विभाजित और समिश्रित होती चली गईं। कालान्तर में वे आपस में इस कदर घुल-मिल गईं कि उन्हें अलग-अलग पहचानना संभव नहीं रहा। उदाहरण के लिए उत्तर भारत के हिन्दू, सिख, मुसलमान, ईसाई, ब्राह्मण, क्षत्रिय और अन्य निम्न जातियों के लोग किसी एक सभा अथवा मेले-ठेले में एकत्रित हों तो आर्यों तथा काली आंखों वाले आदिवासियों को चुनकर अलग-अलग करना संभव नहीं है और फिर हूण, कुशान, तातार और यूनानी आदि जातियाँ आईं और आकर आपस में खल्त-मल्त हो गईं।

काली आंखों वाली द्रविड़ जाति का आर्यों द्वारा दास अर्थात् शूद्र बनाया जाना मिथ्या धारण की कल्पनामात्र है, इसमें सत्य का अंश तक नहीं है। आर्य वेद और संस्कृत भाषा अपने साथ लाए। यह भी मिथ्या धारणा की कल्पनामात्र है, इसमें भी सत्य का अंश तक नहीं है। भाषा और संस्कृति का विकास प्रकृति के विरुद्ध संघर्ष में हुआ है और मानव समाज भी इसी संघर्ष के दौरान संगठित तथा विकसित हुआ है। वैदिक काल में जो प्रारंभिक साम्यवाद का युग था, सब मनुष्य समान थे और पूरा समाज वर्णों में विभाजित था। इस विभाजन का आधार जन्म या जाति नहीं, कर्म था। कालान्तर में जब व्यक्तिगत सम्पत्ति का उदय हुआ तो समाज वर्णों के अलावा वर्गों और जातियों में बंट गया। पर इसमें इतनी लचक फिर भी रही कि जैसे नदियाँ गिरकर समुद्र में समा जाती हैं, वैसे ही बाहर से जो घुमक्कड़ जातियाँ आईं, वे इसमें समा गईं और किसी-न-किसी जाति का अभिन्न अंग बन गईं। पीढ़ी-दर-पीढ़ी एक ही पेशा करते रहने से काम में निपुणता आई, उत्पादन बढ़ा, साहित्य, कला, दर्शन और नीति-शास्त्र में असामान्य उन्नति हुई। पीढ़ी-दर-पीढ़ी एक ही पेशे में काम करते रहने से जाति का आधार जन्म बन गया और जन्म से मरण तक का पूरा जीवन नियमों में बंध गया। हर एक राज्य का मुखिया राजा कहलाता था। और उसे राज दरबार में आदर मिलता था। कर्मवाद अर्थात पुनर्जन्म का सिद्धान्त नीची जातियों को भी यह सांत्वना देता था कि अगर वे अपना वर्ण धर्म निभायेंगे, निष्काम भाव से कर्तव्य का पालन करेंगे तो उनका जन्म भी सवर्ण जातियों में होगा। सवर्ण यह समझते थे कि हम शोषण या अत्याचार नहीं कर रहे हैं, शूद्रों को उनके पिछले कर्म के पापों से मुक्ति दिला रहे हैं। फिर कर्म, ज्ञान और भक्ति के तीन मार्ग हर एक व्यक्ति के लिए खुले थे, जिन पर चलकर

वह जन्म-मरण के बंधनों से मुक्त होकर मोक्ष प्राप्त कर सकता था। अधिकांश जनता देहात में बसी हुई थी। गांव चाहे आर्थिक रूप से अलग-अलग और आत्मनिर्भर थे, राज्य और धार्मिक मत भी अलग-अलग थे, लेकिन पूरा देश पूर्व से पश्चिम और उत्तर से दक्षिण तक एक सुदृढ़ सांस्कृतिक परम्परा में बंधा हुआ था। भारतीय समाज जितना सुदृढ़ और संगठित था, उतना कोई दूसरा समाज नही था। यही कारण है कि आंधी-तूफान आते रहे और सिर से गुजरते रहे, लेकिन हमारी समाज-व्यवस्था अक्षुण्ण बनी रही। इसे हूण और कुशाण नहीं हिला सके, सिकन्दर, तैमूर और महमूद गजनवी के हमले भी नहीं हिला सके। फिर जब तुर्कों ने दिल्ली पर कब्जा कर लिया और इस्लामी शासन शुरू हुआ तो ग्रामीण जीवन पर उसका कोई असर नहीं पड़ा। डी. सी. सेन लिखते हैं।

''जब तूफान गुजर गया तो ग्रामवासी, हिन्दू, जो भारतीय आबादी का उस समय ही नही, आज भी बहुत बड़ा भाग है। अपना सामान्य जीवन जीने लगे। मुसलमान सैनिकों की विजय दरबारी कवियों और दरबारी इतिहासकारों की रचनाओं का विषय बनी। लेकिन गांव में लोकगीत और लोककथाएं पीढ़ी-दर-पीढ़ी चलती आ रही थी, वे इसके प्रभाव से अछूती रही। ग्रामीण कथक अब भी राम और कृष्ण की स्तुति के गीत गाते थे और महाभारत, विक्रमादित्य और पृथ्वीराज के काल के सूरमाओं की वीरगाथाएं सुनाते थे। निस्संदेह कई बार पीपल के पेड़ तले अथवा किसी मंदिर में कथा सुनने वाले एकत्रित जन का सुल्तानी दरबार के किस्से भी पहुंच जाते थे। लेकिन उनकी दिलचस्पी सत्यवान-सावित्री, नल-दमयंती, राजा शिवि और प्रह्लाद भक्त की उन्हीं कहानियों में, जिन्हें गांव के लोग पीढ़ी-दर-पीढ़ी से सुनते आ रहे थे, बदस्तूर बनी हुई थी। दरबारी भाषा की जो विदेशी शब्दावली क्षेत्रीय भाषाओं में आई। वह फौजी कैम्प और शहरी जिन्दगी तक सीमित रही—देहात की भाषा इस प्रभाव से मुक्त ज्यों की त्यों बनी रही।''[1]

अकेले बंगाल के नहीं, पूरे देश की यही स्थिति थी। ई. वी. ह्वेल ने डी. सी. सेन को उद्धृत करने के बाद लिखा है—

''गहराई में जाएं तो भारत कभी विजित नहीं हुआ। इस्लाम ने उसकी राजनीतिक राजधानियों पर कब्जा कर लिया, सैनिक शक्ति को पराजित किया, कर और लगान उगाहा, पर उसके बौद्धिक राज्य उसकी सांस्कृतिक आत्मा को वह कभी पराजित

---

1. ई.वी. ह्वेल द्वारा लिखित 'रूल इन इंडिया में बंगाली भाषा और साहित्य का इतिहास' से उद्धृत। पृ. 342/83

नहीं कर पाया। शहरों की महान यूनिवर्सिटियाँ अपना राजनीतिक प्रभाव खो बैठी। कुछ एक ने अपना स्थान बदल दिया, जैसा कि वे पहले भी बदलती आई थी। बनारस, कांची, नदिया (नवद्वीप) आदि, जिनकी आबादी और समृद्धि कम थी, हिन्दू शिक्षा के केन्द्र बने रहे। महायान बुद्ध मत अपना बौद्धिक केन्द्र दक्षिण चीन में ले गया। नालन्दा और तक्षशिला धूल में मिल गए। पर हिन्दू पंडितों ने बौद्ध महन्तों की भांति संस्कृत पाठशालाओं में शिक्षा-कार्य जारी रखा और पूरे मुस्लिम काल में बौद्धिक भारत के इन केन्द्रों ने अनेक महान विचारक और चिंतक तैयार किये जो भारतीय ज्ञान की मशाल अगामी पीढ़ियों तक पहुंचाते रहे।''[1]

भारत सांस्कृतिक रूप से कभी पराजित नहीं हुआ, इस संबंध में एक लोक कथा का उल्लेख असंगत नहीं होगा। यह कथा दिल्ली के आसपास कही जाती है और वह इस प्रकार है–'अकबर प्रजा का भेद लेने के लिए वेश बदलकर दौरा किया करता था। एक बार वह घूमता-घामता मेरठ जिला के एक गांव में पहुंचा। देखा कि पीपल के पेड़ तले बहुत से लोग जमा हैं और एक पंडित सामने बैठा कोई पुस्तक बांच रहा है। कोई बात नहीं, अकबर ने देखा और चला गया। लेकिन कुछ दिन बाद वह फिर वहीं पहुंचा तो लोग उसी तरह जमा थे और उसी तरह पुस्तक बांची जा रही थी। इस बार अकबर ने दरियाफ्त किया कि माजरा क्या है? मालूम हुआ कि लोग पंडित से महाभारत की कथा सुन रहे हैं। अकबर चौंका। बुद्धिमान वह था ही', बात की तह तक पहुँचते देर नहीं लगी। उसने पंडित को बुलाकर कहा कि हम भी राजा है, महाभारत के राजा की तरह हमारी भी कथा लिख दो। पंडित ने लिखने से इनकार कर दिया। दूसरे पंडितों को बुलाया तो उन्होंने भी इनकार कर दिया। अकबर ने उन सबको जेल में डाल दिया। कुछ समय बाद गांव के जाट चौधरी को अपने किसी धार्मिक अनुष्ठान के लिए ब्राह्मण की जरूरत पड़ी। ब्राह्मण कहाँ से मिलता? वे तो सब अकबर की जेल में पड़े थे। चौधरी ने उन्हें जेल से छुड़ाने की तरकीब सोची। वह पंडित का वेश धरकर अकबर के दरबार में पहुँचा और उसे आश्वासन दिया कि ये पंडित तो निरे मूर्ख हैं, इन्हें छोड़िए। आपकी कथा मैं लिखूँगा। ब्राह्मण छोड़ दिए गये। चौधरी ने कथा लिखने के लिए एक लाख अशरफियाँ माँगी, जो उसे मिल गई। उसने बहुत सा कागज खरीदा और लाकर एक कोठे में भर दिया ताकि पता चले कि कथा लम्बी-चौड़ी होगी। कोई साल भर बीत गया, अकबर ने पंडित अर्थात् चौधरी को बुलावाया और

1. ई.वी. हेल द्वारा विरचित 'रूल इन इंडिया, बंगाली भाषा और साहित्य का इतिहास' से उद्धृत। पृ. 342/431

कहा–कथा कब तक पूरी हो जाएगी। चौधरी ने उत्तर दिया '''महाराज, कथा लगभग लिखी जा चुकी है। उसे पूरा करने के लिए मुझे आपसे एक बात पूछनी है। अकबर ने कहा, ''पूछो।'' चौधरी ने इधर-उधर देखकर कहा–''एकान्त चाहिये।'' जब अकबर ने दरबारियों को वहाँ से हटा दिया तो चौधरी बोला, ''जहाँपनाह, गुस्ताखी माफ हो! महाभारत की द्रौपदी के पांच पति थे, जोधाबाई के एक पति तो आप हैं, बाकी चार...'' अकबर सुनते ही आगबबूला हो गया और चिढ़कर बोला–''हटो-हटो, मुझे नहीं लिखवानी ऐसी कथा।''

वैसे तो यह साधारण लोक कथा है, पर तनिक गहराई में जाकर इसके तेवर देखिये।

यह तो था मुसलमान शासकों के प्रति जनता का रुख। भारतीय जनता के प्रति मुसलमान शासकों का जो रुख था, उसे भी देखिये और फिर निर्णय कीजिये। क्या उन्होंने वाकई इस देश को अपना वतन बना लिया था?

मुसलमान आक्रमणकारी के रूप में पहले-पहल सिंध में आये। मुहम्मद बिन कासिम ने सिंध को 1710 में विजय किया और उसे बगदाद के खलीफा का एक प्रान्त बना दिया। सिंध को एक बड़ी राशि हर साल खलीफा के कोश में बगदाद भेजनी होती थी। यह राशि गैरमुस्लिमों पर विशेष कर लगाकर वसूल की जाती थी। हिन्दुओं को मुसलमान बनाने के लिए उन पर जबर्दस्त आर्थिक दबाव डाला जाता था। जो मुसलमान बन जाते थे, उन्हें विशेषकर और चुंगी से मुक्त कर दिया जाता था और उन्हें अदालतों में मुसलमान नागरिकों के समान अधिकार मिल जाते थे, जहाँ मुकदमों के फैसले मनुस्मृति के बजाय कुरान के कानून (शरीअत) के मुताबिक होते थे। इससे हिन्दुओं की छोटी जातियों का, विशेषकर उनका, जिनके साथ शूद्रों जैसा बरताव होता था, धर्म-परिवर्तन कराने में बड़ी मदद मिलती थी।

जिन जाटों और मेदों से दाहिर को हटाने में मदद मिली थी, उन पर और उनके सरदारों पर भी वही कानून लागू किए, जो दूसरे हिन्दुओं पर किए थे। फिर मुसलमानों की सिंध-विजय ने मध्य एशिया की घुमक्कड़ लुटेरी जातियों के लिए लूट-पाट के दरवाजे खोल दिए। उन्होंने हिन्दुओं को खूब सताया।

तीन सौ साल बाद ग्यारहवीं सदी के प्रारम्भ में महमूद गजनवी ने सिंध और पंजाब दोनों को अपने गजनवी राज्य में मिला लिया, पर उसकी दिलचस्पी न तो हिन्दुस्तान की राजनीतिक विजय में थी और न इस्लाम के प्रचार में उसकी दिलचस्पी धन-दौलत में थी। धन-दौलत अगर खलीफा के पास होती तो वह बगदाद को भी इसी तरह लूटता जैसे, सोमनाथ को लूटा था।

भारत में मुस्लिम शासन दिल्ली विजय के बाद 1193 में स्थापित हुआ और फिर लगभग सारे देश में फैल गया। दिल्ली के पहले मुस्लिम शासक कुतुबुद्दीन ऐबक को मुसलमान लेखकों ने बड़ा उदार हृदय और "लाख बरछा" (लाखों का दान करने वाला) बताया है। पर इस उदार हृदय कुतुबुद्दीन ने बिहार-विजय के समय एक लाख के करीब सिर्फ ब्राह्मणों का कत्ल कराया और हिन्दुओं का प्रसिद्ध प्राचीन पुस्तकालय जलवा डाला। इसी कुतुबुद्दीन ऐबक ने मेरठ के सारे मंदिरों और मूर्तियों को तोड़कर उनकी जगह मस्जिदें बनवाई। जिस किसी ने भी इस्लाम कबूल करने से इनकार किया, उसे मौत के घाट उतार दिया। अकेले कालिंजर शहर में 113 मंदिर गिराकर मस्जिदें बनवाई। हजारों हिन्दू कत्ल किये गये और गुलाम बनाए गए।[1]

अलाउद्दीन खिलजी अपने चाचा और ससुर जलालुद्दीन फिरोज की एक षड्यंत्र द्वारा हत्या करके गद्दी पर बैठा। उसने खंभात के इलाके में इतने हिन्दुओं का कत्ल कराया कि खून की नदियाँ बह निकलीं। अनेक बच्चों और रमणियों को गुलाम बनाकर दिल्ली लाया। वह यहाँ तक कठोर था कि उसने अपनी हिन्दू प्रजा को हथियार बांधने, घोड़े पर चढ़ने, अच्छे कपड़े पहनने और किसी भी प्रकार की खुशी मनाने की मनाही कर दी। बर्नी के अनुसार उनकी हालत इतनी खराब थी कि "कोई भी हिन्दू गर्दन सीधी करके नहीं चल सकता था। वे अपने घर में सोना, चाँदी, ताँबा, पीतल और इस प्रकार की कोई भी वस्तु नहीं रख सकते थे।... उनकी पत्नियों को आजीविका के लिए मुसलमानों के घरों में जाकर काम करना पड़ता था।"[2]

इस प्रकार के अनेक उदाहरण खुद मुसलमान इतिहासकारों की पुस्तकों से दिए जा सकते हैं। पर हमारा उद्देश्य गड़े मुर्दे उखाड़ना नहीं, वस्तुस्थिति को समझना और यह दिखाना है कि जो मुसलमान आक्रमणकारी भारत में आए उनका, इस देश की हिन्दू प्रजा के प्रति रुख क्या था और उनकी संस्कृति क्या थी? दरअसल ये घुमक्कड़ बर्बर जातियों के लोग थे। तलवार इनका धर्म और तलवार ही संस्कृति थी। भारत का वैभव हमेशा उन्हें ललचाता रहता था। इस्लाम को उन्होंने लूट-खसोट और अपनी सत्ता कायम करने का साधन बनाया। उस उद्देश्य से जहाँ उन्होंने

---

1. तिबकाते नासरी, लाला दौलतराम द्वारा 'साहबे कमाल गुरु गोविन्द सिंह' से उद्धृत। पृष्ठ-13
2. आर.सी. मजूमदार, 'एडवांस्ड आफ इंडिया' पृष्ठ 281

हिन्दुओं पर अत्याचार ढाए, वहाँ अपने सहधर्मी मुसलमानों को भी नहीं बख्शा। उदाहरण लीजिए।

दिल्ली को गजनी से अलग कर लेने के बाद कुतुबुद्दीन ऐबक ने अपने प्रतिद्वंद्वी और मुहम्मद गौरी के उत्तराधिकारी ताजुद्दीन इलदीज पर आक्रमण किया और उसे गजनी से भगा दिया। "गजनी पर उसने चालीस दिन तक अधिकार जताए रखा, लेकिन गजनी के लोगों ने उसकी ज्यादतियों से तंग आकर इलदीज को चुपके-चुपके अपनी सहायता के लिए बुलाया। इलदीज पहले ही अवसर की ताक में था। उसके अचानक और अप्रत्याशित आक्रमण से घबराकर कुतुबुद्दीन वहाँ से तुरन्त भागा।

हम लिख चुके हैं कि अलाउद्दीन अपने चाचा की, जो उसका ससुर भी था, हत्या करके गद्दी पर बैठा था। उसके बारे में यह भी मशहूर है कि उसने अपने भाई और भांजे की विद्रोह के संदेह में जीते-जी खाल उतरवाई और उनके मांस का पुलाव पकवाकर उनके बेटे-बेटियों को उसे खाने पर विवश किया। दिल्ली के आसपास बहुत से "नौमुस्लिम" (मंगोल, जिन्होंने इस्लाम कबूल कर लिया था) आबाद हो गए थे। अलाउद्दीन को उन पर अपने खिलाफ षड्यंत्र रचने का संदेह हुआ तो बीस और तीस हजार नौ मुस्लिमों को एक ही दिन में तलवार के घाट उतार दिया।[1]

दरअसल दिल्ली के ये तुर्क शासक नाम के मुसलमान, स्वभाव के बर्बर और लड़ाकू थे। सिर्फ लड़ना जानते थे। जिस किसी के हाथ में इस्लाम की तलवार थी, वह बादशाह बनना अपना पैदायशी अधिकार समझता था। परिणाम यह कि चौदहवीं सदी के अंत तक देश विभिन्न राज्यों में बंट गया, जिसके शासक हिन्दू और राजपूत भी थे और देशी-विदेशी मुसलमान भी। दिल्ली राज्य बीस-तीस कोस तक सिमट कर रह गया। तैमूर पहले ही घात लगाए बैठा था। उसने सुन रखा था कि भारत में अकूत धन है। सोने, चांदी और हीरे-जवाहरात की खानें हैं। उसने कुरान से फाल (शगुन) निकाला और अपने अनुयायियों से कहा कि "खुदा ने काफिरों को मुसलमान बनाने का हुक्म दिया है।" एक लाख तातारियों के साथ वह भारत पर टूट पड़ा। शहर के शहर जला डाले, हिन्दू देखा न मुसलमान, सिर काट-काटकर लाखों मानव खोपड़ियों के मीनार बनाए। यह आक्रमण नहीं, भयंकर भूचाल था, जिसने दिल्ली राज्य की बची-खुची साख भी धूल में मिला दी।

---

1. आर.सी. मजूमदार, 'एडवांस्ड हिस्ट्री आफ इंडिया, पृष्ठ 293

इसके बाद बाबर आया। उसकी असल भिड़न्त राणा सांगा से हुई, जिसकी कमान में राजपूतों और भारतीय मुसलमानों का दूसरी विदेशी गुलामी के खिलाफ संयुक्त मोर्चा बना और वे जी तोड़कर लड़े। राणा चाहे हार गया, पर बात यही खत्म नहीं हुई। इसी संयुक्त मोर्चे के नेता शेरशाहसूरी ने बाबर के बेटे हुमायूँ को मार भगाया। विदेशी गुलामी खत्म हुई। भारतीय प्रशासन प्रणाली के अनुसार सुदृढ़ स्वशासन स्थापित हुआ। फिर जब शेरशाह की मृत्यु के बाद हुमायूँ दोबारा आया तो सन् 1556 में पानीपत की दूसरी लड़ाई हेमू के नेतृत्व में लड़ी गई। हेमू अपनी योग्यता से आदिल शाह सूरी का सेनापति तथा प्रधानमंत्री बना था और वह अपने को राजा विक्रमाजीत या विक्रमादित्य कहता था। हेमू चाहे हार गया, लेकिन यह भी विदेशी आक्रमण के विरुद्ध हिन्दुओं और भारतीय मुसलमानों का संयुक्त मोर्चा था, हेमू के बढ़ते हुए प्रभाव को देखकर विदेशी तत्वों ने हुमायूँ को बुलाया था।

अतएव सात सौ साल के मुस्लिम राज को एक इकाई मान लेने का मतलब यह है कि हिन्दुओं ने सात सौ वर्ष तक चुपचाप विदेशी गुलामी झेली और उनकी तरफ से कोई प्रतिरोध नहीं हुआ जबकि हकीकत यह है कि प्रतिरोध हुआ और इसी प्रतिरोध के कारण पहले तुर्क-अफगान राज्य और फिर मुगल राज्य विघटित हुआ। अंग्रेजों का सत्ता-संघर्ष मुगलों से नहीं, भारतीय मुस्लिम शासकों (हैदरअली और टीपू) मरहठों और सिखों से हुआ। फिर यह कहना कि बाहर से आए मुसलमान शासकों ने इस देश को अपना वतन बना लिया– उतना ही गलत है, जितना कि सात सौ साल के राज को एक मुस्लिम इकाई मान लेना। इसका मतलब यह हुआ कि शासित धर्म बदल लेने मात्र से शासक बन जाता है। यह भी एक भ्रान्ति है, जो "फूट डालो और राज करो" के उद्‌देश्य से फैलाई गई है। इतिहास इसे झुठलाता है। न विदेशी आक्रमणकारियों ने इस मुल्क को अपना वतन बनाया और न ही उनका तथा भारतीय मुसलमानों का आपसी अंतर्विरोध कभी खत्म हुआ।

हुमायूँ जब शेरशाह से पराजित होकर कुछ नमकहलाल नौकरों के साथ ईरान चला गया तो एक दिन शाह तहमासप ने किसी प्रसंगवश पूछा "बिरादर हुमायूँ, तुम्हारे साथ ऐसे-ऐसे जाँनिसार और नमकहलाल नौकर हैं और फिर मुल्क इस तरह हाथ से निकल गया, इसका क्या सबब है?" बादशाह (हुमायूँ) ने कहा कि भाइयों के हसद और अदावत ने काम खराब कर दिया। नमकहलाल नौकर एक आका के बेटे समझकर कभी इधर हो जाते थे, कभी उधर। शाह ने कहा कि मुल्क के लोगों ने मदद न की। हुमायूँ ने कहा कि कुल रिआया गैरकौम, गैरमजहब है

और खुद मुल्क की असली मालिक है। उन सबसे मदद मिलेगी, मुमकिन नहीं। शाह ने कहा कि हिन्दुस्तान में दो फिरके के लोग बहुत हैं—एक अफगान और दूसरे राजपूत। खुदा की मदद शामिल हाल हो। अब की दफा वहाँ पहुंचों तो अफगानों को तिजारत में डाल दो और राजपूतों को दिलासा और मुहब्बत के साथ शरीकेहाल करो।

हुमायूँ को तो इस तदवीर पर अमल करने की मोहलत नहीं मिली, "अलबत्ता अकबर ने किया और खूब तौर से किया। वह इस नुकते को समझ गया कि हिन्दुस्तान हिन्दुओं का घर है। मुझे खुदा ने इस मुल्क में बादशाह करके भेजा है। मुल्कगीरी और तसखीर (देश-विजय) की हालत में मुमकिन है कि मुल्क को तलवार के जोर से जेर किया और अहले मुल्क को वीरान कर दिया, मुल्क वालों को दबा लिया, लेकिन जब मैं इसी घर में रहना अख्तियार करूं तो यह मुमकिन नहीं कि उनके मुल्क के तमाम फायदे और आराम मैं और मेरे उमरा उठाएं और मुल्क वाले वीरानो परेशान रहें और फिर मैं आराम से भी बैठ सकूं। और यह उससे भी ज्यादा मुश्किल है कि उन्हें बिल्कुल मारकर मुल्क को नेस्तोनाबूद कर दूं।[1]

हमने देखा कि औरंगजेब अपनी परिस्थिति की पैदावार था, उसके लिए अकबर की नीति पर चलना संभव नहीं था। अकबर औरंगजेब से सौ बरस पहले की परिस्थिति की पैदवार था। उसने अपने पूर्ववर्ती तुर्क राज्य के विघटन से यह सबक सीखा कि तलवार के जोर से वहाँ रहना और उस पर शासन करना संभव नहीं है। फिर शेरशाह सूरी के शानदार सफल शासन का उदाहरण था, उसने अपनी नीति निर्धारित करते समय इस उदाहरण को भी सम्मुख रखा। लेकिन अकबर और उसके उत्तराधिकारियों ने इस मुल्क को अपना वतन नहीं बनाया। वे यहाँ खुदा के भेजे बादशाह बन कर रहे। संस्कृत के मुकाबले फारसी दरबारी और अरबी धार्मिक भाषा बनी। उनके बुद्धिजीवी बाहर से आते थे और फौजी भर्ती भी बाहर से होती थी। इसलिए मुगल दरबार के उमरा हमेशा ईरानी दल (अथवा मुगल दल) और हिन्दुस्तानी दल में बंटे रहे। हिन्दुस्तानी दल में हिन्दू और भारतीय मुसलमान दोनों शामिल थे। इन दोनों दलों में जबर्दस्त अंतर्विरोध थे। ईरानी दल के लोग यहाँ के हिन्दू और मुसलमान दोनों से घृणा करते थे और अपने को उनसे हर बात में श्रेष्ठ मानते थे। यहाँ के हिन्दू और मुसलमान इन विदेशियों से घृणा करते थे और उन्हें "विलायती" कहते थे।"

---

1. मुहम्मद हसन आजाद 'दरबार अकबरी', पृष्ठ 32

लाहौर के ''नक्श'' गालिब विशेषांक, फरवरी 1969 में मुहम्मद अय्यूब कासिर का एक लेख ''गालिब और गयासुल लुगात'' नाम से प्रकाशित हुआ था। लिखा है—''बाहर से आए हुए लोग आर्थिक दृष्टि से बेहतर स्थिति में होते थे। वे पद और सम्पत्ति के मालिक होते थे और हुकूमत में दखल रखते थे। अतएव वे स्थानीय लोगों की उपेक्षा करते थे और उनकी कम हैसियत समझते थे। ईरान और तूरान के इन भद्र जनों का ज्ञान, कला, साहित्य, सभ्यता, शिष्टता, भाषा, मुहावरा—हर चीज प्रमाण का दरजा रखती थी।'' इस स्थिति पर टिप्पणी करते हुए मौलवी अब्दुल कादिर रायपुरी (मृत्यु, सन् 1840) लिखते हैं—

''हकीकत यह है कि मुल्के-हिन्द इस लायक है कि दूसरे मुल्क वालों के हाथों उस पर तरह-तरह की मुसीबतें टूटें, क्योंकि इस देश में विदेशियों का इस कदर सम्मान किया जाता है कि अपने आपको भूल जाते हैं।''

अरब और हिन्दुस्तान में व्यापारिक सम्बन्ध बहुत पुराने थे। सिंध विजय से पहले भी मुसलमान व्यापारी हिन्दुस्तान में आए। पारसियों और यहूदियों की तरह उनका भी यहाँ स्वागत हुआ। उन्हें पश्चिम तट पर अपनी बस्तियाँ बसाने, मस्जिदें बनाने और अपनी धार्मिक मान्यताओं के अनुसार जीवन विताने की पूरी-पूरी सुविधाएं जुटाई गई। 'विलायती' शब्द की तरह ''म्लेच्छ' शब्द उन्हीं मुसलमानों के लिए इस्तेमाल हुआ, जो तलवार हाथ में लेकर आए थे और जो हिन्दुओं को काफिर कहते थे। शत्रु को शत्रु कहना और उससे घृणा करना संकीर्णता नहीं, प्रतिरोध है।

जहाँ क्रिया है, वहाँ प्रतिक्रिया है और जहाँ दमन है, वहाँ प्रतिरोध है। समय और स्थिति के अनुसार इसका कोई भी रूप हो सकता है। विदेशी आक्रमण से जनमानस में जो प्रतिरोध उत्पन्न हुआ था, पन्द्रहवीं सदी के उत्तरार्ध में वह भक्ति आंदोलन में मुखर हो उठा। यह आंदोलन राष्ट्रवादी था। इसमें महाप्रभु चैतन्य (बंगाल) तुकाराम (दक्षिण), मीरा (राजस्थान), ललदयद, (कश्मीर) , गुरु नानक (पंजाब) कबीर और तुलसी (उत्तर प्रदेश) ने मुख्य भूमिका अदा की। गीता के भक्ति-मार्ग का उद्देश्य जीवात्मा को माया के बन्धन से मुक्त करके परमात्मा से मिलाना-मुक्ति अर्थात् मोक्ष दिलाना था। इससे मनुष्य ने भक्ति-मुक्ति के चक्र में पड़कर अपने सामाजिक कर्तव्य को भुला दिया और वह आत्मकेन्द्रित बन गया। भक्ति-आंदोलन ने भक्ति को गृहस्थ से जोड़ा, दोनो में सामंजस्य स्थापित किया और धर्म के ज्ञानकांड को कर्मकांड से अलग तथा विकसित करके जनभाषा में यों प्रचारित-प्रसारित किया

कि उससे धूमिल चेतना सजग हुई और सक्रिय बनी। मतलब यह कि भक्ति-आंदोलन का रूप चाहे परम्परागत था, पर उसकी अंतर्वस्तु नई और समयानुकूल थी।

हम यहाँ कबीर और तुलसी की भूमिका का विवेचन करेंगे और नानक की भूमिका को "सिख-लहर के अगले अध्याय में लेंगे। विस्तार में जाने की गुंजाइश नहीं है। यों समझिए कि इतिहास जो समस्याएं छोड़ गया है, हमें उन पर विचार करना और हल खोजना है।

कबीर (1398-1518) तुर्क-अफगान राज्य की संध्या बेला में और तुलसी (1532-1628) अकबर के जमाने में—मुगल काल की प्रभात बेला में हुए। दोनों शासन-कालों में सांस्कृतिक आक्रमण का रूप अलग-अलग था, इसलिए कबीर और तुलसी की भूमिका भी अलग-अलग है और प्रतिरोध का रूप भी अलग-अलग है।

कबीर राम भक्त थे और उनका राम निर्गुण है। निर्गुण क्यों है? इसका भी ऐतिहासिक कारण है और यही उनके प्रतिरोध का वास्तविक रूप है।

तुलसी भी रामभक्त थे, पर उनका राम सगुण भी है और निर्गुण भी। इसका भी ऐतिहासिक कारण है और यही उनके प्रतिरोध का वास्तविक रूप है।

तुर्क-अफगान शासक अपने धर्मोन्माद में काफिरों को तलवार के जोर से मुसलमान बनाते, मंदिर ढाते, मूर्तियाँ तोड़ते और चोटी-जनेऊ काटते थे। लोदियों तक पहुँचते-पहुँचते जब तलवारों का जोर-शोर मद्धिम पड़ा और सोच-विचार शुरू हुआ तो कबीर का स्वर सुनाई पड़ा—"ढहने दो मंदिर, टूटने दो मूर्तियाँ और कटने दो चोटी-जनेऊ तुम्हारा निर्गुण राम तुम्हारे भीतर है, उसे तुमसे कौन छीन सकता है—

1. **"निरगुण राम, निरगुण राम जपो रे भाई!**
2. **तेरा साई तुझ में बसे ज्यों पुहुपन में बास,**
   कस्तूरी का मिरग ज्यों, फिर-फिर ढूंढे घास।
3. **मो को कहाँ ढूँढ रे बंदे, मैं तो तेरे पास में,**
   न मैं देवल, न मैं मस्जिद, न काबे-कैलास में।

इस्लाम के आक्रामक झंडे पर "तौहीद (ईश्वर एक है) लिखा रहता था और शेख उसे मूर्तिपूजक हिन्दू (काफिर) के समक्ष बड़े गर्व से फहराता था। कबीर ताल ठोंककर सामने आ जाते हैं और उससे कहते हैं—

"घट-घट में अविनाशी, सुनो तकी तुम सेख"

तकी जरूरी नहीं कि किसी व्यक्ति विशेष का नाम हो। यह प्रतिवादी को, यानी शेख को सम्बोधित करने का एक ढंग है। वह आगे कहते हैं–

"कहे कबीर इकराम जपो रे हिन्दू-तुर्क न कोय"।

अगर राम-रहीम एक है तो हिन्दू-मुसलमान में अन्तर क्यों? तुम झंडा तौहीद का लहराते हो और हिन्दू-मुसलमान में भेद करते हो। तुम्हारी कथनी और करनी में अंतर है। तुमने दरअसल धर्म के मर्म को समझा ही नहीं।

यों कबीर ने एक तरफ उत्पीड़ित हिन्दू में वह आस्था पैदा की, जिससे उसने विदेशी आक्रमण को झेला और दूसरी तरफ धर्मोन्मत्त शेखों और तुर्कों को समझाया कि वे अपना चलन बदलें, धर्म के नाम पर खून बहाना, जुल्म ढाना जायज नहीं मोहसिन फानी का ख्याल है कि कबीर छद्म नाम का हिन्दू था।

तुलसी की भूमिका को समझने के लिए हमें तत्कालीन स्थिति और अकबर की धर्म सम्बन्धी नीति को समझना होगा।

सोलहवीं सदी का भारत दसवीं-ग्यारहवीं सदी के भारत से एकदम भिन्न था और भारतीय जनता के प्रति मुगल शासकों का रुख तुर्क शासकों के रुख से एकदम भिन्न था। धर्म के नाम पर जेहाद करने और काफ़िरों को मुसलमान बनाने के दिन बीत चुके थे। हम देख चुके हैं कि बाबर को हिन्दुओं और भारतीय मुसलमानों के संयुक्त मोर्चे का सामना करना पड़ा था। इसी संयुक्त मोर्चे ने हुमायूँ को मार भगाया था और पानीपत की दूसरी लड़ाई (1556) में अकबर और बैरम खाँ को भी हेमू के नेतृत्व में इसी संयुक्त मोर्चे का सामना करना पड़ा था। इतिहास में तो यों लिख दिया गया है कि हेमू की पराजय के बाद मुगलों का पूरे भारत पर कब्जा हो गया और उन्हें फिर किसी प्रभावशाली प्रतिरोध का सामना नहीं करना पड़ा; जबकि हकीकत यह है कि पानीपत की दूसरी लड़ाई के छह साल बाद अकबर ने 1562 में जब बैरम खाँ और माहम के प्रभाव से मुक्त होकर हुकूमत की बागडोर खुद संभाली तो उसका शासन पंजाब, उत्तर प्रदेश के आगरा और अवध, राजस्थान के अजमेर और ग्वालियर के किलों तक सीमित था। अफगान और राजपूत मुगलों को देश से भगाने और दिल्ली पर कब्जा करने के लिए बराबर लड़ रहे थे। उन पर विजय पाने और अपने ही ताजिक और तातार सेनापतियों के विद्रोहों को दबाने में अकबर को कम से कम तीस बरस लगे। यह हिन्दुओं और मुसलमानों की

लड़ाई नहीं—देशी, और विदेशी शक्तियों के दरम्यान सत्ता का संघर्ष था। अकबर ने विपत्ति के स्कूल में शिक्षा पाई थी। वह वीर योद्धा ही नहीं, एक सकुशल राजनीतिज्ञ भी था। अतएव विरोधियों और विद्रोहियों को पराजित करने के बाद उनकी योग्यता तथा वीरता के अनुसार ऊंचे-ऊंचे पदों पर बैठाया, तलवार के घाट उतारने के बजाय उन्हें अपना सहयोगी बनाया। परिणाम यह कि जो सत्ता प्राप्त की थी, उसे साथ ही साथ दृढ़ भी बनाया और फिर देशी और विदेशी तत्वों में संतुलन कायम करके वह खुद निरंकुश बन गया।

लड़ाइयों से फुर्सत पाकर अकबर ने धार्मिक नीति पर ध्यान दिया और 'दीन-ए-इलाही' चलाया, जिसका उद्देश्य धार्मिक मामलों में कट्टर-पंथी उलेमाओं और काजियों के प्रभुत्व को खत्म करना था। फतहपुर सीकरी के इमाम को हटाकर अकबर खुद इमाम बना और अपने नाम से खुतबा पढ़ा। सिर्फ इतना ही नहीं, शेख मुबारक को मुकदमुल मुल्क नियुक्त करके उसके नाम से फरमान जारी किया कि अबुलफतह जलालुद्दीन मुहम्मद अकबर बादशाह गाजी सुल्ताने-आदिल (न्यायप्रिय शासक) ही नहीं, इमामे-आदिल (न्यायप्रिय धार्मिक नेता) भी हैं। धार्मिक मामलों में उनका निर्णय ही अंतिम निर्णय होगा।

मुकदमुल मुल्क धर्म के नाम पर जागीरें बांटता और प्रान्तों में काजी (न्यायाधीश) नियुक्त करता था। अकबर ने उसे पद से हटाकर हज के लिए भेज दिया और उसने जो जागीरें अफगान सरदारों से छीनकर कट्टर-पंथियों में बांट दी थीं, वे वापस ले लीं। अतएव अकबर का इमामे-आदिल बनना कट्टरपंथियों के लिए आघात ही नहीं, आर्थिक आघात भी था। परिणाम यह कि जैसे ही अकबर ने अपने नाम से खुतबा पढ़ा, जौनपुर के काजी ने बादशाह के खिलाफ बगावत का फतवा जारी कर दिया। अकबर का भाई मिर्जा हकीम, जो काबुल का शासक था, मौके का फायदा उठाकर पंजाब में घुस आया और उसने लाहौर को घेर लिया। दूसरी तरफ मुजफ्फर शाह ने अहमदाबाद पर कब्जा करके चालीस हजार सेना जुटा ली। अकबर ने इन बगावतों को तो कुचल दिया, लेकिन कट्टरपंथी उलेमाओं का विरोध फिर भी जारी रहा। उनका कहना था कि मुगल राज्य इस्लामी राज्य है और इस्लामी राज्य में इस्लामी कायदे-कानून यानी शरीअत की पाबंदी होनी चाहिए। उन्होंने 'तहरीके तज़दीद' (पुनरुत्थान आंदोलन) चलाई। डॉ. आविद हुसेन के अनुसार मौलाना शेख अहमद (1564-1624) और शाह अब्दुल हक महद्दूदस (1551-1642) इस आंदोलन के प्रमुख नेता थे।'' तहरीके-तज़दीद में उनका हिस्सा यह है कि उन्होंने इल्मेहदीस

को हिन्दुस्तान में आमरिवाज देकर मुसलमानों को पैगम्बरे-इस्लाम की तालीम के करीब कर दिया।'' (कौमी तहजीब का मसला)।

अकबर सामंती वर्ग का प्रतिनिधि था और अपने को ''जिल्लेइलाही'' (धरती पर खुदा का साया) मानता था। इसी से उसके चिंतन की सीमाएं निर्धारित थीं, वरना पुर्तगाली पादरियों ने उसे छपी हुई बाईबिल भेंट की और टाईम-पीस भेंट किया। अगर उसका चिंतन तनिक भी वैज्ञानिक होता तो वह हिन्दुस्तान में प्रेस लगाने और घड़ियों का कारखाना लगाने की सोचता। पर उसने ऐसा कुछ नहीं सोचा। सोचा तो दीनेइलाही, जिसे, जिनकी मदद से हिन्दुस्तान पर विजय किया था, न उन्होंने स्वीकारा और न विजित ने स्वीकारा। फतहपुर सीकरी के दीवान-ए-आम' में अकबर का सिंहासन विष्णु स्तम्भ पर टिका हुआ था। वह अपने को विष्णु का स्वरूप कहता और झरोखे में बैठकर दर्शन देता था। यह भारतीय मिथक परम्परा पर अपने को आरोपित करना था। इसके विरुद्ध भारतीय जनगण की जो प्रतिक्रिया थी, वह उस लोक कथा से व्यक्त होती है, जो हम पहले लिख आए हैं।

यों कहा जाए कि राजनीतिक विजय के बाद विदेशी सत्ता के सांस्कृतिक आक्रमण का यह एक दूसरा रूप था, जिसमें हिंसा नहीं थी, लेकिन आक्रमण पेचीदा और खतरनाक था। तुलसीदास ने प्रतिरोध का ढंग भी दूसरा अपनाया। उन्होंने रामचरित मानस लिखकर इस आक्रमण के विरुद्ध शैव से शूद्र तक का संयुक्त मोर्चा बनाया और कहा कि अकबर-फकबर कुछ नहीं, तुम्हारा आराध्य राम है, सिर्फ उसी को मानो। हम कह चुके हैं कि तुलसी का राम निर्गुण भी है और सगुण भी है। कारण यह कि तुलसी राम को विष्णु भगवान का अवतार[1] मानते हैं। भगवान निर्गुण और उसका अवतार सगुण है। फिर अपने महाकाव्य में पूरी अवतार परम्परा को संजोकर तुलसी ने राम का ऐसा सशक्त और मोहक चित्र प्रस्तुत किया कि उसके आगे अकबर का प्रतिनिधि रूप फीका पड़ गया। अब राम की मूर्ति बनाने और उसकी पूजा करने में भी कोई खतरा नहीं था। लेकिन तुलसी का अराध्य राम सिर्फ पूजा ही की वस्तु नहीं, उससे अधिक कुछ और भी है। वह धनुषधारी है, शत्रुओं का संहार करने वाला महाबली योद्धा है। ''रामचरित मानस'' का महाकवि राम के इसी योद्धा रूप को अपना आराध्य मानता है।

'तुलसी मस्तक तव नवै, जब धनुष बाण लो हाथ।'

---

1. वाल्मीकि के राम भगवान नहीं, मर्यादा पुरुषोत्तम हैं। राम को भगवान सिर्फ तुलसी ने बनाया है और यह ऐतिहासिक आवश्यकता थी।

तुलसी का यह सगुण राम भीलनी के जूठे बेर खाता है, छोटी जाति के गुह-निषाद को गले लगाता है। मतलब यह कि मनुष्य, मनुष्य सब एक है, छुआछूत भूल है–

हरि को भजे सो हरि का होई,
जाति-पात पूछे नहि कोई।

इसके बावजूद कबीर को प्रगतिशील और तुलसी को प्रतिक्रियावादी कहना, उनकी अलग-अलग भूमिका को न समझ पाने का परिणाम है। कबीर, और तुलसी में अंतर यह है कि विद्रोही और दबंग कबीर "लकुटी हाथ में थामे बाजार में खड़े हैं और घर फूंककर साथ चलने का आह्वान कर रहे हैं"; लेकिन चलने की कोई दिशा नहीं, और लकुटी शत्रु से लड़ने का हथियार नहीं, चलने का सहारा मात्र है। इसके विपरीत गंभीर-धीर तुलसी न सिर्फ बानर सेना के रूप में एक संगठन बनाते है, बल्कि रावण सरीखे भंयकर शत्रु को पराजित करने के लिए सशस्त्र और ज्ञानवान नेता भी जुटाते हैं।

लेकिन जिस तरह रूसी साहित्य में तालस्ताय की प्रगतिशील और प्रतिक्रियावादी दोहरी भूमिका है, उसी तरह तुलसी की भी दोहरी भूमिका है। प्रगतिशील भूमिका हमने देख ली। प्रतिक्रियावादी भूमिका वहाँ है, जहाँ वे रामचरित मानस के उत्तर कांड में रामराज्य का अतिरंजित काल्पनिक चित्र प्रस्तुत करते हैं। यह हिन्दू पुनरुत्थानवाद है।

इस प्रकार हिन्दू पुनरुत्थानवाद और मुस्लिम पुनरुत्थानवाद दोनों के आंदोलन अकबर के जमाने से शुरू हुए। दोनों के प्रेरणास्रोत अलग-अलग थे और आज भी अलग-अलग हैं। परिणाम यह कि हमारा अतीत बंट गया, इतिहास और परम्परा बंट गई और हीरो बंट गए। अकबर और शेरशाह सूरी का अन्तर मिट गया। देशी-विदेशी के संघर्ष में जो हिन्दू-मुस्लिम एकता बनी थी, वह ब्रिटिश सरकार के विरुद्ध संघर्ष में दृढ़ होने के बजाय खंडित हुई। संस्कृति, भाषा और राष्ट्रीयता को धर्म से जोड़ देने के कारण हिन्दू-मुस्लिम आबादी स्पष्टतः धर्म के आधार पर बंट गई। पुनरुत्थान के आंदोलन साम्प्रदायिकता में बदल गए। राष्ट्रीय एकता के सारे प्रयास विफल रहे। आपसी अंतर्विरोध तीखे होते चले गए। डॉ. आबिद हुसेन लिखते हैं–

"दरअसल इस मतभेद की जड़ संस्कृति थी। हिन्दुओं और मुसलमानों के सांस्कृतिक आंदोलन एक मुद्दत से अलग-अलग दिशाओं में बढ रहे थे। स्वाधीनता

आंदोलन से प्रभावित होकर वे कुछ समय के लिए एक बिन्दु पर केन्द्रित हो गए, पर चूंकि कांग्रेस ने सांस्कृतिक समस्या को समझे बगैर राष्ट्रीय एकता का राग अलापना शुरू किया। इसलिए मुसलमानों को संदेह हुआ कि हिन्दू बहुसंख्या राष्ट्रीय एकता के पर्दे में उन पर अपनी संस्कृति को थोपना चाहती है और कांग्रेस हुकूमत कायम हो जाने के बाद कांग्रेसी हिन्दुओं के आचरण में, जो परिवर्तन आया, उसने उनके संदेह को विश्वास में बदल दिया। परिणाम यह कि अकसर मुसलमान, जिन्होंने स्वाधीनता आंदोलन में जी-जान से हिस्सा लिया था और कांग्रेस के सदस्य थे, मुस्लिम लीग में चले गए अथवा निराश होकर राजनीति से अलग हो गए।... बहुत से मुसलमान, जो मुस्लिम लीग के राजनीतिक पक्ष में कोई दिलचस्पी नहीं रखते थे, और राजनीतिक दृष्टि से उसे हानिकर समझते थे, उनकी पाकिस्तान की माँग के सहज समर्थक इसलिए बन गए कि कम से कम एक ऐसा इलाका तो होगा, जहाँ मुसलमान अपनी सांस्कृतिक मान्यताओं को व्यापारिक रूप दे सकेंगे (कौमी तहजीब का मसला, पृष्ठ 239-40)

यह ठीक है कि मतभेद की जड़ संस्कृति थी। लेकिन डॉ. आबिद हुसेन ने, जो एक नेशनलिस्ट मुसलमान थे जामियामिलिया से संबंधित थे, धर्म और संस्कृति को गड्ड-मड्ड करके पुनरुत्थान के आंदोलनों को संस्कृति का आन्दोलन बताया है। इससे नेशनलिस्ट मुसलमानों की जो मानसिकता बनी, वह उक्त उद्धरण से स्पष्ट है। अब आगे देखिए। जामियामिलिया नाम की नेशनल यूनिवर्सिटी जब कायम हुई तो उसके उद्घाटन, समारोह से लौटकर 8 नवम्बर, 1920 को बाबरा-उर्दू मौलवी अब्दुक हक ने डॉक्टर मुख़्तार अहमद अंसारी के नाम अपने खत में लिखा था:

"... एक ज़माना आने वाला है, जब देश को स्वराज मिलेगा, (खुदा करे वह ज़माना जल्दी आए) उस समय भाषा का सवाल, जो इस समय दब गया है, फिर पैदा होगा। हुकूमत की कोई भी सूरत हो, चाहे देश अमेरिका की तरह विभिन्न राज्यों में विभाजित हो या एक प्रशासन के अंतर्गत रहे, भाषा का सवाल अनिवार्य है। राजनीतिक उद्देश्य से अगर देश का बंटवारा हुआ तो उसका आधार भाषा होगी। इसके लिए हमें अभी से तैयार रहना चाहिए और उसके लिए इससे बेहतर अवसर कभी नहीं मिल सकता। मुझे इसकी बड़ी प्रसन्नता है और इस कारण संतोष है कि आप और हकीम अजमल खाँ साहब मुझसे सहमत हैं कि नेशनल यूनिवर्सिटी

---

1. देखिए, डॉ. रांगेय राघव की पुस्तक "प्रगतिशील साहित्य के मापदंड", पृष्ठ 287-88।

में शिक्षा का माध्यम उर्दू हो। आप इस पर कायम रहें और लाख विरोध हो, कभी इस सिद्धान्त को हाथ से न जाने दें वरना शुरू में जरा भी कोताही हुई तो फिर अवसर मिलना असंभव हो जाएगा। (खतूते-अब्दुल हक, कराची)

इस पर किसी टिप्पणी की जरूरत नहीं हम सिर्फ इतना और कहना चाहेंगे कि उर्दू को हिंदी से अलग भाषा बनाने और उसे फारसी का स्थान दिलाने का योजना-बद्ध अभियान शाह आलम के जमाने से शुरू हो गया था।[1] उक्त नेशनलिस्ट यूनिवर्सिटी गांधी जी ने खिलाफत आंदोलन के नेताओं मुहम्मद अली और शौकतअली के सहयोग से कायम की थी। इन अली भाइयों के बारे में उक्त पत्र में मौलवी अब्दुक हक ने अपना मत यों व्यक्त किया है–

'मैंने मुहम्मदअली और शौकतअली में एक इंतहा दर्जे का "मुल्लाटा" पाया। इस लफ्ज में तास्सुब, अन्धविश्वास, सख्ती, द्वेष, असहिष्णुता सब कुछ आ गया। मेरे सानोगुमान में यह भी बात न थी... उनका हर बात में खुदा को लाना और हर हुक्म को खुदा और उसके रसूल से संबंधित करना और हर बात में सख्ती और गलू (अतिशयोक्ति) के साथ तास्सुब बरतना हर माकूल पसंद आदमी को नागवार गुज़रता है।"

मुहम्मदअली और शौकतअली कट्टरपंथी पुनरुत्थानवादी थे और गांधी जी भी कट्टरपंथी पुनरुत्थानवादी थे। वह भी अपनी हर बात को आत्मा की आवाज़ कहते थे और सीधा भगवान से जोड़ते थे। उन्होंने अपने स्वराज्य का संबंध तुलसी के रामराज्य से और सत्याग्रह का संबंध पुनरुत्थानवादी तालस्ताय के "बदी का प्रतिरोध मत करो" सिद्धान्त से जोड़ा। 1920-21 की साम्प्रदायिक एकता का आधार मुस्लिम पुनरुत्थानवाद और हिन्दू पुनरुत्थानवाद का अवसरवादी समझौता था, जो गांधी जी ने ख़िलाफत से व्यक्तिगत रूप से किया था। और खिलाफत की ही मदद से कांग्रेस पर जबर्दस्ती थोपा था। चौरीचौरा घटना के बाद किसानों के क्रान्तिकारी अमल को अधूरे में रोकने के लिए जब गांधी जी ने सत्याग्रह वापस लिया तो यह एकता न सिर्फ टूटी, बल्कि शुद्धि और तवलीग में बंट गई। बंट जाना स्वाभाविक था।

हम विषय से परे निकल आए, लेकिन अभिप्राय यह दिखाना था कि हमारे राष्ट्रीय आंदोलन का नेतृत्व पुनरुत्थानवादियों और आत्मसमर्पणवादियों ने हथिया लिया था। अंतविरोधों को समझने और उनका हल खोजने के बजाय इतिहास को विकृत किया गया। डॉ. ताराचंद का उदाहरण हम पहले दे चुके हैं। मजे की बात यह है कि "इस्लाम का हिन्दुस्तानी तहज़ीब पर असर" अपनी पुस्तक में उन्होंने तुलसी का जिक्र तक नहीं किया और कबीर के बारे में उनका मत यह है–

"इस तरह कबीर ने हिन्दुस्तान का ध्यान एक विश्व-धर्म की ओर आकृष्ट किया। एक ऐसा मार्ग बना दिया गया, जिस पर दोनो साथ चल सकते हैं। ऐसे धर्म पर कोई हिन्दू या मुसलमान आपत्ति नहीं कर सकता था। यह तो कबीर के मिशन का रचनात्मक पक्ष था, लेकिन उसका एक विध्वसात्मक पक्ष भी है। प्राचीन मार्गों में, जो जंगल बाधा बन गया था, उसे साफ किए बगैर नई सड़क बनाना संभव न था। इसीलिए कबीर ने उन तमाम वाह्य आडम्बरों का जिनसे सत्य पर पर्दा पड़ता था और हिन्दुस्तानी कौमों को एक दूसरे से अलग करते थे–निडर, आक्रोश और कठोर शब्दों में विरोध किया। उन्होंने हिन्दू या मुसलमानों की रियासत नहीं की।" (पृष्ठ 201)

इसी को कहते हैं शब्दों में जादू जगाना, हाथ पर सरसों उगाना। पर आप इस लफ्फाजी पर न जाइए, "हिन्दुस्तानी कौमों" के वाक्यांश पर विचार किजिए। क्या वह अंग्रेज़ों द्वारा प्रचारित-प्रसारित सामाजिक संस्कृति का सिद्धान्त नहीं, जिसने धर्म को संस्कृति का आधार बनाकर देश की आबादी को हिन्दू-मुसलमान और सिख आदि कौमों में बांटा और फूट की शक्तियों को जो बढ़ावा दिया, उसका परिणाम हमारे सामने है। अधिक कुछ कहने की जरूरत नहीं।

इतिहास की वैज्ञानिक व्याख्या न होने से कबीर और तुलसी की भूमिका को ठीक से नहीं समझा गया और राष्ट्रीय जीवन में संस्कृति का जो महत्व है और जिसके आधार पर राष्ट्रीय एकता संभव है, उसे भी नहीं समझा गया। परिणामस्वरूप जैसे धर्म के आधार पर देश की आबादी कौमों में बंटी, इतिहास भी सम्प्रदाओं में बंट गया। इसी कारण राष्ट्रीय संस्कृति के निर्माण में और राष्ट्रीय मुक्ति के संघर्ष में सिख-गुरुओं की जो रचनात्मक और क्रान्तिकारी भूमिका है उसकी न सिर्फ उपेक्षा हुई बल्कि आत्मसमर्पणवादियों ने उसे झुठलाने का प्रयास किया। गांधी जी का गुरु गोविन्द सिंह को गुमराह देशभक्त कहना उनके महान त्याग और महान देशभक्ति को झुठलाने का ही प्रयास है।[1] इसके विपरीत विवेकानन्द ने, जिन्होंने संस्कृति के महत्व को न सिर्फ समझा, बल्कि जिया भी था, गुरु गोविन्द सिंह को इन शब्दों में श्रद्धांजलि अर्पित की है–

"जब तक लोग अपने में एक ही प्रकार के ध्येय का अनुभव नहीं करेंगे, तब तक कभी एक सूत्र में आबद्ध नहीं हो सकते। जब तक उनका ध्येय एक न हो तब तक सभा, समिति और वक्तृता से साधारण लोगों को एक नहीं किया

---

1. देखिए, करतार सिंह एम.ए. की पुस्तक 'जीवन कथा गुरु गोविन्द सिंह जी", पृष्ठ 87-88

जा सकता। गुरु गोविन्द सिंह ने उस समय क्या हिन्दू और क्या मुसलमान सभी को समझा दिया था कि वे लोग कैसे घोर अत्याचार और अविचार के राज्य में बस रहे हैं। गुरु गोविन्द सिंह ने किसी नए प्रकार के ध्येय की सृष्टि स्वयं नहीं की, केवल सर्वसाधारण जनता का ध्यान इसकी ओर आकर्षित कर दिया था। इसीलिए हिन्दू, मुसलमान सब उनको मानते थे। वे शक्ति के साधक थे। भारत के इतिहास में उनके समान बिरला ही दृष्टान्त मिलेगा।"[1]

---

1. 'विवेकानंद साहित्य' पृष्ठ सं. 68

इतिहास और परम्परा

सिख-लहर

कालक्रम से गुरु नानक (1469-1549), कबीर और तुलसी के बीच की कड़ी हैं, लेकिन विचार-क्रम से वे भारतीय दर्शन के एक ऐसे प्रकाश पुंज है, जहाँ से धर्मांधता की काली रात समाप्त होती है, और नव जागरण का सुप्रभात प्रारंभ होता है।

इसी बात को दूसरे शब्दों मे यों कह लीजिए कि गुरु नानक जीवन यात्रा में, एक ऐसे मील के पत्थर हैं, जहाँ से वह मध्यकालीन युग, जिसमें मनुष्य धर्म के लिए नहीं, बल्कि धर्म मनुष्य के लिए था, शुरू होता है।

गुरु नानक के जन्म के समय तक पंजाब की भूमि लगभग पांच सौ बरस तक विदेशी गुलामी झेल चुकी थी और अब भी इस गुलामी का कोई अंत दिखाई नहीं दे रहा था। जाने कितने हमलावरों ने उसे अपने पांव तले रौंदा, खून की नदियाँ वहीं, बर्बरता और अत्याचार का नंगा नाच हुआ, धन लुटा, अस्मत लुटी, उसका कण-कण व्यथा से कराह रहा था। जन्म-भूमि की यह व्यथा नानक के मन को छू गई। सोचा-सोचा बहुत सोचा और जितना सोचा, व्यथा उतनी ही अधिक बढ़ी और फिर इससे जो टीस उठी, वह यों व्यक्त हुई "न कोई हिन्दू, न मुसलमान।" इसका एक अर्थ यह था कि सब कोई मानव मात्र हैं, उसी परमपिता की सन्तान हैं। यों उन्होंने सार्वभौम बन्धुत्व पर बल दिया। दूसरा अर्थ यह भी था कि हिन्दू और मुसलमान सिर्फ नाम के हिन्दू और मुसलमान हैं, वे धर्म के सारतत्व को भुलाकर भ्रान्तियों में पड़े हुए हैं, इसीलिए आपस में लड़-झगड़ रहे हैं और व्यर्थ का द्वेष

पाले हुए हैं। उन्हें धर्म का सारतत्व समझाकर सच्चे हिन्दू और सच्चे मुसलमान बनाना होगा ताकि वे प्रेम-भाव से शांतिपूर्वक रह सकें।

इसके बाद वह मानव -प्रेम तथा बन्धुत्व का प्रचार करने निकल पड़े। देश की चार दिशाओं में चार लम्बी-लम्बी यात्राएं की। 1517 से 1521 तक की अन्तिम यात्रा अरब-इराक और बगदाद की थी। इन यात्राओं से उन्हें जो विशाल अनुभव प्राप्त हुआ, उसी के आधार पर उन्होंने अपने नए मौलिक धर्म की स्थापना की।

यात्रा से लौटकर उन्होंने रावी के पूर्वी किनारे पर कर्तारपुर (ईश्वर-सदर) नाम का गांव बसाया। यहाँ उनकी थोड़ी-सी ज़मीन थी। ज़मीन जोतकर वह अपना और अपने परिवार का जीवन-यापन करते, लेकिन काफी समय प्रार्थना तथा उपदेश में बिताते थे। उनके भजन इतने सरल और बोध थे कि सभी स्तर और सभी धर्मों और जातियों के लोग उन्हें सुनने आते थे। उनके अनुयायी शिष्य अर्थात् 'सिख' कहलाये। उनके नए धर्म का जो मूलमंत्र था, उनकी प्रसिद्ध रचना "जपजी" इसी से शुरू होती है। भावार्थ इस प्रकार है–

"ईश्वर मात्र एक है, उसका नाम सत् है। वह रचयिता, निर्भय और निर्वैर है। उसका रूप अनन्त है। वह अन्जमा एवं स्वयंभू है। उसकी उपलब्धि गुरु की कृपा से ही संभव है।[1]

मनुष्य ने ईश्वर की रचना अपनी ही प्रतिछवि के रूप में की है। विकास-प्रक्रिया मनुष्य और ईश्वर दोनों पर समान रूप से लागू होती है। भारतीय दार्शनिक वैदिक युग में बहु देवतावाद से गीता तक आते-आते एक ईश्वरवाद तक पहुंच गया था। उसे रचयिता, अनन्त, अजन्मा और स्वजन्मा भी मान लिया था। लेकिन गुरु नानक ने इस अवधारणा में निर्भय और निर्वैर (शत्रुता रहित) के विश्लेषण पहली बार जोड़े और यों समय के तकाजे को पूरा किया, क्योंकि जिस युग में वे पैदा हुए, उसमें मनुष्य को ईश्वर जिसकी प्रतिमा है, निर्भय और निर्वैर बनाना आवश्यक था। तभी वह दासता तथा अंधविश्वास के बंधनों को तोड़ सकता था।

गुरु के अनुयायी शिष्य अर्थात् "सिख" कहलाए। ईश्वर चूंकि अजन्मा है, इसलिए गुरु नानकदेव अपने को अवतार नहीं मानते, उसका दूत अथवा पैगम्बर होने का दावा भी वह नहीं करते। उनके नज़दीक गुरु एक ऐसा व्यक्ति है, जिसने

1. एक ओंकार, सतिनाम, करत पुरुख, निरभय निर्वैर अकाल मूरति, अजूबी, संयम गुरु प्रसादि।

अनुभव द्वारा ज्ञान प्राप्त करके लक्ष्य को पा लिया है और उसमें दूसरों का पथ-प्रदर्शन करने की सामर्थ्य है। फिर ईश्वर चूंकि सबके लिए समान है, इसलिए गुरु नानकदेव ने अपने सिखों को बताया कि अनुभव द्वारा मुझे जो ज्ञान प्राप्त हुआ है, वह तुम्हें भी प्राप्त हो सकता है और तुम भी लक्ष्य को पहुँच सकते हो। लक्ष्य पर पहुँचने वाला हर एक प्राणी गुरु है और वह दूसरों का पथ-प्रदर्शन कर सकता है।

ईश्वर दूर नहीं, नज़दीक है—समस्त सृष्टि में व्याप्त है। उसे पा लेने का मतलब है, भीतर (अभ्यंतर) और बाहर (वाह्य जगत) सिर्फ उसी को देखना। लेकिन उसे पाने के लिए गुरु की पूजा करने के बजाय सच्चा धार्मिक बनना आवश्यक है और गुरु के नज़दीक सच्चा धार्मिक वह है—

''जो सब मनुष्यों को बराबर समझे, धार्मिक है।
धर्म कब्रों और श्मशानों के चक्र में नहीं,
धर्म योग-मुद्राओं आसनों में नहीं,
भिक्षु बन देश-पर्यटन में नहीं, नदियों,
तीर्थों में भी धर्म छिपा हुआ नहीं है।
काजल-कोठरी में भी उजला रह,
धर्म तभी तुझे मिल पाएगा।

गुरु नानकदेव खुद गृहस्थ थे और उनके अनुयायी सिख भी गृहस्थ थे। उनके सिख-धर्म में संन्यासी का प्रवेश निषिद्ध था। उनका धर्म सहज था और भक्ति का मार्ग भी सहज था—''किरत करो,—नाम जपो और बांट-कर खाओ! अनुभव द्वारा प्राप्त ज्ञान है, हृदय को आलोकित करने वाली चेतना है।

यह चेतना जन्मभूमि की व्यथा को अपने भीतर धारण कर लेने से— विषपायी बनकर उत्पन्न हुई थी।

आपत्ति मात्र आपत्ति ही नहीं, उसका उज्जवल पक्ष भी है। जितना गहरा आघात होता है, उसकी प्रतिक्रिया उतनी ही गहरी होती है, चेतना जागती है और जड़ता टूटती है। तुर्कों के रूप में जो मुसीबत भारत पर आई थी, वह सन् 1356 में यूरोप पर भी आई। सौ बरस की अवधि में तुर्कों ने बालकान देशों का अधिकांश भाग विजय कर लिया, अंग्रेज़ों को बोर्डियू में पराजित किया और फिर दुनिया पर अपने आदेश लागू करने वाले महान रोमन साम्राज्य को धूल में मिला दिया, इसी से यूरोप में नव जागरण की लहर उठी और आधुनिक युग का सूरज उगा और

पोप की पोंगापंथी को चुनौती देने वाले लूथर और मुंजेर सरीखे महान विचारक पैदा हुए।

मार्क्स ने लिखा है–"कहना होगा कि लूथर ने विश्वास का बंधन लाकर पवित्रता के बंधन को हटाया। उसने धर्म का अधिकार कायम करके अधिकार के धर्म को नष्ट किया। उसने सामान्य जन को पादरी (पुरोहित) बनाकर, पादरी को सामान्य जन बना दिया। उसने मनुष्य को अभ्यन्तर की धार्मिकता प्रदान करके आडम्बर को धार्मिकता से मुक्त कर दिया। उसने हृदय को जंजीर पहनाकर शरीर को जंजीरों से मुक्त किया।[1]

गुरु नानकदेव ने धर्म के ज्ञानकांड को कर्मकांड से अलग किया। उसे वर्णों, वर्गों पंडितों और मुल्लाओं तथा अवतारों और पैगम्बरों के चंगुल से मुक्त करके घर-घर पहुंचाया और सामान्य जन को गुरु बनने तथा प्रचार करने का अधिकार दिया। उन्होंने वर्ण-भेद जाति-भेद और साम्प्रदायिकता का विरोध किया। उन्होंने निम्न तथा दलित वर्ग से निकट सम्पर्क बनाए रखने में गर्व महसूस किया।

"नीच जाति के लोगों में मैं सबसे नीच हूँ। नीचतम से भी नीच हूँ। नानक ऐसे लोगों में और उनके संग हैं।[2] ऊंचे लोगों के साथ कोई संबंध या उनके साथ कोई तुलना नहीं।

व्यापारी, किसान, नाई, धोबी, लोहार, तरखान आदि जितने भी दस्तकार थे, जो उस आपाधापी में सबसे अधिक उत्पीड़ित थे, जिन्हें शांति की सबसे अधिक आवश्यकता थी और जो इतिहास की सबसे बड़ी शक्ति थे, उनके अनुयायी बने।

सिख धर्म ने जन साधारण को जो आध्यात्मिक और सामाजिक समानता दी,उसे व्यावहारिक रूप देने के लिए गुरु नानक ने संस्थाएं बनाई। ये संस्थाएं थीं–लंगर, पंगत और संगत।

गुरु की शिक्षा "किरत करो, बांटकर खाओ।" उनके सिख अपनी कमाई में से गुरु के लिए जो भेंट लाते थे, उससे लंगर चलता था। यह सबके लिए था और सब एक पंगत में बैठकर खाते थे। छोटे-बड़े का भेद नहीं था। अनाथ, असहाय और दरिद्र को सम्मानपूर्वक खाना मिल जाता था।

संगत अर्थात् गुरुद्वारे में भजन-कीर्तन होता था। यह सामूहिक प्रार्थना थी, जिसमें सभी जातियों के स्त्री-पुरुष समानरूप से भाग लेते थे। स्त्रियों को संगत

---

1. मार्क्स एंगेल्ज ऑन रिलीजन, पृष्ठ-64
2 नीचो अतरी नीच जाति नीचहू अति नीच, नानक तिनके संगी साथी, बड़िया सिउकिआ रीस। श्रीराम, पृष्ठ-415

में शामिल होने का अधिकार गुरु नानक ने पहली बार दिया। असम के संत शंकरदेव (1449-1566) ने स्त्रियों को, जो नामघरों में किए जाने वाले कीर्तनों में सम्मिलित होने को ललकती थीं, पूजा का अधिकार नहीं दिया था। विद्रोही कबीर ने भी कंचन-कामिनी को निंदित बताया। लेकिन गुरु नानक ने कहा कि जो स्त्री साधु, संतों और वीर पुरुषों को जन्म देती है, उसे निंदित क्यों माना जाए। अपने पंजाब आक्रमण (1521) के दौरान बाबर ने सैयदपुर (वर्तमान ईमनाबाद) में जो कत्लेआम किया और हिन्दू तथा पठान औरतों पर जो जुल्म ढाए, नानक ने वह सब अपनी आंखों देखा और उसके लिए बाबर की भर्त्सना की।

उनके धर्म का उद्देश्य ऐसे नए मनुष्य (गुरुमुख) तैयार करना था, जो समाज को दासता की ज़ंजीरों से मुक्त करे। निश्चित रूप से यह उद्देश्य क्रांतिकारी था। उन्हें सिर्फ प्रचारक या सुधारक कहना गलत है।

मृत्यु से कुछ समय पहले गुरु नानकदेव ने अपने परम भक्त तथा योग्य शिष्य भाई लहना को उत्तराधिकारी मनोनीत किया। अपने बेटे श्रीचंद को गुरु जी ने इसलिए उत्तराधिकारी नहीं बनाया कि वह जगत को मिथ्या तथा माया कहता था। यह बात सिख-धर्म की मान्यताओं के सर्वथा विपरीत थी।

उनके बाद भाई लहना अंगद नाम से गुरु-गद्दी पर बैठे। अंगद का अर्थ है अपना ही अंश। यानी दूसरे गुरु अंगद पहले गुरु नानक देव ही का एक अंश थे।

यों गुरु नानकदेव ने लंगर, संगत और पंगत के अलावा गुरु-शब्द और गुरु-गद्दी की संस्थाएं भी कायम की। गुरु-गद्दी की विशेषता यह है कि उसने लगभग दो सौ बरस तक न सिर्फ नानकदेव के नए धर्म के मूल उद्देश्य की रक्षा की, बल्कि क्रांति के भ्रूण को पाला-पोसा और जवान बनाकर रण क्षेत्र में उतार दिया।

दूसरे गुरु अंगददेव जब गद्दी पर बैठे तो शेरशाह सूरी ने बाबर के बेटे हुमायूँ को भारत से बाहर भगा दिया था। चार सौ साल बाद विदेशी गुलामी से मुक्ति मिली, शांति और सुव्यवस्था कायम हुई। तैमूर और बाबर के विरुद्ध संघर्ष में हिन्दुओं और भारतीय मुसलमानों में जो एकता स्थापित हुई थी, जिसका उल्लेख हम पहले कर चुके हैं, उसमें अब एक गुणात्मक परिवर्तन आया, वैर-विरोध मिटा और एकता दिन-दिन दृढ़ होती चली गई। भक्ति-आंदोलन, जो एकता और स्थिति-जन्य नई चेतना को स्वर प्रदान कर रहा था, अब एक राष्ट्रव्यापी अजय शक्ति बन गया। इस आंदोलन द्वारा हर प्रदेश में भाषा, साहित्य और संस्कृति का

विकास हुआ। पंजाब में इसका श्रेय सिख-लहर और सिख-गुरुओं को प्राप्त है। गुरु नानकदेव ने अपनी कविताओं और पदों में लोकगीतों की धुनों मुहावरों और सामान्य जन की भाषा का प्रयोग करके लोक-भाषा और लोक-संगीत के स्वर को ऊँचा उठाया। उनके बाद दूसरे गुरु अंगद देव ने, जो खुद भी बहुत अच्छे कवि थे, अपनी रचनाओं द्वारा गुरुवाणी को समृद्ध बनया। उनकी सबसे बड़ी देन यह है कि जिस भाषा में वह उपदेश देते थे, उसे लिपि दी। चूंकि इस लिपि का आविष्कार गुरु ने किया था, अर्थात् गुरु-मुख से निकली थी, इसलिए उसका नाम 'गुरुमुख़ी' पड़ गया और इसी आधार पर पंजाबी भाषा को भी गुरुमुखी कहा जाने लगा। लिपि और भाषा में द्वन्द्वात्मक संबंध है। किसी भी भाषा के लिए उपयुक्त लिपि वह है, जो उसकी शब्दावली के अर्थ और भाव को ठीक-ठीक प्रेषित करे। लिपि का आविष्कार एक महान प्रतिभा का काम था–एक ऐसी प्रतिभा का जिसने भाषा की चरित्रगत विशेषताओं और सांस्कृतिक परम्परा को आत्मसात कर लिया हो।

लिपि के आविष्कार से पंजाबी भाषा, साहित्य और राष्ट्रीयता के विकास का मार्ग प्रशस्त हुआ।

गुरु नानक की वाणी और उनके जीवन-संबन्धी जितनी भी जानकारी उपलब्ध हो सकी, गुरु अंगद ने उसे लिपिबद्ध किया। गुरु-पद की एकता और निरन्तरता को ध्यान में रखते हुए बाद के गुरुओं ने अपनी रचनाओं और पत्रादि में "नानक" नाम का ही प्रयोग किया। पहले गुरु की वाणी प्रथम मुहल्ला में है और दूसरे की द्वितीय मुहल्ला में इत्यादि।

मुगल फिर आ गए थे। तीसरे गुरु अमरदास जब गद्दी पर बैठे तो देश में उथल-पुथल मची हुई थी। पंजाब की धरती फिर पांव-तले रौंदी गई, फसलें नष्ट हुईं और लोग घर से बेघर हुए। इस कठिन परिस्थिति में गुरु अमरदास ने धर्म-प्रचार जारी रखा और संगठन को मज़बूत बनाया। लंगर संस्था पहले से चली आ रही थी। गुरु ने उसे व्यवस्थित किया और अपने अनुयायियों को झंझोड़ा। उन्होंने यह नियम बना दिया कि रसद हर रोज खत्म हो और दूसरे दिन का लंगर नई रसद से शुरू हो। इस सिलसिले में उन्होंने दूसरा नियम यह बनाया कि जो व्यक्ति गुरु के दर्शन को आए वह पहले पंगत में बैठकर लंगर छके, दर्शन तभी होंगे। इससे लोगों को राहत मिली और उनके मन में गुरु के प्रति श्रद्धा बढ़ी। गोयंदवाल में एक बावली खुदवाई गई। जो श्रद्धालु-जन गुरु के दर्शन को आते, वे उसमें स्नान करते थे। यह स्नान गंगा-स्नान की तरह पवित्र माना जाता था। सिखों को

तीर्थ-स्नान के लिए और कहीं जाने की ज़रूरत नहीं रह गई। इसी दृष्टि से चौथे गुरु रामदास को आदेश हुआ कि वह अमृतसर का सरोवर खुदवाएं। उन्होंने सरोवर खुदवाया और उन्हीं के प्रयत्न से अमृतसर नगर बसा, जो उत्तर भारत में व्यापार और उद्योग के प्रसिद्ध केन्द्र के रूप में विकसित हुआ और सिख-धर्म का प्रमुख तीर्थ बना।

अब सिख-धर्म के अनुयायियों की संख्या बहुत बढ़ गई थी। गुरु रामदास ने पंजाब को बाई मंजियों (बाईस-परगनों) में विभाजित किया और हर एक मंजी के लिए एक गुरुवाणी का ज्ञाता (प्रचारक) नियुक्त किया। यों राज्य के भीतर एक समानान्तर धार्मिक राज्य स्थापित हुआ।

उन्होंने प्रचलित रीति-रिवाज में सुधार करके सिखों को ब्राह्मणों के चंगुल से निकाला। विवाह और जन्म-मरण के अवसर पर पहले संस्कृत श्लोक पढ़े जाते थे, अब उन्होंने गुरुवाणी पढ़ने का रिवाज डाला। उन्होंने विक्रमी सम्वत् के बैसाख महीने की पहली तारीख को सिखों के एकत्रित होने का दिन नियत किया। बैसाखी का मेला, जो पंजाब का एक बहुत बड़ा और पवित्र पर्व है, तभी से शुरू हुआ। इसके अलावा होली, दिवाली आदि दूसरे त्योहारों पर भी लंगर लगते, दीवान सजाये जाते, भजन-कीर्तन होता और निर्भय, निर्वैर बनने का गुरु-संदेश जन साधारण तक पहुंचाया जाता। गुरु रामदास ने केवल एक स्त्री से विवाह करने और विधवाओं का पुनर्विवाह करने पर बल दिया। उन्होंने पर्दे और सती-प्रथा का कड़ा विरोध किया। यों उन्होंने एक नए समाज का निर्माण किया और गुरु-वाणी को सामान्य जीवन का अभिन्न अंग बना दिया।

पांचवें गुरु अर्जुन के रूप में एक ऐसा व्यक्ति रंगमंच पर आया, जो जन्मजात कवि, व्यवहारकुशल दार्शनिक, संगठन कला में निपुण और एक महान राजनीतिज्ञ था। अर्जुन महात्माई और आध्यात्मिक श्रेष्ठता में अपने पूर्ववर्तियों से किसी तरह कम नहीं थे, उनमें उन सबसे कुछ ऐसे गुण अधिक थे, जो एक राज्य के निर्माण के लिए आवश्यक हैं।[1]

पिछले चार गुरुओं के निरन्तर प्रयास से जिस नए धर्म और नए समाज का निर्माण हुआ था, उसमें व्यापारी, किसान और नीची जातियों के दस्तकार और श्रमजीवी जनता तेज़ी से खिंचती चली आ रही थी। गुरु नानक ने कर्तारपुर, गुरु

---

1. डॉ. गोकलचंद नारंग, "ट्रांसफार्मेशन ऑफ सिखिज्म," पृष्ठ-40

अंगद और अमरदास ने गोयंदवाल, गुरु रामदास और गुरु अर्जुन ने अमृतसर और तरनतारन नाम के नगर बसाये। इन नगरों की आबादी बड़ी तेजी से बढ़ी। व्यापारियों का विश्वास था कि "जो कोई गुरु के निर्देश का पालन करता है, वह धन कमाकर घर लौटता है।" वाकई उन्हें लाभ हुआ था और अधिक लाभ पाने की आशा में वे गुरु भेंट में खूब धन देते थे। अकबर ने गुरु रामदास को जागीर दी थी और उनके कहने से किसानों का, जिनकी फसलें नष्ट हो गई थीं, एक साल का लगान माफ कर दिया था। नीची जातियों के जो दस्तकार और मज़दूर इन नगरों में आकर बस गए, उन्हें भी रोज़गार मिला। भूखों को लंगर से रोटी मिली। सबसे बड़ी बात यह है कि उनके साथ समानता का व्यवहार हुआ, जाति और धर्म का दमन हटा और उन्हें सिर उठाकर चलने का अवसर मिला। उनकी भी यह धारणा थी कि "गुरु-घर से हर चीज मिल जाती है।"

आध्यात्मिकता का आधार भौतिकता पर है। प्रत्येक धर्म अपने अनुयायियों की भौतिक आवश्यकताएं पूरी करता है। जब जन-साधारण उसकी मान्यताओं को आत्मसात करके भौतिक शक्ति में बदल देते हैं तो धर्म राजनीतिक शक्ति बन जाता है।

जब गुरु अर्जुनदेव-गद्दी पर बैठे तो सिख-धर्म राजनीतिक शक्ति बन चुका था और उसे अब नेतृत्व के लिए ऐसे ही व्यक्ति की आवश्यकता थी, जो आध्यात्मिक गुरु के अलावा कुशल दार्शनिक और महान राजनीतिक भी हो। पांचवें गुरु ने वक्त के इस तकाज़े को पूरा किया। उन्होंने पहला कदम यह उठाया कि गुरु को दी जाने वाली भेंट की मात्रा आमदनी का दसवाँ अंश निश्चित कर दिया। फिर हर मंजी अर्थात् परगने के लिए एक-एक मसंद नियुक्त किया, जिसका काम यह भेंट उगाहना और उसे गुरु तक पहुंचाना था। बैसाखी के मेले पर मसंद आते थे और संगत के रूबरू अपने क्षेत्र की भेंट का हिसाब-किताब देते थे।

इससे गुरु-घर की आमदनी में असाधारण वृद्धि हुई और योजनाओं को कार्यान्वित करने के साधन जुट गए। गुरु अर्जुनदेव ने अमृतसर के हरि मंदिर की इमारत मुकम्मिल कराई, जिसकी नींव एक मुसलमान दरवेश मियाँ मीर ने रखी थी। हरि मंदिर चारों तरफ से खुला था। उसमें बिना लिंग-भेद किसी भी जाति और धर्म के लोग आ सकते थे और भजन-कीर्तन तथा पूजा-पाठ में भाग ले सकते थे।

इसके बाद गुरु अर्जुनदेव ने आदि ग्रंथ तैयार करवाया। उसमें गुरुओं की वाणी के अलावा उत्तर भारत के भक्ति-आंदोलनल के हिन्दू-मुसलमान और अछूत

संत कवियों के भजन-गीत भी संकलित थे। आदि ग्रंथ की स्थापना हरि मंदिर में की गई और भाई बुद्धा को पहला ग्रन्थी नियुक्त किया गया।

गुरु अर्जुनदेव का सबसे महत्वपूर्ण काम यह था कि उन्होंने घुड़सवार सिख व्यापारी तैयार किये। ये घुड़सवार व्यापारी ईरान तुर्किस्तान आदि देशों में जाते थे और वहाँ से घोड़े ख़रीद कर लाते थे, जिनकी हिन्दुस्तान में बड़ी माँग थी। उथल-पुथल के उस दौर में व्यापार करना आसान नहीं था। ये घुड़सवार व्यापारी हथियारबंद होते थे और संकट के समय लुटेरे शत्रुओं से अपनी रक्षा करते थे। एक माने में यह सिख-सेना की शुरुआत थी। इस प्रकार गुरु रामदास से लेकर गुरु अर्जुनदेव तक, जो समानान्तर राज्य विकसित हुआ, वह मुगल सत्ता के लिए चुनौती बन गया था और दोनों में किसी भी समय टकराव की स्थिति पैदा हो सकती थी।

आखिर वह स्थिति पैदा हुई और गुरु अर्जुनदेव को प्राणों की आहुति देनी पड़ी।

सन् 1605 में अकबर की मृत्यु हुई और उसका 'दीन-ए-इलाही' भी उसके साथ ही मर गया। शाहज़ादा सलीम बाप के विरुद्ध कई बार विद्रोह कर चुका था और अकबर उसे दबाने में असफल रहा था। कारण यह कि जो तुर्क ताजिक तथा उलेमा अकबर की धार्मिक नीति के विरुद्ध थे और हिन्दू रीति-रिवाज अपना लेने के कारण उसे काफिर कहते थे, सलीम को उन सबका समर्थन प्राप्त था। अकबर बेटे के विरुद्ध सत्ता का प्रयोग करता तो सेना में विद्रोह फैलने और राजतंत्र छिन्न-भिन्न हो जाने का भय था। अकबर दिल पर पत्थर रखकर बेटे की सारी खुराफात सहन करता रहा। बेटे से विक्षुब्ध होकर अकबर ने पोते खुसरू (सलीम के बड़े बेटे) को प्यार का केन्द्र बनाया। खुसरू भी जवान था। वह दादा का रुख पहचान कर गद्दी के लिए बाप का प्रतिद्वंद्वी बन गया। उसे भी दरबारियों और सेना के काफी बड़े भाग का समर्थन प्राप्त था। अकबर की मृत्यु के बाद बाप-बेटे में सत्ता-संघर्ष छिड़ा। इसी संघर्ष में जूझता हुआ खुसरू पंजाब आया और गुरु के दरबार में गोयंदवाल पहुंचा। गुरु अर्जुनदेव ने उसे केसर का तिलक लगाया और आशीर्वाद दिया। आशीर्वाद का मतलब था जन-समर्थन, जिसकी खुसरू को अत्यन्त आवश्यकता थी। अकबर का गुरु रामदास के दरबार में आने का मतलब था जनभावना को सम्मान देना और समर्थन प्राप्त करना था।

गुरु अर्जुनदेव का खुसरू को आशीर्वाद देना कोई भूल नहीं थी। महज धार्मिक दृष्टि से सोचने वाले सिख इतिहासकारों का यह कहना भी सही नहीं कि जहाँगीर

ने गुरु पर झूठा आरोप लगाया। हर कुशल राजनीतिज्ञ शत्रु खेमे की विसंगतियों से लाभ उठाने का प्रयास करता है। गुरु अर्जुनदेव ने भी वही किया। हार-जीत होती रहती है। अन्तिम विजय बहुत-सी पराजयों में से गुज़र कर आती है।

जहाँगीर लाख लम्पट था, पर उसने अपने आपको मुगल राज्य के उत्तराधिकारी के रूप में प्रशिक्षित किया था। उसे शत्रु-मित्र की पहचान थी। ''तुजके-जहाँगीरी'' इस बात का सबल प्रमाण है। वह लिखता है–

''गोयंदवाल में, जो व्यास नदी के क़िनारे स्थित है, अर्जुन नाम का एक हिन्दू रहता था। उसने साधु-सन्त का रूप धारण कर रखा था, जिससे न सिर्फ सरल हृदय हिन्दू, बल्कि बहुत-से अज्ञानी एवं मूर्ख मुसलमान भी उसके जाल-चक्र में फंस गए थे और वे बड़े जोर-शोर से उसकी पवित्रता का ढोल पीटते थे। वे उसे गुरु मानते थे, विमूढ़ जन चारों तरफ से एकत्रित होकर उसे पूजते और उसके प्रति पूर्ण श्रद्धा दर्शाते थे। तीन-चार पीढ़ियों (आध्यात्मिक उत्तराधिकारी बनकर) से वे यह दुकान चला रहे थे। मैंने कई बार सोचा कि इस मकर-फरेब को खत्म कर दूँ या फिर उसे इस्लाम में परिवर्तित कर लूँ।''[1]

जहाँगीर ने खुसरू की सहायता का आरोप लगाकर गुरु अर्जुनदेव को दिल्ली बुलवाया। वे गए और इस्लाम न क़बूल करने पर उन्हें शहीद कर दिया गया।

जहाँगीर के कट्टरपंथी समर्थकों को गुरु अर्जुनदेव की शहीदी से जो प्रसन्नता हुई, उसका अंदाजा शेख फैजी सरहदी के खत से सहज में लग सकता है। उसने लाहौर के सूबेदार मुमताज खाँ को लिखा–''गोयंदवाल के काफिर का कत्ल हाल ही की एक बहुत अच्छी घटना है। इससे बदमाश हिन्दुओं के हौसले पस्त होंगे। कत्ल के पीछे इरादा या मकसद कुछ भी हों काफिरों को जलील करना मुसलमानों की गंभीरता की कसौटी है। यह काफिर जो अपने को फकीर कहता था, दरअसल काफिरों का सरगना था। बादशाह ने उसे कत्ल करके काफिरी की खोपड़ी कुचल दी है।''[2]

लेकिन परिणाम इसके विपरीत निकला। यह एक ऐतिहासिक घटना थी, जिससे सिख-लहर में गुणात्मक परिवर्तन आया और प्रतिरोध की भावना ने सशस्त्र संघर्ष का रूप धारण किया।

---

1. ''तुजके जहाँगीरी'', पृष्ठ-72
2. मुकाबते-इमाम खबानी, सुरेन्द्रसिंह जौहर द्वारा अपनी अंग्रेजी पुस्तक ''गुरु तेग बहादुर'' से उद्धृत, पृष्ठ-23

दूरदर्शी गुरु अर्जुनदेव लाहौर को जाते हुए चेतावनी दे गए थे कि कठिन समय आ गया है और सिखों के लिए हथियारबंद होना वक्त का तकाजा है। अतएव उनके उत्तराधिकारी छठे गुरु हरगोविंद सेहली के बजाय एक मीरी और एक फकीरी की—दो तलवारें पहनकर गद्दी पर बैठे। मसंदों को आदेश हुआ कि जो सिख भेंट में हथियार और अच्छी नस्ल के घोड़े लाएंगे, गुरु जी उनसे अधिक प्रसन्न होंगे। सिखों को घुड़सवारी और युद्धकला सिखाने की व्यवस्था की गई। हरगोविन्द की आयु सिर्फ ग्यारह बरस थी, पर वे शरीर से स्वस्थ और सुडौल थे। उन्होंने भी शस्त्र-विद्या और घुड़ सवारी में निपुणता हासिल की। उनके अधीन जो सेना तैयार हुई, उसकी संख्या थोड़े ही समय में 500 तक पहुँच गई।

अमृतसर को सैनिक दृष्टि से दृढ़ बनाने के लिए उन्होंने वहाँ लौहगढ़ नाम के किले का निर्माण कराया। इसी सिलसिले में उन्होंने दूसरा कदम यह उठाया कि 1609 में अकाल तख्त का निर्माण किया। सुबह हर मंदिर में 'गुरु-वाणी' का पाठ और भजन-कीर्तन होता था, जिसमें गुरु संगत का नेतृत्व करते थे। अकाल तख्त में दोपहर को सिख-लहर संबंधी समस्याओं पर विचार होता था और गुरु लोगों की शिकायतें सुनकर आपस के झगड़ों को निबटाते थे। इसके अलावा अकाल तख्त के सामने खुला मैदान था, जहाँ व्यायाम और खेलें होती थीं। यों समझिए कि हर मंदिर और अकाल तख्त एक दूसरे के पूरक दो केन्द्र थे, जो धर्म और राजनीति में नैसर्गिक संबंध स्थापित करते थे। उनमें सिखों को आध्यात्मिक और राजनीतिक शिक्षा दी जाती थी।

मुगल दरबारी ईरानी दल और भारतीय दल में बंटे हुए थे। इन दलों के घटते-बढ़ते प्रभाव और बाहरी-भीतरी दबाव के कारण राज्य की नीति बदलती रहती थी। सिख-लहर को शांति और युद्ध दोनों प्रकार की स्थितियों से गुजरना पड़ा। गुरु हरगोविन्द ने सन् 1644 में अपनी मृत्यु तक इन दोनों स्थितियों में लगभग चालीस बरस लहर की सफलतापूर्वक अगुवाई की। जहाँगीर ने उन्हें कुछ साल ग्वालियर के किले में कैद रखा। लेकिन इस बीच सिख-संगठन कमज़ोर होने के बजाय और मज़बूत हुआ। गुरु रिहा होकर आए तो काफी समय तक शांति रही। उन्होंने इससे लाभ उठाया। मुहिसन फानी के अनुसार गुरु के अस्तबल में 800 घोड़े थे। 300 घुड़सवार और 60 बंदूकची हमेशा उनकी अर्दली में रहते थे। उनकी सेना में पठान भी थे, जिनका सेनापति पैदे खाँ था। सन् 1627 में जहाँगीर की मृत्यु के बाद शाहजहाँ गद्दी पर बैठा तो हुकूमत की धार्मिक नीति में फिर परिवर्तन आया।

मुगल सेना से तीन बार मुठभेड़ हुई और सिख सेना ने उसे तीनों मर्तबा पराजित किया। पैंदा खाँ भी गुरु का साथ छोड़कर मुगलों से जा मिला और मुखालिफ की तरह लड़ता हुआ मारा गया। विदेशी गुलामी के विरुद्ध भारतीय मुसलमानों और हिन्दुओं में जो एकता स्थापित हुई थी, पैंदा खाँ के इस विश्वासघात से उसमें कुछ अन्तर नहीं आया। गुरुओं को पठानों का सहयोग हमेशा प्राप्त रहा।

गुरु हरगोविन्द के बाद गुरु हर राय गद्‌दी पर बैठे। इस समय मुगल सेना दक्षिण में उलझी हुई थी और राजपूतों का प्रतिरोध भी बढ़ रहा था। शाहजहाँ पर अपने बड़े बेटे दारा शिकोह का प्रभाव अधिक था और अकबर की तरह दारा शिकोह की धार्मिक नीति भी सुलह-समझौते की थी। फिर वह और उसके तीनों भाई बाप के बाद गद्‌दी पर बैठने के लिए जोड़तोड कर रहे थें इसलिए गुरु हर राय को शांतिपूर्ण धर्म-प्रचार करने और अनुयायियों की संख्या बढ़ाने का समय मिला। सैनिक शक्ति भी अब लहर का अभिन्न अंग बन चुकी थी। गुरु हर राय के पास जो सशस्त्र सैनिक थे, उनकी संख्या लगभग दो हजार थी। लेकिन उन्होंने अपने जीवन में मुगल सेना के खिलाफ फौजी कार्यवाई सिर्फ एक ही बार की। सिख-सेना ने औरंगजेब की फौज को व्यास के किनारे इस खयाल से रोके रखा कि भागते हुए दारा शिकोह को सांस लेने की मोहलत मिले और वह सिर छिपाने के लिए स्थान खोज ले।

जहाँगीर की तरह औरंगज़ेब को कट्टरपंथी विदेशियों का समर्थन प्राप्त था। वह ईरानी दल और तहरीके-तजदीद के उलेमाओं तथा मुल्लाओं की मदद से गद्‌दी पर बैठा था। गुरु हर राय ने दारा शिकोह की मदद करके गुरु अर्जुन की तरह कुशल राजनीतिक होने का परिचय दिया था। लेकिन औरंगज़ेब ने उनके विरुद्ध ऐसा सख्त कदम नहीं उठाया, जैसा जहाँगीर ने गुरु अर्जुन के विरुद्ध उठाया था। उसने गुरु हर राय को दिल्ली बुलाया। वे खुद नहीं गए, अपने साहबजादे राम राय को भेज दिया। औरंगज़ेब ने साहबजादे को जमानत के तौर पर अपने पास रख लिया। उसने अपनी धार्मिक नीति जैसा कि पिछले अध्याय में लिखा जा चुका है, बहुत बाद में बदली, वह बदलने पर मज़बूर हुआ।

अब सिख-लहर में भी अंतर्विरोध उत्पन्न हो गए थे, जिनसे संगठन को धक्का लगा। इन अंतर्विरोधों का उल्लेख हम बाद में करेंगे। यहाँ सिर्फ इतना बता दें कि गुरु हरराय के बाद जब गुरु हर किशन गद्‌दी पर बैठे तो उनका बड़ा भाई रामराय उत्तराधिकार के मामले को औरंगज़ेब के पास ले गया। औरंगज़ेब ने गुरु

को दिल्ली बुलाया और उन्हें मिर्जा राजा जयसिंह के पास ठहराया। वहाँ उन्हें चेचक ने आ घेरा और आठ बरस की आयु में उनका देहान्त हो गया। उन्होंने अपने जीवन में सिर्फ एक ही निर्णय लिया और वह बहुत ही सही लिया। उन्होंने मरते समय अपने बड़े भाई और चाचा को नज़रअंदाज़ करके उत्तराधिकारी के बारे में संकेत दिया—"बाबा बकाले।"

गुरु तेगबहादुर उस समय बकाले में थे। संकेत उन्हीं की तरफ था। लेकिन उन्हें गद्दी पर बैठाने के लिए गुरु के सच्चे श्रद्धालुओं को काफ़ी कठिनाइयों का सामना करना पड़ा। कारण यह था कि भीतरी अंतर्विरोधों के कारण सिख-लहर में बहुत गिरावट आ चुकी थी। स्वार्थ और भ्रष्टाचार बढ़ गया था। गुरु गद्दी पैतृक बन गई थी और मसंद का पद भी पैतृक बन गया था। दोनों लाभ के स्थान थे, इसलिए उत्तराधिकार के लिए झगड़ा होने लगा। अपने निजी हित को सम्मुख रखते हुए कुछ मसंद एक उत्तराधिकारी का और कुछ दूसरे का साथ देते थे। इस संघर्ष में असफल रहने वाले नए गुरु के शत्रु बन जाते थे। जैसे गुरु अर्जुनदेव का विरोध उनके बड़े भाई पृथ्वीचंद ने, गुरु हरराय का धीरमल्ल ने और गुरु हरकिशन का रामराय ने किया। मामला मुगल सम्राट तक पहँचा, जिससे हुकूमत को सिख-लहर में हस्तक्षेप करने और फूट डालने का मौका मिला। रामराय इसी चक्र में औरंगजेब का वफादार बन गया था। इसलिए उसे गुरु-पद से वंचित करते हुए गुरु हरकिशन ने कहा था—"गुरु-पद शेरिनी का दूध है, जिसे एक सोने के प्याले में ही रखा जा सकता है। जो जीवन अर्पित करे, वही इसका अधिकारी है। रामराय औरंगज़ेब का वफादार बनकर धन बटोरा करे।"

पीतल, ताम्बे और सिलवर के प्याले भी शेरिनी के इस दूध के लिए ललकते थे। गुरु हरकिशन की मृत्यु 30 मार्च, 1664 को हुई। उनका अंतिम संस्कार होने से पहले ही बाईस सोढ़ियों ने अपने को उनका उत्तराधिकारी घोषित कर दिया। सबने बकाला जाकर तम्बू गाड़ दिए और प्रचार के लिए एजेंट रख लिए।

उत्तराधिकार के इन दावेदारों में धीरमल्ल और रामराय भी थे।

लेकिन दंद-फंद और झूठे दावे नहीं चले। गुरु तेगबहादुर, जब उनकी आयु का 43वां बरस चल रहा था, गद्दी पर बैठे। वह विचारशील अनुभवी व्यक्ति थे। उन्होंने "किरत करो, नाम जपो और बांटकर खाओ" के सिद्धान्त को अपने जीवन में ढाल रखा था। लोगों में उनका आदर सम्मान था। लेकिन विरोधियों नें बकाला और किरतपुर में उनका रहना असंभव कर दिया। धीरमल्ल ने उनकी हत्या का

षड़यंत्र रचा। वे अमृतसर गए तो मसंदों ने उन्हें हर मंदिर में प्रवेश नहीं करने दिया। उन्होंने कलहूर के पहाड़ी राज्य में जमीन खरीद कर आनंदपुर बसाया। श्रद्धालुजन वहाँ आ बसे। लेकिन सोढ़ियों ने उन्हें वहाँ भी चैन नहीं लेने दिया। ईर्ष्या और द्वेष के वातावरण से दूर जाने और धर्म-प्रचार करने के लिए वे लम्बी-यात्रा पर निकले। उनका परिवार भी उनके साथ था।

वे सन् 1665 में गुरु-गद्दी पर बैठै थे यात्रा से लौटने के बाद सन् 1675 में उनके शहीद होने की बात हम पहले कह चुके हैं। अब उनके साहबजादे गुरु गोविन्द सिंह, जिनकी आयु सिर्फ नौ बरस की थी, गद्दी पर बैठे। औरंगज़ेब के मुगल राज्य और सिख-लहर में ठन गई थी। हमें देखना यह है कि इस कठिन समय में गुरु गोविन्द सिंह ने नेतृत्व की जिम्मेदारी को किस तरह निभाया, बिगड़े हुए संगठन को किस तरह सुधारा और किस तरह उसमें प्राणों का संचार किया।

बाल-गुरु का नेतृत्व

मार्क्स ने लिखा है–

"धार्मिक वेदना एक साथ ही वास्तविक वेदना की अभिव्यक्ति और वास्तविक वेदना के विरुद्ध विद्रोह भी है। धर्म उत्पीड़ित प्राणियों की कराह है, वह हृदयहीन दुनिया का हृदय और आत्मविहीन परिस्थितियों की अंतरात्मा है। धर्म जन साधारण की अफीम है।"[1]

धर्म की मानव जीवन में दोहरी भूमिका रही है–सकारात्मक और नकारात्मक। यह एक ऐतिहासिक सत्य है कि हर एक धर्म का जन्म भौतिक परिस्थितियों से हुआ और समाज के विकास के साथ-साथ नया धर्म पुराने धर्मों का प्रतिवाद बनकर उनका स्थान ग्रहण करता आया है। शुरू-शुरू में जब नए धर्म ने नई युग-चेतना को अभिव्यक्ति प्रदान की, मनुष्य में आत्मगौरव और आत्मसम्मान को जगाया, उसे अन्याय, अत्याचार तथा शोषण के विरुद्ध लड़ने के लिए सक्रिय बनाया अथवा प्रकृति के विरुद्ध संघर्ष में नए विश्वास से लैस किया तो धर्म की भूमिका सकारात्मक रही और मानव-जीवन तथा मानव-समाज कदम-कदम आगे बढ़ा। धर्म के इस विकास-क्रम से ही, पुराने धर्मों का प्रतिवाद बनकर नए धर्म के स्थान ग्रहण करने से ही यह बात सिद्ध हो जाती है कि न कोई सत्य शाश्वत् है, न चेतना शाश्वत् है और न धर्म शाश्वत् है। सिर्फ एक परिवर्तन शाश्वत् है, बाकी सब सापेक्ष हैं, परिवर्तनशील हैं। लेकिन कालान्तर में जब कोई धर्म और उसकी मान्यताएं अपनी उपयोगिता खो बैठती हैं तब वह जीवन-विकास में सहायक होने के बजाय बाधक बन जाता है, तब उसकी भूमिका नकारात्मक होती है। तब वह आत्मविहीन कर्मकांड में बदल जाता है और तब उसके द्वारा अंध-श्रद्धा, अंध-विश्वास और रूढ़िवाद का

1. "मार्क्स एंगेल्स आन रिलिजन," पृष्ठ-39।

पोषण होता है। इसी अप्रासंगिक नकारात्मक धर्म को मार्क्स ने जन साधारण की अफीम कहा है, क्योंकि वह उन्हें तर्क, बुद्धि और चेतना से वंचित करके विमूढ़ और निष्क्रिय बनाता है। शोषक और शासक उन्हें विमूढ़ और निष्क्रिय बनाकर अपने वर्ग-हितों की रक्षा करते हैं।

उदाहरण के लिए ईसाई धर्म अपने प्रारंभ में उन दासों और उत्पीड़ितों के विद्रोह की अभिव्यति था, जिन्हें रोमन राज्य ने मानव अधिकारों में वंचित कर रखा था। उनके मन में अपने शासकों, धनियों और अभिजात वर्ग से जो घृणा थी, वह इस एक वाक्य से भलीभांति व्यक्त होती है—"ऊँट का सुई की नोक से निकल जाना संभव है, पर किसी धनी व्यक्ति का स्वर्ग में प्रवेश संभव नहीं।" ईसाई धर्म के अनुयायियों को तरह-तरह के दमन और अत्याचार का सामना करना पड़ता था। इसके बावजूद उत्पीड़ित जनता ईसाइयत की ओर उसी तरह आकृष्ट हुई, जिस तरह आधुनिक जनता समाजवाद की ओर है। इसके बाद जिन परिस्थितियों के विरुद्ध संघर्ष था, जब वे परिस्थितियाँ न रहीं तो कन्सन्टाइन ने ईसाइयत को राजधर्म का पद देकर अपनी निरांकुशता को दृढ़ बनाया। सम्राट के दैवी अधिकारों का समर्थन करनेवाले विलासी पोपों और पादरियों का वर्ग पैदा हुआ और शोषित जनता को धर्म की अफीम पिलाई जाने लगी। अठारहवीं सदी में जब रूसो और वाल्टेयर ने सम्राट के दैवी अधिकारों को चुनौती दी, धार्मिक मान्यताओं को तर्क की कसौटी पर परखने वाली चेतना विकसित हुई तो फ्रांसिसी अभिजात वर्ग ने कहा—"हमारे लिए वाल्टेयरों, अवाम के लिए गिरजा और दशंश।" उन्नीसवीं सदी में ब्रिटिश अभिजात वर्ग का कहना था—"हमारे लिए पवित्र वाक्य-खंड, अवाम के लिए ईसाइयत का कर्मकांड।" ईसाइयत के शास्त्रीय संत ने अवाम की आत्माओं की मुक्ति के लिए अपने शरीर की बलि दी, आधुनिक शिक्षित संत अपनी आत्मा की मुक्ति के लिए अवाम की आत्माओं की बलि देता है।"

हमारे देश का शोषक शासन वर्ग अपने जन्म से ही मेहनतकश अवाम को धार्मिक रूढ़िवाद की अफीम पिलाने में सतर्क रहा है। गीता में कृष्ण अर्जुन से कहते हैं—

"विषयासक्त अज्ञानी मनुष्यों को ज्ञान की शिक्षा देकर उनमें भ्रम नहीं उत्पन्न करना चाहिए, बुद्धिमान् मनुष्य को स्वयं कर्म में लगे रहकर अज्ञानी लोगों को कार्यों में लगाए रहना चाहिए।"

---

1. "मार्क्स एंगेल्स आन रिलिजन," पृष्ठ-111

एकदम उलटी बात। ज्ञान भ्रम उत्पन्न नहीं करता, भ्रम को दूर करता है। मतलब यह है कि उन्हें भ्रम में रखकर उनसे कोल्हू के बैल की तरह काम लिया जाए। और आगे कहा है—

"यदि तुम ज्ञानी भी हो, तब भी अज्ञानियों के बाल सुलभ विश्वास को मत डिगाओ।"

जो लोग अन्य देवताओं की पूजा करते हैं, वे वस्तुतः मेरी पूजा करते हैं।"

सवर्णों के इस अधिकारवाद से श्रमजीवी नीची जातियों को अज्ञानी और दास बनाए रखने के सतत प्रयास से समाज का यहाँ तक पतन हुआ कि विदेशी आक्रमणकारियों ने उसे बार-बार पांव-तले रौंदा और दास बनाने वाले खुद दास बने। यह इतिहास का प्रतिकार था। कोई भी राष्ट्र जो उस समय के साथ कदम मिलाकर चलने से इनकार करता है, पिछड़ जाता है। उसके लिए कोड़े की मार अनिवार्य है। इसी मार से नई चेतना का विस्फोट होता है, जो उसे गति प्रदान करती है।

तातार और मुगल आक्रमणकारियों की भीषण मार से जिस नई चेतना का विस्फोट हुआ, वह गुरु नानक की वाणी में उद्घोषित हुई और उसने उनके नए धर्म का रूप धारण किया। यह नया धर्म जहाँ एक तरफ विदेशी अत्याचार और उत्पीड़न के विरुद्ध विद्रोह था, वहाँ दूसरी तरफ सवर्णों के अधिकारवाद को चुनौती थी। उसे राष्ट्र को विदेशी दासता से मुक्त करने और समाज को आमूलचूल बदलने की क्रांतिकारी भूमिका अदा करती थी। गुरु-गद्दी इसी उद्देश्य के लिए अस्तित्व में आई थी। एक के बाद एक नौ गुरुओं ने पौने दो सौ साल तक इसी उद्देश्य की पूर्ति के लिए जीवन अर्पित किया। नया, जो पुराने के मुकाबले निर्बल और कोमल होता है, उसे सबल और सुदृढ़ बनाने के उपाय सोचे और साधन जुटाये। उसकी रक्षा के लिए पांचवें और नवें गुरु ने अपने प्राणों की आहुति दी। पहली बैसाख संवत् 1733 (सन् 1675) को जब बालक गुरु गोविंद राय गद्दी पर बैठे तो वस्तुस्थिति इस प्रकार थी।

सिख धर्म अपने अंतर्विरोधों में ग्रस्त था। गद्दी के उत्तराधिकार का झगड़ा अब भी चल रहा था। रामराय ने अपने को गुरु घोषित करके देहरादून में अपनी अलग गद्दी कायम कर ली थी।

मसंद जिन्हें भेंट की सामग्री गुरु तक पहुंचाने के लिए नियुक्त किया गया था और जिन्हें अपनी जीविका के लिए किरत करने का आदेश दिया गया था, आत्मसेवी और विलासी बन गए थे, गुरु-भेंट का अधिकांश भाग खुद डकार जाते थे। उनका प्रयास यह था कि नए धर्म की अंतरात्मा (क्रांतिकारी उद्देश्य) का हनन करके उसे भक्ति-मुक्ति तक सीमित कर दिया जाए।

मुगल राज्य जिससे टक्कर थी, प्रत्यक्ष विशाल और शक्तिशाली था, वास्तव में ह्रासोन्मुख था और घोर अंतर्विरोधों से ग्रस्त था।

दरबारी ईरानी दल और हिन्दुस्तानी दल में बंटे हुए थे। उनमें, जो राजनीतिक और सांस्कृतिक अंतर्विरोध थे, वे समय-समय पर उभर आते थे।

ईरानी दल के उमरा, जिन्हें विशेषाधिकार प्राप्त थे, मुगल ईरानी, तूरानी, उजबेक आदि मुख्तलिफ कबीलों के थे, उनके भी आपसी अंतर्विरोध थे, और उनमें से अधिकांश केन्द्र को कमजोर करने और प्रान्तों में अपनी स्वतंत्र सत्ता कायम करने की ताक में रहते थे।

फौजी भर्ती बाहर से होती थी। जो लोग भर्ती होते थे, वे घुमक्कड़ कबीलों के पेशेवर सिपाही थे। वे न धर्म के प्रति वफादार थे और न राज्य के प्रति। उनकी वफादारियाँ अवसर के अनुसार बदलती रहती थीं।

समाज जिसे आमूलचूल बदलना था, उस पर अब भी सवर्णों का आधिपत्य था। उनमें से बहुतेरों ने विदेशी सत्ता के आगे आत्मसमर्पण कर दिया था और वे अपने अधिकारवाद की रक्षा के लिए उनके सहयोगी बन गए थे। वर्ण-व्यवस्था अब भी अक्षुण्ण बनी हुई थी और जन साधारण विदेशी दासता, धर्म तथा जाति के दमन से बदस्तूर पिस रहे थे। और इस्लाम ने भी जो समानता की पताका फहराता हुआ आया था, अपने को वर्ण व्यवस्था के अनुरूप ढाल लिया था। जहाँ तक प्रथम संभावना का प्रश्न है, इसमें शक नहीं कि इस्लाम समतावादी समाज का निर्देश देता है। किंतु भारतीय मुसलमानों में समतावादी समाज नहीं था। जाति तथा खानदान के आधार पर समाज बंटा हुआ था, खासतौर पर मध्य एशिया के तुर्क तथा ताजिकों, पठानों तथा भारतीय मुसलमानों में। योग्य हों या न हों, सैयदों को सबसे ऊँचा स्थान प्राप्त था। दर्जे को नज़रअंदाज करना भारी खतरा मोल लेना था। जनतांत्रिक मुस्लिम अभिवादन "अस-सलाम-ओ-आलेकुम" केवल बराबरी के लोगों के लिए था। दरबारों में इसका व्यवहार नहीं होता था तथा दूसरी जगहों पर जहाँ ओहदा या पद का फर्क गहरा होता, इस अभिवादन का साम्यभाव हटाने के लिए इसे शरीर को झुका तथा माथे पर हाथ लगाकर अदा करना पड़ता था। अहमदियों से बादशाह और दरबारी बहुत नाराज़ होते थे, क्योंकि कुरान के आदेश के अनुसार वे बराबरी के व्यवहार का प्रचार करते थे। और कारणों के अलावा उन्हें इसके लिए भी बहुत यातनाएँ सहनी पड़ती थीं।[1]

---

1. "गुरु नानक, जीवन युग एवं शिक्षाएं", पुस्तक से संकलित प्रो. एम. भुजीव का लेख "गुरु नानक का धर्म, इस्लाम तथा सूफी मत," पृ. 123

पिछले पौने दो सौ साल की लम्बी अवधि में इस समाज में बड़ी तबदीली यह आई थी कि शहर बड़ी तादाद में बढ़े थे, आबादी के लिहाज से भी बढ़े थे, कुछेक तो अलग-अलग क्षेत्रों में व्यापार और दस्तकारी के प्रमुख केन्द्र बन गए थे, जिनमें ढाका, मुर्शिदाबाद, पटना और अमृतसर आदि उल्लेखनीय हैं। व्यापारियों और दस्तकारों की संख्या में असाधारण वृद्धि हुई थी। किसान अपने आर्थिक हित से व्यापारियों और दस्तकारों से जुड़े हुए थे और ये तीनों वर्ग भक्ति-आंदोलन की, जिसमें सिख-लहर विशिष्ट भूमिका अदा कर रही थी, प्रगतिशील शक्ति थे।

व्यापार बढ़ा, दस्तकारी बढ़ी और भक्ति-आंदोलन ने नई चेतना को प्रचारित-प्रसारित किया, जिससे क्षेत्रीय भाषाओं, साहित्य तथा संस्कृति का विकास हुआ और राष्ट्रीयताएं अस्तित्व में आईं अब यह राष्ट्रीयताएं अपनी स्वाधीनता के लिए केन्द्र के विरुद्ध संघर्ष में उतर रही थीं। इस संघर्ष में पंजाबी राष्ट्रीयता के नेतृत्व का उत्तरदायित्व बालक गुरु गोविंद राय के कंधों पर आ पड़ा था और उन्होंने इसकी तैयारी शुरू कर दी।

औरंगज़ेब पहले मेवाड़ और मारवाड़ में राजपूतों से उलझा रहा और फिर अपने विद्रोही बेटे अकबर का पीछा करते हुए दक्षिण की ओर निकल गया। मरहठों की उभरती हुई शक्ति के अलावा दक्षिण की निजामशाही और आदिलशाही मुस्लिम सरकारें उसकी आंख की किरकरी बनी हुई थीं। वह दक्षिण में बीस बरस तक उलझा रहा और गुरु गोविंद राय को संघर्ष के लिए तैयारी का अवसर मिल गया।

सबसे पहले उन्होंने सिख-लहर के भीतरी अंतर्विरोधों को दूर करके उसे संगठित करने और मज़बूत बनाने पर ध्यान दिया। मसंद संस्था को सुधारने का तो अभी समय नहीं था, अलबत्ता भक्तों को यह आदेश दिया कि वे भेंट की सामग्री सीधा गुरु के पास पहुंचाएं और छठे गुरु दादा हर गोविंदराय की तरह यह भी कहा कि भेंट में हथियार और घोड़े ही अधिक पसंद किए जाएंगे। गुरु तेगबहादुर के बलिदान से गुरु-गद्दी का आदर और सम्मान बहुत बढ़ गया था और गुरु अर्जुन ने आमदनी का दसवां अंश 'गुरु-भेंट' पहले ही नियत कर दिया था। श्रद्धा और उत्साह के साथ आदेश का पालन होने लगा। गुरु के भक्त हिन्दू व्यापारी काबुल, गजनी, ईरान और ताशकंद आदि देशों में दूर-दूर तक जाते थे। उन्होंने तरह-तरह के हथियार और अच्छी नस्ल के घोड़े गुरु-भेंट में लाना शुरू कर दिए। फिर व्यापारी, दस्तकार और बेरोजगार लोग बड़ी तादाद में आनंदपुर आ बसे। उन्होंने वहीं हथियार बनाने के कारखाने लगाए।

गोविंदराय जब पटना में थे, तभी हमजोलियों की दो सेनाएं बनाकर युद्ध का अभ्यास किया करते थे, अब फिर वही अभ्यास शुरू हो गया। शस्त्र चलाना

वे खुद सीखते थे और शिष्यों को भी सिखाते थे। तीरंदाजी, निशानेबाजी, घुड़सवारी, तैराकी, कुश्ती और शिकार दिनचर्या का अंग बन गए और निहत्थों को हथियार बंद किया जाने लगा।

प्राचीन काल से ही क्षत्रियों को जिन्हें युद्ध-कार्य सौंपा गया था, शस्त्र विद्या और शास्त्र-विद्या साथ-साथ सिखाई जाती थी। ये दोनों विधाएं एक-दूसरे की पूरक थीं। जब वे आनंदपुर आए तो पिता ने पंजाबी, गुरुवाणी और फारसी पढ़ने की व्यवस्था कर दी थी। इसका उल्लेख हम पहले कर चुके हैं। अब उन्होंने हिंदी और संस्कृत पढ़ने पर विशेष ध्यान दिया। हमारे पुरखों ने धर्म, दर्शन, विज्ञान और राजनीति में जो कुछ हमारे लिए विरासत में छोड़ा है, वह सब संस्कृत साहित्य में सुरक्षित हैं अतएव देश के अतीत और सांस्कृतिक परम्परा को समझने और उसे आत्मसात करने के लिए संस्कृत का अध्ययन अत्यावश्यक था। बहुत से पंडित आनंदपुर में आ बसे थे। गुरु गोविंद ने उनसे संस्कृत सीखी और अपने कुछ शिष्यों को संस्कृत पढ़ने के लिए बनारस भेजा। गुरु के शिष्य चूंकि छोटी जातियों के लोग थे, इसलिए पंडितों ने उन्हें संस्कृत पढ़ाने से इनकार किया। वर्णाभिमानी बार-बार पिटने के बावजूद अपने अधिकारवाद की रक्षा हठधर्मी से किए जा रहे थे। पर गुरु गोविंद को तो अपने शिष्यों को संस्कृत अवश्य पढ़ानी थी। उन्होंने शिष्यों को मशविरा दिया कि साधु की कोई जात नहीं होती। वे निर्मल साधु के वेश में बनारस जाएं और संस्कृत पढ़ें। वे गए और जब लौटकर आए तो उन्हें रामायण, महाभारत, पुराण, उपनिषद् और नीति-शास्त्रों के अनुवाद का काम सौंपा, ताकि जनसाधारण उन्हे पढ़कर उनसे प्रेरणा प्राप्त करें और उनके सम्मुख, जो नई क्रांतिकारी योजना थी, राष्ट्र के अनुभूत सत्य के साथ उसका तालमेल स्थापित करें।

गुरु गोविंद ने पंजाबी, हिंदी और फारसी में, जिस उच्चकोटि की विद्वत्ता प्राप्त की, उनके द्वारा इन तीनों भाषाओं में रची गई कविताएं इसका अकाट्य प्रमाण है। उन्होंने न सिर्फ कविताएं, लिखीं, बल्कि भाव के अनुरूप छन्दों का प्रयोग करके दिलों में जोश भर देने वाली वीर रस की नई शैली विकसित की। उस समय तक हमारे देश में प्रेस नहीं आया था। इसलिए कविता ही साहित्य की प्रमुख विधा थी। कविता में यह गुण है कि वह सीधा जनमानस में उतर जाती है, सहज ही में कंठस्थ हो जाती है और उसमें हेर-फेर, शब्दों को घटाना-बढ़ाना मुमकिन नहीं। बात जिस रूप में कही जाती है, वह उसी रूप में सुरक्षित रहती है। इसलिए वेद, पुराण, मनुस्मृति आदि हमारे जितने भी प्राचीन ग्रन्थ हैं, सब काव्य में लिखे गए

हैं। यजुर्वेद जो दवाइयों से संबंधित है, वह भी काव्य में लिखा गया है। विवेकानंद के कथनानुसार "आज भी पढ़ो तो आत्मा आनंदविभोर हो जाती है।" ब्राह्मण का काम इन ग्रन्थों को कंठस्थ करना और उनमें संग्रहीत ज्ञान को अगामी पीढ़ियों तक आगे पहुंचाना था। मानव समाज में विचार, साहित्य और संस्कृति को चूंकि सर्वोपरि स्थान प्राप्त है, इसलिए वर्णव्यवस्था में ब्राह्मण को भी प्रमुख स्थान प्राप्त था। यों समझिए ब्राह्मण संस्था हमारी संस्कृति का प्रतीक थी। यही कारण है कि मुस्लिम आक्रमणकारियों ने ब्राह्मणों को ही मुसलमान बनाने पर अधिक बल दिया। संस्कृति किसी भी राष्ट्र की रीढ़ होती है। रीढ़ की हड्डी टूट जाए तो उसमें प्रतिरोध की शक्ति नहीं रह जाती। आधुनिक बुद्धिजीवियों में ब्राह्मण और संस्कृत के विरुद्ध जो घृणा पाई जाती है, वह विदेशी तत्वों (कट्टर मुल्लाओं और ईसाई मिशनरियों) द्वारा फैलाई गई है। यह ठीक है कि हमारे हिन्दू राजाओं के समय ही ब्राह्मणों के एक भाग ने दरबारदारी अख्तियार कर ली। हम उन्हें आत्म-समर्पणवादी कह सकते हैं। आत्मसमर्पणवादी तत्व ब्राह्मणों के अलावा और भी (हर देश में होते हैं) काफी संख्या में मौजूद थे। विदेशी शासकों ने उन्हें धर्म-परिवर्तन किए बिना ही अपना सहयोगी बनाया और उनके लिए हर तरह की सुविधाएं जुटाईं। लेकिन अपवाद को जाति मान लेना भूल है। वर्णगत त्रुटियों के बावजूद ब्राह्मणों की देशभक्ति का इतिहास साक्षी है। समाज में अपने प्रमुख स्थान की मर्यादा का पालन करते हुए उन्होंने राष्ट्रीय गौरव और संस्कृति के लिए बड़े त्याग किए, यातनाएं सही और बलिदान दिए। जो कश्मीरी ब्राह्मण गुरु तेगबहादुर के पास फरियाद लेकर आए थे, वे निस्संदेह देशभक्त थे और जो ब्राह्मण गुरु गोविंद के दरबार में एकत्र हुए थे, वह भी देशभक्त थे। गुरु गोविंद, गुरु नानक की गद्दी के उत्तराधिकारी इसलिए बने कि वे राष्ट्रीय परम्परा से जुड़े हुए थे और राष्ट्रीय जीवन में संस्कृति के महत्व को समझते थे। इसीलिए उन्होंने न सिर्फ ब्राह्मणों को, बल्कि देशभर के प्रसिद्ध कवियों को भी, जिनकी संख्या बावन थी, अपने दरबार में जुटाया। सूची इस प्रकार है–

1. उदयराय	6. आलम	11. हुसैन अली
2. अलीराय	7. ईसरदास	12. हंसराम
3. अमृतराय	8. सेनापति	13. कल्लू
4. अल्लू	9. श्याम	14. कुवरेश
5. आसासिंह	10. हीर	15. खानबंद

16. गणिया
17. गुरदास
18. गोपाल
19. चंदन
20. चंदा
21. जमाल
22. टहिकन
23. धरमसिंह
24. धन्नासिंह
25. ध्यानसिंह
26. नानू
27. निश्चलदास
28. निहालचंद
29. नंदलाल
30. पिंडीदास
31. नंदसिंह
32. बल्लभ
33. बल्लू
34. विधिचंद
35. सुखिया
36. सुदामा
37. बुलंद
38. बृख
39. मथुरा
40. बृजलाल
41. मदनसिंह
42. मदनगिरि
43. मल्लू
44. पानदास
45. मालासिंह
46. मंगल
47. राम
48. रावल
49. रोशनसिंह
50. लक्खा
51. सुखदेव
52. सुखसिंह

कवियों की इस सूची में मुसलमानों के भी नाम हैं और हम देखेंगे कि गुरु गोविंद सिंह ने, जो सेना तैयार की थी, उसमें भी मुसलमान शामिल थे। इसलिए सैयद मुहम्मद लतीफ और कनिंघम आदि इतिहासकारों का यह कहना दुरुस्त नहीं कि गोविन्द के मन पर अपने पिता के अन्तिम आदेश का यह प्रभाव पड़ा कि वह अपने पिता के हत्यारों और हिन्दू कौम पर अत्याचार ढाने वालों से प्रतिशोध लेना चाहते थे और वह हर मुस्लिम के कट्टर शत्रु बन गए। दरअसल यह न्याय और अन्याय का, उत्पीड़ित और उत्पीड़क का, नए और पुराने का संघर्ष था। सैयद मुहम्मद लतीफ और साम्राज्यवादी कनिंघम ने इसे जान-बूझकर साम्प्रदायिक रंग देने की चेष्टा की है।

हिन्दू और सिख इतिहासकारों का यह कहना भी कि औरंगज़ेब ने गद्दी पर बैठते ही अकबर की नीतियों को बदल दिया और वह हिन्दुओं का कट्टर विरोधी बन गया, दुरुस्त नहीं। दरअसल अकबर की नीति को जहाँगीर, शाहजहाँ तथा औरंगजेब किसी ने भी नहीं बदला। तुर्क सुलतानों की तरह ''काफिरों को मुसलमान बनाना।'' मुगल बादशाहों का ध्येय कभी नहीं रहा। उन्होंने जहाँ तक सम्भव हो सका अभिजात वर्गीय हिन्दुओं को अपना सहयोगी बनाया और उन्हें यह सहयोग प्राप्त भी हुआ। डॉ. गोकलचन्द नारंग लिखते हैं, ''उच्चवर्गीय हिन्दू साहसहीन थे। उन्होंने अपना भाग्य तत्कालीन शासन से सम्बन्धित कर लिया था। इसके बदले

शासन उनकी रक्षा करता था और उन्हें विशेष सुविधाएं प्रदान करता था अथवा सिर्फ अपनी सम्पत्ति बचाए रखने के लिए छोटी-से-छोटी गड़बड़ की स्थिति में शासन के सक्रिय सहयोगी बनकर अपनी वफादारी का परिचय देते थे।"[1] अतएव औरंगजेब ने गद्दी पर बैठने के इक्कीस बरस बाद सन् 1679 में दक्षिण के युद्ध के कारण जब हिन्दुओं पर जजिया कर लगाया तो ब्राह्मणों को उससे मुक्त रखा। हिन्दू मेलों पर पाबन्दी सन् 1688 में लगाई और सन् 1695 में हुक्म जारी किया कि राजपूतों के अलावा कोई हिन्दू पालकी, हाथी, घोड़े की सवारी न करे।" जिस तरह पहले मुसलमान बादशाहों ने ब्राह्मणों को जजिया की छूट देकर हिन्दू धर्म के नेताओं को हिन्दू जनता से अलग रखा, उसी तरह औरंगजेब ने हिन्दू कौम के शूरवीर रक्षकों को अपना बनाकर हिन्दू कौम को अनाथ बनाने का यत्न किया। हिन्दुओं को बिलकुल निस्सहाय बना देने के लिए यह हुक्म भी जारी कर दिया कि राजपूतों के अलावा और कोई हथियार न धारण करे।"[2]

यह बात समझ लेनी चाहिए कि औरंगजेब एक होशियार और चालाक राजनीतिज्ञ था। उसने सत्ता को धर्म के लिए नहीं, बल्कि धर्म को सत्ता प्राप्त करने और अपने शासन के अन्तिम काल में जब संकट गहरा गया और वह अन्तर्विरोध में घिर गया तो सत्ता को बचाए रखने के लिए इस्तेमाल किया। यह दूसरी बात है कि हिन्दुओं पर जजिया और दूसरी पाबन्दियाँ, लगाने, गायकों को दरबार से हटाने और झरोखे में दर्शन न देने आदि के जो कदम उसने ईरानी दल और तहरीके-तजदीद के कट्टरपन्थियों तथा आम मुसलमानों को प्रसन्न करने और उनका अधिकाधिक सहयोग प्राप्त करने की नीयत से उठाए, वे उलटा पड़े, और सत्ता को दृढ़ बनाने के बजाय सल्तनत के विघटन का कारण बने। अगर गुरु नानक का नया धर्म भी अपने सामाजिक कर्तव्य को भुलाकर पुराने हिन्दू धर्म की तरह भक्ति मुक्ति का धर्म बन जाता जैसा कि राम राय, धीरमल और विलासी मसंद उसे बनाने का प्रयास कर रहे थे तो सिख गुरुओं को भी वांछित सुविधाएं देने और उन्हें अपना सहयोगी बनाने में औरंगजेब को कोई संकोच नहीं था। लेकिन नवें गुरु तेगबहादुर ने प्राणों का बलिदान देकर उसे भक्ति-मुक्ति का धर्म बनने से बचाया, उसकी अन्तरात्मा की रक्षा की। नौ बरस के बालक गोविन्द ने इस परम्परा की रक्षा का बीड़ा उठाया और आगे चलकर इसी से संघर्ष की स्थिति उत्पन्न हुई।

---

1. गोकलचन्द नारंग, ट्रांसफार्मेशन आफ सिखिज्म।
2. प्रो. साहब सिंह, "जीवन वृत्तान्त गुरु गोविंद सिंह," पृ. 62

हथियारों का अभ्यास और कवि-दरबार इसी संघर्ष की तैयारी थी। नानक के नए धर्म का उद्देश्य नए मनुष्य तैयार करना था। दसवें नानक बाल गोविन्द पर नए मनुष्य को सन्त सिपाही बना देने का ऐतिहासिक उत्तरदायित्व आ पड़ा था और उन्होंने इस उत्तरदायित्व को सफलतापूर्वक निभाया।

उनके दादा छठे गुरु हरगोविन्द ने भी सेना संगठित की थी और शाहजहाँ की फौज के साथ मुठभेड़ में कई बार विजय पाई थी, फिर सातवें गुरु हरराय के पास दो हजार दो सौ घुड़सवार हमेशा रहे। गोविन्द राय के सन्त सिपाही उन सैनिकों और घुड़सवारों से एकदम भिन्न थे, क्योंकि उन्हें न सिर्फ हथियारों बल्कि आध्यात्मिक शक्ति से भी लैस किया जाता था। आनन्दपुर पुराने समाज के गर्भ से पैदा हुए नए समाज की राजधानी थी—नई शक्ति और नई चेतना का प्रतीक। नीची जातियों के उत्पीड़ित जन, जिन्हें कभी किसी ने इंसान नहीं समझा, वहाँ आकर आत्मसम्मान और आत्म-विश्वास प्राप्त करने लगे। पंगत में वे सबके साथ बैठकर भोजन करते और संगत में गुरुवाणी के मधुर संगीत का रसपान करते। शरीर और मन दोनों सन्तुष्ट होते थे। गुरु जी की दिनचर्या इस प्रकार थी—

वह सूर्योदय से दो-तीन घण्टे पहले उठते, स्नान आदि से निपटकर हरि भजन और जपुजी का पाठ करते। फिर दीवान में आकर "आसा दीबार" का कीर्तन सुनते। जब कीर्तन समाप्त हो जाता तो गुरु जी ग्रन्थ साहब में से शब्दों की व्याख्या करते, उपदेश और "नामदान" देते। इसके बाद जो सिख बाहर से आए होते, उनसे भेंटवार्ता होती।

"इस बीच लंगर तैयार हो जाता। जो आए होते सब एक साथ बैठकर खाते। न किसी को ऊँची-जाति का अभिमान था और न नीची जाति का हीनता-भाव। गुरु जी पास खड़े होकर लंगर बरतने का निरीक्षण करते और फिर खुद खाते।

"कुछ देर आराम करने के बाद दिनचर्या फिर शुरू होती। ढाढी (संगीतकार) अतीत के सूरमाओं की वीरगाथाएं सुनाते, कवि कविता पाठ करते, सूरमा बहादुरी के करतब दिखाते। घुड़सवारी तथा शस्त्रविद्या का प्रदर्शन करते—कहीं गतका, कहीं नेजेबाजी, कहीं कुश्ती, कहीं कुछ-कहीं कुछ। फिर फौज की कवायद-कसरत कराई जाती।

"दोपहर को गुरु जी शिकार खेलने जाते। शाम को फिर कीर्तन और रहिरास्त (भजन) का पाठ होता। फिर लंगर और उसके बाद संगतें आराम करतीं।"[1]

---

1. करतार सिंह—"जीवन कथा गुरु गोविंद सिंह", पृ. 99-100

यह दिनचर्या बिना किसी विघ्न-बाधा के नौ-दस साल तक बराबर चलती रही। वह आध्यात्मिक गुरु तो माने ही जाते थे, साथ ही सन्त योद्धा भी प्रसिद्ध हो गए। उनकी आयु अब अठारह-उन्नीस बरस थी। उनके "व्यक्तित्व के जितने भी वर्णन मिलते हैं, उनसे जान पड़ता है कि वे तीखे नयन-नक्श वाले लम्बे, छरहरे, और सुदर्शन पुरुष थे और राजकुमारों के समान बढ़िया कीमती वस्त्र पहनते थे। पगड़ी पर कलंगी और पंख, तीर धनुष, तलवार, भाला आदि धारण कर शस्त्र-सज्जित रहते थे। उनका सबसे प्यारा घोड़ा सुरमई रंग का था और जब गद्दी पर बैठते या शिकार खेलने जाते थे तो उनके बाएँ कंधे पर बाज बैठा होता था।"[1]

भक्तों द्वारा मसन्दों के बजाय उन्हें सीधे भेंट पहुँचाने के आदेश का पालन हो रहा था। गुरु नानक ने लम्बी-लम्बी यात्राएं की थीं। उनके अनुयायी लंका, अफगानिस्तान, तिब्बत और मध्य एशिया में दूर-दूर तक फैले हुए थे। अनुयायियों में अधिकांश संख्या तो छोटे व्यापारियों और नीची जाति के गरीब दस्तकारों की थी; लेकिन कुछ राजा और अमीर व्यापारी भी उनके परम भक्त थे। वे हर वर्ष गुरु के दर्शन को आते थे और उनके लिए मूल्यवान उपहार लाते थे। सन् 1680 (सम्वत् 1737) की बैसाखी के दिन देश-विदेश से भक्त एकत्र हुए। वे अपने साथ जो सौगातें लाए, उनमें पश्मीने का एक बहुत बढ़िया कीमती तम्बू था। उस पर सोने और चाँदी के तारों से भांति-भांति के बेल-बूटे तथा पक्षी बने हुए थे। यह तम्बू दुनीचन्द्र नाम के एक धनी व्यापारी ने भेंट किया था। इस तम्बू की शान दिल्ली के बादशाह के किसी भी तम्बू से कहीं ज्यादा थी।

गुरु तेगबहादुर असम की यात्रा के समय पूर्वी बंगाल के शहर गौरीपुर भी गए थे। वहाँ का राजा रामराय उनका भक्त बन गया था। कहते हैं कि गुरु के आशीर्वाद से उसके घर पुत्र का जन्म हुआ, जिसका नाम रतन राय रखा गया। पिता की मृत्यु के बाद रतन राय गद्दी पर बैठा। वह भी गुरु के दर्शन करने आनन्दपुर आया तो अपने साथ भेंट-स्वरूप कई प्रकार के शस्त्र और घोड़ों के अलावा सफेद रंग का एक हाथी लाया। हाथी का नाम 'प्रसादी' था। उसे कुछ इस ढंग से सधाया गया कि वह अजीबोगरीब करतब दिखाकर दर्शकों का मन प्रसन्न करता था।

सेना तैयार थी और गुरु के दरबार का ठाटबाट किसी भी राजा के दरबार से कम नहीं था। इसके बावजूद गुरु गोविन्दसिंह को एक चीज़ का अभाव खटका। पिछले ज़माने के राजा जब चढ़ाई करते थे तो सैनिकों के मन में वीर रस का

1. डॉ. गोपाल सिंह की पुस्तक "गोविंद सिंह" में पाद टिप्पणी, पृ. 8.

संचार करने के लिए सेना के आगे-आगे नगाड़ा बजता था। अतएव सन् 1682 में जब उनकी आयु 16 बरस थी, उन्होंने एक बहुत बड़ा नगाड़ा तैयार करवाया, जिसका नाम ''रणजीत नगाड़ा'' रखा गया।

अब सुबह-शाम दोनों समय कीर्तन की सूचना नगाड़ा देता, पंगत की घोषणा नगाड़ा करता और जब गुरु गोविन्द शिकार को जाते तो नगाड़े की टंकार सिख जवानों के मन में वीर रस का संचार करती।

आनन्दपुर शिवालक की पहाड़ियों से घिरा एक रमणीक नगर था, जो गुरु के पराक्रम से सांस्कृतिक और आध्यात्मिक केन्द्र के साथ-साथ फौजी छावनी भी बन गया। उसकी यह निराली शोभा देखकर पहाड़ी राजाओं के मन में ईर्ष्या उत्पन्न हुई और विलासप्रिय मसन्दों के दिल दहलने लगे। विघ्न-बाधाओं ने सिर उठाया और टकराव की स्थितिं उत्पन्न हुई।

विघ्न-बाधाएं

नगाड़ा सिर्फ राजे ही रख सकते थे और वे उसे अपने राज्य की सीमा में बजा सकते थे। आनंदपुर कलहूर राज्य में जमीन खरीदकर बसाया गया था। कलहूर का राजा भीमचंद था। वह राज्य के भीतर राज्य कैसे बनने देता? उसके अलावा आस-पास और भी पहाड़ी राजे थे। वे सब मुगल सल्तनत के अधीन थे। उस समय जब पुलिस नहीं थी, रेल, तार, डाक आदि आवाजाही और संदेश भेजने के साधन नहीं थे, उनका काम अपने क्षेत्र में कानूनी-व्यवस्था बनाए रखना और विद्रोही शक्तियों को पनपने से रोकना था। उन्हें अपने लिए भी खतरा था और उनसे औरंगजेब पूछ सकता था कि तुमने इतनी बड़ी सैन्य-शक्ति कैसे बनने दी।

लेकिन राजाओं से पहले मसंद चौंके। उन्होंने कड़ाह प्रसाद (हलुवा) खा-खाकर तोंदे बढ़ा रखी थीं। दिन को मस्ती मारते और रात को आराम की नींद सोते। दुनिया की कोई चिन्ता उन्हें सताती नहीं थी। उन्होंने धर्म को अफीम बना रखा था और चाहते थे कि अफीम बना रहे। गुरु जी शिकार को गए हुए थे, मसंद माताजी के पास आए। इधर-उधर की बातें बनाकर और बहुत ज्यादा भय दिखाकर कहा कि वह गुरु जी को लड़ाई की राह पर जाने से रोकें। रात को जब दशमेश घर आए तो माता जी ने उन्हें समझाया कि हम फकीर लोग हैं, राजे-महाराजे नहीं। हमारा काम धर्म-प्रचार करना है, इसलिए शांतिपूर्वक धर्म-प्रचार करो, यह फौजें और नगाड़े का झंझट छोड़ो। इसका परिणाम बुरा हो सकता है।

गुरु-परम्परा में पले दशमेश ने विनीत उत्तर दिया, "माता जी, मेरा धर्म गुरु नानक और पिता जी का धर्म है, जो एकान्त में अंतर्ध्यान होने के बजाय अन्याय और अत्याचार का विरोध करना सिखाता है। अन्याय और अत्याचार का विरोध हथियारों से ही संभव है और धर्म की रक्षा भी हथियारों ही से हो सकती है। हाथ

पर हाथ धरे बैठे रहना मनुष्य और धर्म दोनों की मृत्यु है। माताजी, मुझे हुक्म हुआ है–

"जहाँ-तहाँ तुम धर्म निथारो
दुष्ट देखियन पकर पछारो।"

माताजी भी गुरु परम्परा से जुड़ी हुई थीं और उसी पंजाब की मिट्टी में पैदा हुई थीं, आन पर मर मिटना, दो कदम कम चलना, पर शान से चलना, जिसकी रीति है। युवा गुरु के बुलंद इरादे देखकर माताजी को प्रसन्नता हुई। आँखें गर्व से चमक उठीं। वह समझ गईं कि मसन्दों ने मोह-माया के चक्र में पड़कर गुरु-गद्दी की मर्यादा को भुला दिया है और उन्हें अपनी सुख-सुविधाएं छिन जाने का भय सता रहा हैं माताजी ने बेटे को आशीर्वाद दिया। मसंदों के मुंह बंद हो गए।

इस दूरस्थ पहाड़ी क्षेत्र में छोटे-छोटे कई राज्य थे, उनमें चम्बा, सुकेत मण्डी गुलेर, जसवाल, नदोन, कलहूर, गढ़वाल, सिरमौर उल्लेखनीय थे। शुरू-शुरू में गुरुओं के धर्म-प्रचार का मुख्य केन्द्र मालवा और दुआबा था। लेकिन गुरु अर्जुन की शहीदी के बाद यह मुख्य केन्द्र इस पहाड़ी क्षेत्र में सरक आया। अब जब मुगल सल्तनत से टकराव की स्थिति पैदा हो गई थी और आंदोलन ने सशस्त्र संघर्ष का रूप धारण कर लिया था, सुरक्षा की दृष्टि से इस पहाड़ी क्षेत्र में आ जाना आवश्यक था। मीरी और फकीरी की दो तलवारें पहनकर संघर्ष पथ अपनाने वाले गुरु हर गोविन्द को जहाँगीर ने गिरफ्तार कर लिया था। ग्वालियर के जिस किले में उन्हें कैद किया गया था। उनमें बावन हिंदू राजा पहले से ही कैद थे। उनमें कहलूर के राजा भीमचंद का दादा ताराचंद भी था। गुरु हर गोविन्द ने दो कदम आगे बढ़ने के लिए एक कदम पीछे हटने की नीति अपनाई और यह बात कैदी राजाओं को भी समझाई। जहाँगीर से समझौता हुआ, जिसके फलस्वरूप राजे और गुरु हर गोविन्द कैद से मुक्त हुए। यह सन् 1621 की घटना है। युद्ध और शांति राजनीति के दो छोर हैं। हमेशा शांति संभव नहीं। जहाँगीर के बाद शाहजहाँ गद्दी पर बैठा तो गुरु गोविन्द की मुगल फौजों से दो-तीन बार टक्कर हुई। उन्हें आत्मरक्षा के लिए लड़ना पड़ा, वरना लड़ने की उनकी न इच्छा थी और न इनके लिए अनुकूल स्थिति पैदा हुई थी। उन्हें तो शक्तिशाली मुगल साम्राज्य से लड़ने के बजाय गुरु-गद्दी की रक्षा करनी और अपनी शक्ति बढ़ानी थी। इस ख्याल से कि और टकराव न हो, वह व्यास नदी पार करके इस क्षेत्र में चले आए। पचास साल से अधिक समय तक शांति रही। उनके उत्तराधिकारी हरराय ज्यादातर इन्हीं पहाड़ी राज्यों में धर्म-प्रचार करते रहे। जाति-अभिमानी और कट्टरपंथी होते हुए भी हिन्दू राजाओं ने उनके

धर्म-प्रचार में कोई बाधा नहीं डाली, क्योंकि उनका भी मुख्य अंतर्विरोध सिख-धर्म से नहीं, मुगल साम्राज्य से था।

कहलूर का राज्य इन पहाड़ी राज्यों में सबसे बड़ा था और वहाँ का राजा भीमचंद पहाड़ी राजाओं का मुखिया था। उसकी राजधानी बिलासपुर आनन्दपुर से कुछ अधिक दूर नहीं थी, कोई पच्चीस मील का फासला था। जब भीमचंद को दशमेश के दरबार की बढ़ती हुई शोभा और रणजीत नगाड़े की खबर मिली तो वह चौंका। उसने प्रधानमंत्री से मशविरा किया। मंत्री ने राजा को सलाह दी कि महापुरुषों से बिगाड़ करना अच्छा नहीं। मित्रता करो, किसी समय काम आएगी। मंत्री की यह बात राजा के मन लगी और उसे ग्वालियर के किले से अपने दादा की रिहाई की बात स्मरण हो आई। उसने मंत्री को भेजकर भेंट का समय निश्चित किया और वह गुरु जी के दर्शन करने आनन्दपुर पहुंचा। वहाँ सिख-परम्परा के अनुसार उसका शानदार स्वागत हुआ।

भीमचंद अपने दरबारियों सहित खूब सजधज कर आनन्दपुर गया था। लेकिन गुरु के दरबार की जो शोभा थी, उसके आगे सारी सजधज फीकी पड़ गई। पश्मीने के जरीदार तम्बू को देखकर उसकी आंखे चौंधिया गईं। फिर असम का सफेद हाथी प्रसादी आया। उसने गुरुजी को प्रणाम किया। गुरुजी इस हाथी पर सवारी किया करते थे और जो भी राजा उनके दर्शन को आता था, उसे उसके अद्भुत करतब दिखाए जाते थे। प्रसादी सूंड में मशाल पकड़कर उजाला करता, चंवर डुलाता, जिस चीज़ की ओर संकेत करो, उसे उठा लाता और सूंड से जूता झाड़ता। भीमचंद ने प्रसादी के यह करतब देखे तो वह उसे गुरुजी से अपने लिए माँग लेने का मोह संवरण नहीं कर सका। दशमेश ने उसे उत्तर दिया कि यह हाथी असम के राजा की भेंट है और राजा की यह इच्छा थी कि इस पर सिर्फ गुरु जी सवारी करें। दूसरे यह हाथी हमारे शौक की चीज़ है, इसलिए आपको नहीं दिया जा सकता। भीमचंद हाथी पर इतना लट्टू हो गया था कि उसने अपना आग्रह बार-बार दोहराया और अंत में यहाँ तक कह दिया कि मैं इसके लिए एक लाख अशरफी देने को तैयार हूँ। उसकी आंख शामियाने पर थी। वह पहाड़ी राजाओं का मुखिया था और समझता था कि हाथी और शामियाना उसके दरबार की शोभा बने। इसलिए जब गुरुजी ने इनकार किया तो वह जल-भुन गया और, मन में ईर्ष्या तथा द्वेष की भावना लिए घर लौटा।

अपनी राजधानी पहुंचकर भीमचंद ने तुरन्त प्रधानमंत्री को बुलाया और क्रोध में उबलते हुए उसे बताया कि इस फकीर ने हमारे माँगने पर भी हाथी हमें नहीं

दिया। अब हम यह जबर्दस्ती लेंगे। बुद्धिमान प्रधान मंत्री ने उसे समझाया कि गर्मी मत खाइए, ठंडे मन से सोचिए। जिन्हें आप फकीर समझते हैं, वे सच्चे बादशाह हैं। उनकी शक्ति कुछ कम नहीं है। उनसे मैत्री-भाव बनाए रखिए और कोई ऐसा उपाय सोचिए कि आपको हाथी भी मिल जाए और लड़ना भी न पड़े।

राजा ने इसी नीति पर अमल किया, गुरु के प्रति श्रद्धा तथा मैत्री-भाव जताने वह एक बार फिर आनन्दपुर गया और कुछ दिनों वहाँ टिका रहा। गुरुजी ने बड़ी खातिरदारी से उसे अपने पास रखा। वे जब सैर-शिकार को जाते तो उसे भी अपने संग ले जाते थे। जब वह लौटा तो गुरुजी ने उसे आदर-सत्कार से विदा किया।

इन्हीं दिनों भीमचंद के बेटे की सगाई गढ़वाल (श्री नगर) के राजा फतहशाह की बेटी से तय हुई। भीमचंद ने गुरुजी को कहला भेजा कि आप हमें ''प्रसादी'' हाथी मंगनी दे दीजिए मंगनी की रस्म होने जा रही है। उस अवसर पर हम और चीजों के साथ हाथी का भी प्रदर्शन करेंगे। इससे आपकी और हमारी दोनों की शोभा बढ़ेगी। बाद में हाथी हम आपको लौटा देंगे।

गुरुजी राजा की चाल में नहीं आए। जानते थे कि 'प्रसादी' अगर एक बार मंगनी चला गया तो फिर वापस नहीं आएगा। लड़कर वापस लेने से बेहतर है कि हाथी मंगनी दिया ही न जाए। भीमचंद ज्यादा से ज्यादा लड़ेगा। लड़ लेंगे। हम लड़ाई का इल्जाम अपने ऊपर क्यों लें? उन्होंने संदेशवाहक को उत्तर दिया—''इस हाथी पर गुरुजी की सवारी होती है। वह सिर्फ इसी काम के लिए है। उसे किसी दूसरे सांसारिक कार्य के लिए इस्तेमाल नहीं किया जा सकता। हमारे पास एक दूसरा हाथी है। राजा भीमचंद चाहें तो हम उन्हें दूसरा हाथी दे सकते हैं।''

भीमचंद ने यह उत्तर सुना तो वह क्रोध के मारे आपे से बाहर हो गया और उसने गुरुजी को धमकी भरा हुक्म दिया—''आनंदपुर हमारे राज्य में है, इसलिए तुम हमारी प्रजा हो। राजा के आदेश का पालन करना प्रजा का कर्तव्य है। प्रसादी हाथी और शामियाना हमारे पास तुरन्त भिजवा दो, वरना आनंदपुर खाली करो। तुम नहीं करोगे तो हम करवा लेंगे।''

गुरुजी इस गीदड़ धमकी में नहीं आए। उनके पास भी सेना तैयार थी। इतने सालों से युद्ध की तैयारी कर रहे थे। उनके इरादे मुगल साम्राज्य से टक्कर लेने के थे। भीमचंद की औकात ही क्या थी? कहला भेजा, ''आनंदपुर हमें विरासत में मिला है। हमारे पिता ने जमीन खरीदकर इसे बसाया था। हम अकाल पुरुष की मर्ज़ी से यहाँ आए हैं। किसी की प्रजा नहीं हैं। तुमसे जो बन पड़े, करो।''

प्रधानमंत्री और रानी ने राजा को समझाया कि बेटे के ब्याह में विघ्न मत डालो। उसे हो जाने दो। ब्याह से पहले लड़ाई मोल लेना ठीक नहीं है। भीमचंद ज़हर का घूंट पीकर चुप हो गया।

यह संवत् 1741 (सन् 1684) की घटना है। इन्हीं दिनों सिरमौर का राजा मोदिनी प्रकाश गुरुजी के दर्शन को आया। उसने धन-रत्न भेंट करके इच्छा व्यक्त की कि गुरुजी सिरमौर चलें और कुछ दिन उसके साथ उसकी राजधानी नाहन में रहें। कारण यह था कि श्रीनगर (गढ़वाल) के राजा फतेहशाह और मेदिनी प्रकाश में बहुत दिनों से अनबन थी। फतेहशाह ने सिरमौर का कुछ इलाका दबा लिया था। अब भीमचंद का समधी बन जाने से उसके हौसले और बढ़ गए थे। मेदिनी प्रकाश गुरुजी को अपने पास रखकर उनके प्रभाव को अपने लिए इस्तेमाल करना चाहता था। ये पहाड़ी राजे मुगलों के अधीन थे और उनसे आतंकित थे, लेकिन आपस में लड़ते-झगड़ते रहते थे। दासता में भी दम्भ सिर पर सवार था। गुरुजी की यह हार्दिक इच्छा थी कि राजा व्यर्थ का दम्भ छोड़ें। आपस में लड़ना-भिड़ना छोड़कर मेल-जोल से रहें और एकता बढ़ाएं ताकि प्रबल शत्रु का मुकाबला किया जा सके। अब खुद उनकी भीमचंद से अनबन हो गई थी। उससे लड़ने का कोई मतलब नहीं था और वह लड़ाई टालना चाहते थे। इसलिए उन्होंने मेदिनी प्रकाश का निमंत्रण स्वीकार कर लिया। वह पांच सौ सशस्त्र सैनिक साथ लेकर नाहन चले गए और बाकी सेना आनंदपुर की रक्षा के लिए वहीं छोड़ गए।

गढ़वाल का राजा फतेहशाह गुरु गोविन्द सिंह का अनन्य भक्त था। नाहन पहुंचकर गुरुजी ने पहला काम यह किया कि फतेहशाह को वहाँ बुलवाया और मेदिनी प्रकाश से उसका समझौता करा दिया। दोनों राजाओं में बरसों से जो शत्रुता चली आ रही थी, वह दशमेश के प्रयास से खत्म हो गई।

दशमेश को शिकार का शौक था और यह आगामी युद्ध के लिए अभ्यास भी था। वह जब आनंदपुर में थे, तब भी संत-सिपाहियों को साथ लेकर नित्य शिकार खेला करते थे। चीता, रीछ और शेर आदि बनैले जानवरों की तलाश में घंटों जंगलों में घूमा करते थे, इससे जहाँ वह शारीरिक रूप से हृष्ट-पुष्ट बने थे, वहाँ मानसिक रूप से सतर्क और सावधान हो गए थे। तीर-तलवार के धनी होने के अलावा वह जबर्दस्त घुड़सवार थे। शिकार में तेग, कटार, सिरोही और नेजा इस्तेमाल करते थे। निशाना इतना सधा हुआ था कि तीन-तीन मील दूर की चीज़ों को निशाना बनाकर बेध देते थे। अब वह सिरमौर के घने जंगलों में शिकार खेलते।

राजा मेदिनी प्रकाश और फतेहशाह भी साथ होते। एक दिन सफेद रंग के एक भयानक शेर का उन्होंने भूमि पर खड़े-खड़े अकेले ही मुकाबला किया और देखते ही देखते उसे मार डाला। दोनों राजा जो गुरु जी के व्यक्तित्व से पहले ही बहुत प्रभावित थे, उनका यह पराक्रम देखकर अत्यन्त प्रसन्न हुए।

फतेहशाह कुछ दिन वहाँ रहकर अपनी राजधानी श्रीनगर लौट गया। मेदिनी प्रकाश फतेहशाह से समझौता हो जाने के कारण गुरुजी का बहुत ही कृतज्ञ था। उसने यह इच्छा व्यक्त की कि जैसे गुरु तेगहादुर ने आनंदपुर बसाकर कहलूर राज्य को पवित्र किया, आप एक ऐसा ही ठिकाना मेरे राज्य में बनाकर मुझे कृतार्थ करें।

गुरुजी ने राजा की यह प्रार्थना स्वीकार कर ली। उन्होंने यमुना के किनारे सुन्दर दृश्यों वाला एक रमणीक स्थान पसंद किया। एक किला और एक गुरु द्वारा बनवाकर वहाँ रहना शुरू किया। यह स्थान ''पांवटा'' या पाओंट साहब के नाम से प्रसिद्ध हुआ। इस नाम के बारे में भाई संतोष सिंह ने लिखा है–

पाव टिकिये सत्गुरु के आई,
नाम परियो ''पांवटा'' सबदेश प्रगटाई।

यह भी कहा जाता है कि पांवटा नाम का गांव वहाँ पहले से मौजूद था। किला और गुरुद्वारा बन जाने और गुरुजी के आ बसने से वह नगर में बदल गया।

पांवटा में

गुरु गोविंद परिवार सहित पांवटा में आ बसे। उत्तर पूर्व में यमुना के किनारे और हिमालय के निकट यह अत्यन्त सुन्दर स्थान था। गुरुजी सैर-शिकार का आनन्द लेते, पहाड़ों और जंगलों में विचरते हुए प्राकृतिक सौन्दर्य निहारते, जिससे उनका कवि-हृदय गद्गद हो उठता। भक्त-जन बड़ी संख्या में आने शुरू हुए और थोड़े ही दिनों में वहाँ आनंदपुर का नक्शा कायम हो गया। गुरु जी की आयु अब 22 वर्ष थी। जवानी की भरपूर अवस्था। संगत और पंगत उनके साथ चलती थी। सुबह-शाम कीर्तन होता, कवि और भाट वीर रस की कविताएं और वीर-गाथाएं सुनाते और फिर अधिकांश समय साहित्य-रचना और दर्शन-चर्चा में व्यतीत होता। शस्त्र और शास्त्र-विद्या में गुरुजी की विशेष रुचि थी, यह हम देख चुके हैं। वह जानते थे कि "बिना नियमपूर्वक विद्याभ्यास किए मेरी शिष्य मंडली के ज्ञान-चक्षु नहीं खुलेंगे और वे पुराने मिथ्या संस्कारों को भी नहीं त्याग पाएंगे।" इसलिए उनकी चेतना के स्तर को ऊंचा उठाना, उन्हें पंडित बनाना आवश्यक है। जो शिष्य काशी से संस्कृत पढ़कर आए थे, गुरुजी ने उनसे उपनिषद्, गीता, भागवत, महाभारत, विष्णु पुराण आदि का अनुवाद कराया ताकि जन-साधारण उन्हें पढ़ें-सुनें और समझें। जो राष्ट्र अपने पूर्व पराक्रम को भूल चुका हो, उसे इस पराक्रम से, उसके अतीत की गरिमा और गौरव से अवगत कराना आवश्यक है और यह काम श्रुति, स्मृति, गाथा के पढ़ने-पढ़ाने और सुनने-सुनाने से ही हो सकता है, तभी उनके दृष्टान्त जन-मानस पर बखूबी अंकित हो सकते हैं।

काशी से लौटे इन शिष्यों के अलावा और भी कई विद्वान् पंडित उनके दरबार में आ टिके थे, जिन्हें वह उचित वेतन देते थे। अन्य मत-मतांतरों की जो पुस्तकें गुरुजी के सामने आतीं, वह उन्हें खुद पढ़ते या फिर उनसे पढ़वाकर सुनते, उन पर वाद-विवाद करते, मर्म समझते और जो बहुत उपयोगी जान पड़तीं, उनके अनुवाद

की आज्ञा देते। विद्याभ्यास नियमपूर्वक होता। गुरु जी की स्मरणशक्ति अद्‌भुत थी।

मतलब यह कि आनंदपुर में चरित्र-निर्माण और राष्ट्र-निर्माण का जो कार्य प्रारम्भ हुआ था, वह पांवटा में भी जारी रहा। यह एक महान कार्य था। दौलत राम ने अपनी पुस्तक "साहबे-कमाल गुरु गोविन्द सिंह" में इसे यों प्रस्तुत किया है—"उन्होंने उत्तरी-पूर्व हिमालय की पहाड़ियों में रहकर कार्य आरंभ किया। एक तो खुद कई प्रकार की विद्या में प्रवीणता प्राप्त की और फिर सिखों को कराई। लगभग 23 बरस की आयु तक वहाँ विद्या प्राप्त करने और इतिहास पढ़ने-सुनने में अपना समय लगाया।"

"शिकार का और शस्त्रों के प्रयोग का अभ्यास किया। अपने सिखों को भी इनमें प्रशिक्षित किया। उनमें परिश्रम और पराक्रम की रुचि उजागर की। वीर रस की कविता एकत्रित की। लोक-बोली में उसका अनुवाद कराकर जन-साधारण की प्रवृत्ति और रुचि के साथ सामंजस्य स्थापित किया। जवानी के जोश और उबाल को धीरे-धीरे संयममय साहस और शक्ति में परिवर्तित किया। जो सिख-सेवक उनके पास आते थे, उनमें जोश भरते थे और जो पास रहते थे, उन्हें वह अपने साथ शिकार पर ले जाते थे, जिससे वे अधिकाधिक साहसी और परिश्रमी बने। वे आलस्य त्यागकर चुस्त और बलवान बनते गए। वे एक अकाल पुरुष के पुजारी बन गए और उनमें राष्ट्रीयता की अपनी भावना विकसित हुई। असार और निष्क्रिय धर्म को छोड़कर वास्तविक सक्रिय धर्म को अपनाया।

"वह कृपाण हर समय धारण किए रहते थे, बाहर हों या गुरु-गद्‌दी पर विराजमान। गतका, कसरत, नेजाबाजी और कुश्ती के मुकाबले कराते। ईश्वर-भक्ति के प्रोग्राम के साथ-साथ कौमी जोश भरने वाले, खून को गर्माने वाले और दिल को मज़बूत बनाने वाले गीत-कवित्त भी उनके दरबार में गाए और सुनाए जाते थे। गुरुजी उसमें बहुत दिलचस्पी लेते थे और खुद भी जोश पैदा करने, हिम्मत बढ़ाने और खून गर्माने वाली कविता रचते रहते थे। उनके पास लगभग 52 कवि इस कार्य की पूर्ति के लिए उपस्थित रहते थे, जो हिन्दू शहीद योद्धाओं तथा आर्य वीरों की वीरता के कारनामे प्रभावशाली भाषा में रचकर सिखों को सुनाते थे। भाट तो उनके दरबार में हमेशा ही राष्ट्रीय वैभव का गान किया करते थे।

"गुरु गोविन्द सिंह की दशमेश ग्रन्थ नाम से प्रसिद्ध कृति में एक विशेष भाग दुर्गा और राक्षसों के युद्ध से भरपूर है, जिसकी भाषा के वेग में समुद्र का तूफान ठाठें मारता है। शब्द-विन्यास से तलवार तथा ढाल की झनकार सुनाई पड़ती

है, छंद की चाल ऐसी है कि उसमें से घोड़ों की टापों की आवाज आती है, अलंकार और उपमाएं ऐसी हैं कि पढ़कर खुद-बखुद उत्साह और बलबला पैदा होता है।'' यह स्पष्ट करते हुए गुरुजी सिर्फ अकाल पुरुष को मानते थे, आगे लिखा है, ''देवी तथा राक्षसों की युद्धवार्ता के पीछे एक गुप्त उद्‌देश्य निहित है। देवी को राक्षसों के साथ युद्ध में विजय-प्राप्ति का केवल मुख्य नायक और साधन ही बनाया गया है। शत्रु के विरुद्ध संघर्ष में नायक की स्तुति से वीरता अभिव्यक्त होती है। ...देवी की जुझारू शक्ति और विजय के उदाहरण जोशीली भाषा में प्रस्तुत किए गए हैं, जिस तरह कि महाभारत और रामायण जैसे ग्रन्थों में कृष्ण और रामचन्द्र जी की वीरता के कारनामे प्रभावशाली भाषा और काव्यमय शैली में प्रस्तुत किए गए हैं। ज़रूरत इस बात की थी कि सिखों में वांछित साहस और उत्साह पैदा किया जाए ताकि उन्हें आने वाले युद्ध तथा क्रांति के लिए तैयार किया जा सके और जरूरत के समय भक्ति के साथ शक्ति को इस्तेमाल किया जा सके। अगर किसी कल्पित हीरो अथवा नायक की कल्पना ही न की जाए तो कल्पित कहानी का विस्तार फीका और गति धीमी पड़ जाती है। इसीलिए गुरुजी ने कविता में युद्ध का विजयी हीरो देवी को बनाया। दूसरा कारण यह भी हो सकता है कि जिस समय यह कविता रची गई। उस समय अधिकांश लोग देवी पूजक थे। गुरुजी उनकी विचारधारा तथा उपासना में परिवर्तन लाकर और देश भक्ति का पुट देखकर राष्ट्र का निर्माण करना चाहते थे।''

यहाँ विएतनाम के मार्क्सवादी नेता हो ची मिन्ह के जीवन की एक घटना स्मरण हो आई। भ्रान्ति दूर करने के लिए उसका उल्लेख अप्रासंगिक नहीं होगा।

हो ची मिन्ह सन् 1927 में क्रांतिकारी प्रचार के उद्‌देश्य से थाईलैंड गए। वहाँ साकोल और उनके आस-पास के देहात में बहुत से विएतनामी बसते थे। वे रजनीतिक दृष्टि से पिछड़े हुए और अंधविश्वासी थे। उनमें से अधिकांश ''देवता त्रान'' के पुजारी थे। त्रान हंगदाओ हमारे राणा प्रताप की तरह विएतनामियों का एक राष्ट्रीय नायक था। उसका जन्म सन् 1228 और मृत्यु 1300 में हुई। उसने मंगोल आक्रमणकारियों को दो बार पराजित किया था। हो ची मिन्ह ने जब देखा कि लोग ज्ञान के पुजारी हैं तो उन्होंने त्रान हंगदाओ को ऐतिहासिक वीर पुरुष बनाकर त्रान-गीता लिखी, जो बहुत जल्द लोकप्रिय हो गई। परिणाम यह हुआ कि लोग क्रांतिकारी आंदोलन में संगठित हो गए। मतलब यह कि जब कोई नई बात प्रचलित आस्थाओं में समाविष्ट कर दी जाती है तो लोग उसे सहज में ग्रहण कर लेते हैं। लोकमान्य बाल गंगाधर तिलक ने 'गणेश-उत्सव' और 'शिवाजी उत्सव'

मनाना इसी उद्देश्य से शुरू किया था। इतिहास और परम्परा से तथा जनता से कटे हुए आधुनिक बुद्धिजीवी, उन्हें भी समझने में भूल करते हैं।

गुरु गोविंद सिंह की रचनाएं दशमेश ग्रन्थ में संकलित हैं। इस ग्रन्थ का संकलन गुरुजी की मृत्यु के बाद भाई मनीसिंह ने किया। सिखों का धार्मिक ग्रन्थ सिर्फ आदि ग्रन्थ को ही माना जाता है, जिसमें गुरु तेगबहादुर तक की रचनाएं शामिल हैं। दशमेश ग्रन्थ में गुरु गोविन्द सिंह की और रचनाओं के अलावा उनकी दो प्रसिद्ध कृतियाँ आत्मकथा "व चित्र नाटक" तथा औरंगजेब के नाम फारसी शायरी में खत 'जफ़रनामा' भी शामिल है। उनकी काव्य शैली ओज और वेग से भरपूर है। एक दो नमूने देखिए–

नव प्रसादि 11 त्रिभंगी छंद ॥
खंड-खंड विहंग खल दल खंड अतिरण मंडे बरबंड।
भुज दंडम अखंडे तेज प्रचंड जोति अमंड मान प्रभं।
सुख संता करण दुरमति दरणं किल विखहरणं अससरणं।
जै जै जग कारण सृष्टि उबारण मम प्रतिधारण जै तग ॥2॥

जफ़रनामा में गुरु जी औरंगजेब से मुखातिब हैं–

1. जे कोहे दकिन तिश्नाकाम आमदी,
जे मेवाड हम तल्खज़ाम आमदी।

(ऐ औरंगजेब, तू क्या संभलेगा? तेरी सल्तनत टूट रही है। तू दक्षिण में पराजित हुआ है और मेवाड़ के राजपूतों ने भी तेरा मुंह मोड़ दिया है। अब तेरे विनाश के दिन आ गए हैं।)

2. बरीं सू चूं इकनू निगाहत रबद
कि जो तलखी व तिश्नगीतू रबद।

(ऐ औरंगज़ेब दक्षिण और मेवाड़ में पराजित होने के बाद अब तू इस ओर (पंजाब की ओर) क्रुद्ध दृष्टि उठा रहा है और कटुता तथा घबराहट में भंरा सोच रहा है। यहाँ भी तेरी पराजय ही होगी।)

3. चूंकार अज हमा हीलते दर गुजस्त,
हलाल अस्त बुरदन बशमशोर दस्त।

(जब और कोई उपाय शेष न रह जाय तो इन्सान का धर्म है कि तलवार हाथ में थाम ले।

माओत्सेतुंग ने लिखा है कि संस्कृतिविहीन सेना जड़बुद्धि होती है, वह शत्रु को नहीं हरा सकती। माओत्सेतुंग की यह उक्ति भी मशहूर है–''सत्ता बंदूक की नाल से पैदा होती है।'' गुरु गोविन्द सिंह ने इस हकीकत को आज से तीन सौ साल पहले बखूबी समझ लिया था, उनका एक और पद है–

माँगे राज कोई न देही'
जो ले ही निज बल से लेही।

विद्याभ्यास और शस्त्राभ्यास द्वारा गुरु जी ने इसकी तैयारी की। जो सत्य पहले स्याही से लिखा, उसे फिर खून से लिखा और अमिट बना दिया।

जगाधरी से पांच कोस दूर यमुना के किनारे कपाल मोचन नाम का एक तीर्थ-स्थान है। एक पौराणिक कथा के अनुनसार रामचन्द्र ने एक राक्षस का सिर काट दिया था। वह सिर महोद्र ऋषि की टांग से चिपक गया। महोद्र ऋषि ने कई तीर्थों पर स्नान किया, पर वह सिर बदस्तूर उनकी टांग से चिपका रहा। आखिर वह इस स्थान पर आकर अलग हुआ। इसी से कपाल मोचन नाम पड़ा। इसे गोपाल मोचन भी कह देते हैं।

कपाल मोचन में हर साल मेला होता था। पहाड़ी क्षेत्र के नर-नारी बड़ी संख्या में वहाँ एकत्रित होते थे। गुरु जी जब पांवटा में थे, मेले के इस अवसर पर कपाल मोचन में दीवान लगाते और लोगों को कुसंस्कारों तथा दासता से मुक्ति पाने का उपदेश देते। उनकी याद में यहाँ एक गुरुद्वारा बना हुआ है।

पांवटा साहब के पश्चिम में कोई पच्चीस मील दूर साढूर नाम का एक कस्बा था। वहाँ पीर बुद्धशाह की जागीर थी। उसका असली नाम सैयद शाह बदरुद्दीन था। वह मानवता प्रेमी सूफी दरवेश था और इस क्षेत्र में उसकी बड़ी मान्यता थी। हजारों मुरीद थे। उसने सिख-धर्म के बारे में काफी कुछ पढ़ रखा था और गुरु नानक में उसकी बड़ी श्रद्धा थी। जब उसे मालूम हुआ कि दसवें गुरु गोविन्द सिंह पांवटा में करीब ही रहते हैं तो वह अपने मुरीदों सहित उनके दरबार में आया। गुरुजी से बातचीत की तो बुद्धशाह उनकी विद्वत्ता से बहुत प्रभावित हुआ। फिर देखा कि जिन आदर्शों के बारे में पढ़ा-सुना था, उन्हें व्यवहार में लाया जा रहा है। लंगर में बिना किसी भेदभाव के सब एक साथ खाना खा रहे हैं। पीर बुद्धशाह गुरु जी का श्रद्धालु बन गया।

एक दिन बुद्धशाह अपने पांच पठान मुरीदों–काला खां, भीखन खां, नजाबत खां, हयात खां और उम्र खां को साथ लेकर गुरु जी के पास आया। ये पठान सरदार

औरंगजेब के विद्रोही थे और उनके पास पांच सौ सिपाही थे। किसी राजा या नवाब की नौकरी ही उनकी जीविका का एक मात्र साधन था। लेकिन औरंगजेब के डर से कोई भी उन्हें शरण देने को तैयार नहीं था। पीर बुद्धशाह की सिफारिश पर गुरु जी ने उन्हें अपने पास रख लिया। यह निस्संदेह बड़ी हिम्मत और दिलेरी का काम था।

गुरु हरराय के बड़े पुत्र रामराय ने औरंगज़ेब को खुश करने के लिए गुरु नानक के एक पद की गलत व्याख्या की थी, इसलिए वह पिता की नज़रों से गिर गया था। गुरु हरराय की मृत्यु के बाद वह गद्दी का दावेदार बना और यह झगड़ा बादशाह के पास ले गया। लेकिन जब सारी दौड़धूप के बाद असफल रहा तो देरादून में अपनी अलग गद्दी बनाकर बैठ गया। सिख-आंदोलन में फूट डालने और उसे कमज़ोर करने की नीयत से औरंगज़ेब ने रामराय को जागीर दी। इसके अलावा गढ़वाल के राजा ने भी पांच गांव की जागीर दी। जागीर की आमदनी और श्रद्धालुओं से मिलने वाली गुरु भेंट पर वह और उसके मसंद विलासिता का जीवन बिताने लगे। विलासिता और भ्रष्टाचार सगे बहन-भाई हैं और आदर्शहीन जीवन से उनका लकड़ी-दीमक का संबंध है। रामराय के मसंद बुहत जल्द भ्रष्ट हो गए।

मसंदों के इस आचार-व्यवहार के कारण रामराय बहुत दुखी थे। गुरु जी उस समय पांवटा में रहने लगे थे। वे उम्र में रामराय से छोटे, पर रिश्ते में चाचा और गुरु-गद्दी के उत्तराधिकारी होने के नाते बड़े थे। रामराय यमुना में नाव की सैर के बहाने चुपके-चुपके गुरु जी से मिले और उन्हें अपनी विपदा सुनाई। उनके कोई सन्तान नहीं थी। उन्होंने खून के रिश्ते का वास्ता देकर गुरु जी से प्रार्थना की कि मेरी मृत्यु के पश्चात् इन भ्रष्ट मसंदों से मेरी विधवा पत्नी की रक्षा करें।

रामराय का यह भय ठीक ही था। कुछ दिन बाद ऐसा हुआ कि रामराय जब समाधि की अवस्था में थे, मसंदों ने उसे मृतक घोषित कर जिंदा जला दिया। मसंद रामराय की भारी जायदाद को हड़प कर उसकी गद्दी पर अधिकार जमाना चाहते थे। इस दुखपूर्ण घटना की खबर पांवटा में गुरु गोविन्द सिंह को मिली। गुरु जी देरादून पहुंचे। उन्होंने मसंदों के अत्याचारों और अपराधों के बारे में सुना और उन्हें दंड दिया। कहते हैं कि कुछ को तो जिंदा ही आग में झोंक दिया गया। कुछ बच निकले। और जो पंजाब कौर (रामराय की विधवा) के प्रति वफादार रहे, उन्हें पुरस्कार दिए गए।[1]

---

1. डॉ. गोपाल सिंह, "गुरु गोविन्द सिंह", पृष्ठ 16

"इन्हीं दिनों फतेहशाह की कन्या के व्याह की तिथि आ गई। उसने गुरु जी को इस अवसर पर निमंत्रित किया। गुरु जी खुद तो नहीं गए, पर अपने दीवान नंदचंद को मूल्यवान उपहार और "तम्बोल" देकर श्रीनगर भेज दिया। कुछ सिख सूरमा भी साथ गए। राजा फतेहशाह ने उनका स्वागत किया और उनके ठहरने की व्यवस्था कर दी, लेकिन जब बारात आई और राजाओं की ओर से उपहार दिए जाने लगे तो गुरुजी के उपहार और तम्बोल की घोषणा सुनकर भीमचंद क्रोध के मारे आपे से बाहर हो गया। बोला, "यह उपहार देकर मेरा अपमान करना चाहते हो। यह कैसी रिश्तेदारी है?"

रंग में भंग पड़ते देखकर फतेहशाह घबराया। समधी को कैसे नाराज करे? उसने गुरु गोविन्द सिंह का उपहार लौटा दिया।

यह गुरु का अपमान था। फिर भी दीवान नंदचंद ने शादी में विघ्न डालना उचित नहीं समझा। वह अपना उपहार और तम्बोल की सामग्री लेकर वहाँ से पांवटा को चल पड़े। लेकिन भीमचंद तो क्रोध में भरा बैठा था। उसने सामान लूट लेने के लिए अपनी फौज का एक मजबूत दस्ता भेजा। यमुना-घाट पर घमासान लड़ाई हुई। सिख सिपाही संख्या में चाहे थोड़े थे, पर वे जी तोड़कर लड़े और शत्रु-सेना को मार भगाया। वे यमुना पार करके सही सलामत पांवटा लौट आए।

दीवान नंदचंद ने गुरु जी को सारी घटना कह सुनाई। उन्होंने समझ लिया कि अब टकराव अनिवार्य है। अतएव युद्ध की तैयारी शुरू हो गई।

जो लड़े दीन के हेत सूरा सोई

श्रीनगर कांड के पश्चात् सभी पहाड़ी राजा गुरु गोविन्द सिंह के विरुद्ध लड़ने के लिए भीमचंद के पीछे लाम बंद हो गए। छोटे-छोटों के अलावा, जो बड़े और प्रमुख थे, उनके नाम इस प्रकार हैं—भीमचंद कहलूरिया, फतेहशा गड़वालिया, गोपालचंद गुलेरिया, किरपालचंद कांगड़ेवाला, वीरसेन मंडीका केसरी सिंह जसवालिया, दयाल सिंह काठगढ़िया, हरिचंद हंडूरिया, करम चंद भंबेरिया, दयासिंह नूरपुरिया, गुरभजन इंदोरिया, संसारचंद नादेरियाँ, लच्छूचंद कसौलिया आदि। लड़ाई के कई कारण थे। ये क्षत्रिय राजा हालांकि औरंगज़ेब के अधीन थे, और मुगलों की दासता स्वीकार कर ली थी; पर अब उन्हें भी अपने स्वर्ण जातीय होने का अभिमान था। जन्म-जन्मान्तर से विरासत में मिला अधिकारवाद विषधर की तरह फन उठाये रहता था। तुर्कों और मुगलों की करारी मार भी इस फन को कुचल नहीं पाई थी। राजे क्षत्री और उनके मंत्री ब्राह्मण, जबकि गुरु जी के अनुयायी हलवाहे, किसान, नाई, धोबी, तरखान आदि नीची जातियों के लोग थे, जिन्हें वे सदियों से पैरों तले कुचलते आए थे, जिन्हें इन राजाओं और उनके पुरखों ने कभी इंसान नहीं समझा था, जिन्हें हमेशा शस्त्र-विद्या और शास्त्र-विद्या से वंचित रखा गया था, लेकिन अब यही लोग गुरु जी के इर्द-गिर्द एकत्र होकर ज्ञान बघारते थे, शस्त्र-धारण किए छाती फुलाकर चलते थे। इसका असर उनकी प्रजा पर भी पड़ रहा था। नीच जनों—शूद्रों में विद्रोह की भावना जाग रही थी और वे बेगार देने से इनकार करते थे। इसलिए जो सिख गुरु जी के दर्शन को जाते, ये राजे उन्हें अपने राज्यों में रोक लेते, जिससे अकसर मुठभेड़ हो जाती। फिर उन्होंने अपने राज्यों के व्यापारियों और दुकानदारों को हिदायत की कि वे सिख सिपाहियों के हाथ कोई चीज़ न बेचें ताकि जब जरूरत की चीज़ें नहीं मिलेंगी तो गुरु जी तंग आकर वहाँ से चले जाएंगे, लेकिन सिख सिपाही

अपनी जरूरत की चीज़ें छीन लाते और पैसे फेंक आते। इससे भी कई बार मुठभेड़ की स्थिति पैदा हो जाती थी।

गुरु जी एक फकीर या साधारण धर्म-प्रचारक नहीं थे। वे अपने को सच्चा पादशाह कहते थे। उनके दरबार की शोभा और सैन्य-शक्ति दिन-दिन बढ़ रही थी। नगाड़े की टंकार इन क्षत्री राजाओं के मन में गहरी ईर्ष्या जगाती थी। सुरेन्द्रसिंह जौहर ने गॉरडन के हवाले से लिखा है कि गुरु जी ने आसपास के पूरे क्षेत्र में यह संदेश भिजवा दिया था कि जिनके चार बेटे हैं, वे अपने दो बेटे गुरु-सेवा में भरती करवा दें। गॉरडन के अनुसार गुरु-सेवा में 8000 सैनिक थे। इससे पहाड़ी राजाओं को अपनी राजसत्ता के लिए भी खतरा पैदा हो गया। पहले वे एक-दूसरे का इलाका छीन लेने के लिए आपस में लड़ते थे, अब इस खतरे को महसूस करते हुए भीमचंद के झंडे तले वे गुरु जी के विरुद्ध इकट्ठे हो गए।

इन राजाओं को सिर्फ अपनी जागीरों की फिक्र थी। इसी के लिए उन्होंने औरंगज़ेब की अधीनता स्वीकार कर ली थी और इसी के लिए वे गुरु जी के साथ दोस्ती का दम भरते थे, पर मन में द्वेष पाले हुए थे। उनका दोहरा चरित्र इस उदाहरण से भली भांति स्पष्ट हो जाता है कि जब प्रसादी हाथी को लेकर भीमचंद से झगड़ा शुरू हुआ तो कटोचिए राजा किरपाल ने गुरु जी को खत लिखा, "तकड़े होवो। भीमचंद अकेला है। उसका साथ और कोई पहाड़ी राजा नहीं देगा। मैं भी आपके साथ हूँ।" और उधर भीमचंद को उकसाया, "गुरु को इलाके से निकाले बिना चैन नहीं। डरना मत। हम सब पहाड़ी राजे तुम्हारे साथ हैं।" फतहशाह अनन्य भक्त बना हुआ था। वह भी झट भीमचंद से मिल गया। गुरु जी ने विचित्र नाटक में उसकी शत्रुता का कारण बताया है—

देश चाल हम तो पुनि भई,
सहर पांवटे की सुधि लई।
कालिंदी तट करे बिलासा,
अने भांत के पेख तमासा।
तह के सिंह घने चुनि मारे,
रोझ, रीछ बहु भांति बिदारे।
फतेशाह कोपा तब राजा,
लोह परा हमसे बिन काजा।

फतेहशाह के दोहरे चरित्र का दूसरा उदाहरण यह है कि वह एक तरफ गुरु गोविंद सिंह का भक्त बना हुआ था और दूसरी तरफ औरंगज़ेब की कृपा पर पलने वाले और गुरु नानक के धर्म को अफीम बना देने वाले रामराय को पांच गांव की जागीर दी थी। भीमचंद ने भी गुरुजी को लिखा था, "आज तक हमने आपको गुरु नानक साहब का गद्दीनशीन समझकर आपका बहुत लिहाज किया है, पर अब हम आपके रवैये को सहन नहीं कर सकते।" अगर गुरु गोविन्द सिंह भी सिख-धर्म की अंतरात्मा निकाल कर उसे रामराय और उसके मसंदों की तरह अफीम बनाने की राह अपना लेते तो कोई आपत्ति नहीं थी। तब उन्हें भी राजाओं तथा औरंगज़ेब की ओर से जागीर मिलती। आपत्ति थी सेना जुटाने पर, शस्त्राभ्यास करने पर, नगाड़ा बजाने पर। लेकिन गुरु नानक के नए धर्म का जन्म ही इस उद्देश्य से हुआ था कि अंधेरे से घिरे भारत को जगमगाते उजाले में बदला जाए। चमगादड़ स्वभाव इन क्षत्री राजाओं को अंधेरे में घिरा पुराना भारत विरासत में मिला था और वे उसे अंधेरे में ही घिरा रखना चाहते थे। उजाले में जगमगाता भारत उनके हज़ारों साल के विशिष्ट अधिकारों, उनकी जागीरों और उनके अस्तित्व के लिए खतरा था। उजाले और अंधेरे में, नए और पुराने में संघर्ष अनिवार्य था। इससे बचना संभव नहीं था।

लेनिन ने कहा है कि युद्ध सड़े गले को उजागर कर देता है। गुरुजी के पास पांच सौ उदासी साधु थे, जो लंगर में हलुवा खा-खाकर खूब मोटे हो गए थे। जब लड़ाई की बात सुनी तो रातों रात जान बचाकर खिसक गए। सिर्फ महन्त किरपाल दास अकेले वहाँ रह गए। वे निर्भीकता से लड़े। जिन पांच सौ पठान सिपाहियों को पीर बुद्धशाह की सिफारिश पर मुलाजिम रखा था, इस नाजुक वक्त पर उन्होंने भी धोखा दिया। उन्हें भी जान प्यारी थी। सोचा कि गुरु की अनुभवहीन सेना राजाओं की सम्मिलित सेना के आगे टिक नहीं पाएगी। उन्होंने भीमचंद से सांठ-गांठ की और शत्रु-सेना में जा मिले।

जब पीर बुद्धशाह को पठान सरदारों की गद्दारी का पता चला तो उन्हें बड़ी शर्म आई और वे अपने दो भाइयों, चार बेटों और सात सौ मुरीदों को साथ लेकर तुरन्त गुरुजी की मदद को आ पहुंचे।

गुरु गोविन्द ने सिख-सेना की कमान संभाली और पांवटा से छः कोस उत्तर में भगानी गांव के पास मोर्चा कायम किया। भगानी गांव यमुना और गिरि नदी के दरम्यान स्थित है। पहाड़ी राजाओं की सेना को इसी ओर से आना था। 18 बैसाख, संवत् 1744 (5 अप्रैल, सन् 1687)। को घमासान लड़ाई हुई। सिख सेना राजाओं की सम्मिलित सेना के मुकाबले गिनती में बहुत कम थी और उसमें छोटे

किसान, नाई, धोबी, तरखान आदि शामिल थे, जिन्हें लड़ाई का कोई अनुभव नहीं था; लेकिन सामने एक उद्देश्य और मन में उत्साह था। वे संत योद्धा दशमेश की कमान में जी तोड़कर लड़े! जन्म साखियों में लड़ने वालों के जो नाम आते हैं, उनमें लालचंद नाम का एक हलवाई भी था। गुरुजी की सारी ही सेना ऐसी थी, जो क्षत्रिय राजाओं के मुकाबले पहली बार रणभूमि में उतरी थी। गुरुजी, उनकी बूआ के पांच लड़के, मामा किरपाल चंद, पुरोहित दयाराम, महन्त किरपाल दास, पीर बुद्धशाह, उसके बेटे और भाई इतनी बहादुरी से लड़े कि दुश्मनों के दांत खट्टे कर दिएं। गुरुजी ने, तीरंदाजी में जिनका कोई सानी नहीं था, यों ताक-ताक कर तीर चलाये कि शत्रु सेना के छक्के छूट गए। उदासी महन्त किरपाल दास ने अपने मोटे डंडे से ही गद्दार हयात खां का सिर कुचल डाला। जब लड़ाई जोरों पर थी, तो रामा नाम का एक सिख तरखान लकड़ी की दो तोपें लेकर आ पहुंचा। इन तोपों की मार से शत्रु-सेना में भगदड़ मच गई और वह मैदान छोड़कर भाग खड़ी हुई।

पहाड़ी राजाओं में हंडूर का राजा हरिचंद भी बहादुरी से लड़ा। उसने गुरु गोविन्द के घोड़े को जख्मी कर दिया, लेकिन आखिर गुरुजी के हाथ से मारा गया। दो और पहाड़ी राजा मारे गए। बेवफा पठान सरदारों में से नजाबत खाँ और हयात खां खेत रहे। सिरमौर का राजा मेदिनी प्रकाश तटस्थ रहा, पर उसकी सहानुभूति गुरुजी के साथ थी।

इस लड़ाई में पीर बुद्धशाह के दो बेटे, एक भाई, गुरुजी की बूआ के दो बेटे और बहुत से सिख सिपाही शहीद हुए। गुरुजी को भी कई घाव आए।

पीर बुद्धशाह जब पांवटा से विदा हुआ तो गुरु गोविन्द सिंह ने उसे एक सनद (प्रमाण-पत्र), एक कटार और अपनी आधी पगड़ी देकर सम्मानित किया। उन्होंने दूसरी आधी पगड़ी महन्त किरपाल दास को दी।

इस लड़ाई के छह महीने बाद 23 असूज, संवत् 1744 (अक्तूबर, सन् 1687) को गुरु गोविन्द सिंह आनंदपुर लौट आए। इस विजय से उनका यश और ख्याति दूर-दूर तक फैल गई। शिष्यों और श्रद्धालुओं की संख्या असाधारण रूप से बढ़ी। तुलसी ने कहा है—"भय बिन होहिं न प्रीति।" पहाड़ी राजे उनकी शक्ति से भयभीत हुए और उन्होंने बैर छोड़कर गुरुजी को मित्रता के संदेश भेजे। दशमेश को उनसे लड़ना पहले ही पसन्द नहीं था, वह उन्हें साथ लेकर मुगल राज्य के विरुद्ध संयुक्त मोर्चा बनाने के इच्छुक थे। दशमेश इस बात से बहुत प्रसन्न हुए और उन्होंने भीमचंद आदि से सहज में मित्रता कर ली। एक साल शान्ति से बीता। गुरुजी

ने आनंद गढ़, लोहगढ़, केसरगढ़ और फतेहगढ़ नाम के चार किले बनवाये। हथियारों के कारखाने पहले ही लग गए थे। उनमें अब तोपें भी बनने लगीं। शिष्यों को योद्धा बनाने का काम बदस्तूर जारी रहा। यह आने वाले समय की तैयारी थी। युद्ध अभी शुरू हुआ था।

औरंगज़ेब पिछले दस साल से दक्षिण में बुरी तरह फंसा हुआ था। दक्षिण में तीन हुकूमतें थीं। आदिलशाही और निजामशाही—दो हुकूमतें मुसलमानों की और तीसरी मरहठों की। आदिलशाही हुकूमत की राजधानी बीजापुर, निजामशाही की गोलकुंडा और मरहठों की राजगढ़ थी। ये हुकूमतें आपस में भी लड़ती रहती थीं, लेकिन मुगलों के खिलाफ इकट्ठी हो जाती थीं। औरंगज़ेब जब अपने विद्रोही बेटे अकबर का पीछा करता हुआ दक्षिण में गया तो इन तीनों हुकूमतों ने उसका मुकाबला किया और उसकी नाक में दम कर दिया। दस साल के सतत युद्ध ने दक्षिण को तबाह कर दिया था। जबर्दस्त अकाल पड़ा और फिर प्लेग की मार पड़ी। लाशों के ढेर लग गए। अनेक मुगल और राजपूत महामारी की भेंट चढ़े। औरंगज़ेब का एक बड़ा सेनापति अंधा हो गया।

मुगल फौजों के लिए अनाज नहीं मिलता था। और न तनख्वाह के लिए पैसा। परिणाम यह हुआ कि दक्षिण की लड़ाइयों का सारा बोझ बंगाल, बिहार, उत्तर प्रदेश और पंजाब पर आ पड़ा। अनाज इधर से जाता था, पैसा इधर से जाता था और मौत का शिकार होने के लिए जवान भी इधर से जाते थे।

दिल्ली से बीजापुर पहुंचने वाली शाही सड़क आगरे और धौलपुर होती हुई मालवे से गुजरती है। आगरा, मथुरा, अलीगढ़ जिले, और भरतपुर, मालवा आदि राज्यों में जाटों की आबादी है। जाटों ने जब देखा कि मुगलों के काफिले बराबर गुजर रहे हैं तो शाही सड़क से जरा परे हटकर जंगलों में कच्ची गढ़ियाँ बना लीं। उनके छापामार दस्ते मुगलों का अनाज और खजाना लूटकर इन गढ़ियों में जा छिपते। आखिर ये मनचले जाट भरतपुर के राजा राम की अगुवाई में खुल्लमखुल्ला बगावत पर उतर आए। उनका हौसला यहाँ तक बढ़ा कि अगर खां नाम का एक तूरानी योद्धा जो औरंगज़ेब के पास बीजापुर जा रहा था, उसे धौलपुर के करीब लूट लिया गया। जाटों का यह विद्रोह 1685 से 1688 तक बराबर चलता रहा। औरंगज़ेब इसे दबाने में असफल रहा।

राजपूतों और जाटों के विद्रोह से पहाड़ी राजाओं के भी हौसले बढ़े। उन्होंने औरंगज़ेब को नज़राना (वार्षिक कर) देना बंद कर दिया। जब पंजाब में इस गड़बड़ी की खबरें औरंगज़ेब के पास पहुंची तो उसने जम्मू के शासक मियाँ खां को लिखा

कि वह पहाड़ी राजाओं से नजराना वसूल करके भेजें। मियाँ खां ने यह काम अपने एक सेनापति कासिम खां के सुपुर्द किया। कासिम खां कुछ सेना साथ लेकर सबसे पहले कांगड़ा पहुंचा। कांगड़ा के राजा कृपालचंद की क्या मजाल थी कि वह मुगल सेना का मुकाबला करता। उसने कासिम को मशविरा दिया कि कहलूर का राजा भीमचंद हमारा मुखिया है, अगर वह नजराना देना स्वीकार कर ले तो और सब राजे भी चुपचाप दे देंगे। कासिम खां को कृपालचंद की यह बात पसंद आई और वह अपनी फौज लेकर नादौन पहुंच गया। नादौन से नदी पार करके उसे उत्तर की ओर जाना था। लेकिन वह वहीं रुक गया और भीमचंद को कहला भेजा कि या तो नजराना अदा करो वरना लड़ने के लिए तैयार हो जाओ। भीमचंद ने उत्तर दिया कि मैं नजराना नहीं दूंगा, मुझे लड़ाई मंजूर है।

भीमचंद ने पहले पहाड़ी राजाओं को इकट्ठा किया कि हम सब मिलकर इस विपत्ति का मुकाबला करें और फिर उसने दशमेश से सहायता माँगी।[1]

दशमेश के सामने तीन बातें थीं—एक, वह तो चाहते थे कि पहाड़ी राजे मुगलों के खिलाफ लड़ें, दूसरे—अगर नजराना चुका दिया जाता है तो वह हर साल चुकाना पड़ेगा और उसके लिए राजे अपनी प्रजा का शोषण करेंगे और तीसरे औरंगज़ेब को धन देने का मतलब था दक्षिण की विद्रोही जनता को कुचलने में उसकी मदद करना। अतएव गुरुजी ने भीमचंद को विश्वास दिलाया कि मैं तुम्हारे साथ हूँ।

इधर पहाड़ी राजाओं की सेना के साथ सिख सेना थी, जिनका नेतृत्व गुरु गोविन्द कर रहे थे। उधर कांगड़ा का राजा कृपालचंद और बिझरवाल का राजा दयाल अलिफ खां के साथ थे। नादौन में भयंकर लड़ाई हुई, जिसका वर्णन गुरुजी ने विचित्र नाटक में अत्यन्त सशक्त भाषा में इस प्रकार किया है, "कृपालचंद हथियार और बारूद लिए आगे बढ़ा। उसने राजा भीमचंद के कई बहादुर सिपाहियों को मार गिराया। भीमचंद की सेना आगे बढ़ी, पर शत्रु की मार इतनी जबर्दस्त थी कि उसे पीछे हटना पड़ा। जो ऊपर पहाड़ी पर थे, वे बिगुल बजाकर हर्षनाद कर रहे थे और नीचे राजा क्रोध में विफरा हुआ था। तब राजा भीमचंद स्वयं "हनुमान" मंत्र का उच्चारण करते हुए रणक्षेत्र में उतर आया। उसने सब नेताओं को और मुझे भी पुकारा। सब इकट्ठे हुए और योजनाबद्ध तरीके से आगे बढ़े, ठीक उसी तरह जिस तरह सूखी घास पर आग की लपटें बढ़ती हैं और दूसरी तरफ से बिझरवाल का राजा दयाल तथा कृपाल भी अपनी पूरी सेनाओं के साथ बढ़े।

1. देखिए, प्रो. साहबसिंह की पुस्तक "जीवन वृत्तान्त श्री गुरु गोविन्द सिंह," पृ. 95 से 99

"कृपाल ने वार करने शुरू किए। वह युद्धभूमि में छाती ताने निश्चिंत खड़ा था। उसने अपने बाणों से बहुत से सैनिकों को खत्म किया। वह निर्भीकता से लड़ा। उसकी आवाज़ विश्व के नौ कोनों में सुनाई पड़ रही थी। उसने शत्रु सेना का खूब नाश किया और एक सच्चे राजपूत का-सा जौहर दिखाया। तब हमारी संयुक्त सेना ने भी युद्ध को गरमाया और हम कटोच सेना पर झपटे।

"इस किंचित प्राणी (गुरुजी स्वयं) ने एक राजा को अपनी बंदूक का निशाना बनाया। राजा धरती पर लुढ़क गया; लेकिन वह फिर भी गुस्से में गुर्राया। मैंने बंदूक अलग हटाकर धनुष संभाला, चार तीर निकाले और चारों के चारों छोड़ दिए। फिर तीन और निकाले और बाएं हाथ से (बीचोंबीच) छोड़ दिए। वे किसी को लगे या नहीं, यह मैं नहीं जान पाया। तब सर्वशक्तिमान ईश्वर ने तुरन्त ही युद्ध का अंत कर दिया। शत्रु सेना नदी में बह गई।"[1]

सुरेन्द्रसिंह जौहर ने लिखा है कि नादौन का युद्ध सन् 1687 में हुआ, जबकि करतारसिंह का मत है कि यह युद्ध संवत् 1747 अर्थात् सन् 1690 में हुआ। हमें काल-क्रम से सन् 1690 ही सही जान पड़ता है। गुरु-सेना विजय नगाड़ा बजाती हुई आठ दिन बाद वहाँ से लौटी। इन्दुभूषण तथा कुछ दूसरे इतिहासकारों का कहना है कि रास्ते में कहलूर राज्य का आलसौन गांव पड़ता था, सिख-सेना ने इस पूरे गांव को लूटा। लेकिन सत्ता और व्यवस्था के विरुद्ध लड़ रही क्रांतिकारी सेना को तो जनता के अधिकाधिक भागों की सहानुभूति और समर्थन लेना होता है। इसलिए सिख-सेना पर लूट का आरोप ऐसा ही मिथ्या है, जैसा कि मुहम्मद लतीफ, कनिंघम तथा यदुनाथ सरकार आदि का यह आरोप कि पिता के बलिदान के बाद दशमेश मुसलमानों के शत्रु बन गए थे। सही बात यह है कि जिसे मकालिफ ने भी स्वीकारा है कि भीमचंद ने भले ही मैत्री की संधि कर ली थी, पर उसके मन में दशमेश के प्रति अब भी द्वेषभाव बना हुआ था और उसने गांव के लोगों को आदेश दिया था कि वे सिख-सेना को राशन न दें। इसीलिए दशमेश ने आगे के मार्ग को ध्यान में रखते हुए सिखों को आज्ञा दी कि वे आवश्यक सामग्री बलपूर्वक ले लें और प्रचलित मूल्य दे दें। उन्होंने ऐसा ही किया।

पंजाब के सूबेदार दिलावर खां को मुगल सेना के हार जाने की खबर मिली तो उसे बड़ा गुस्सा आया। हार गुरुजी की मदद के कारण हुई है, यह बात स्पष्ट थी। उसने अपने पुत्र रुस्तम खां को एक बड़ी सेना देकर भेजा कि वह सिखों से इस हार का बदला ले।

---

1. सुरेन्द्रसिंह जौहर द्वारा गुरुजी की जीवनी से उद्धृत, पृ. 87-88

रुस्तम खां की योजना यह थी कि रातोंरात अचानक हमला करके आनंदपुर को लूट ले और नष्ट कर दे। दशमेश पड़े सो रहे थे कि उनके पहरेदार आलिम खाँ ने उन्हें जगाया और शत्रु सेना के बारे में सूचना दी। नगाड़े पर चोट पड़ी। सिख-योद्धा गोला-बारूद्ध लेकर सतलुज-किनारे आ डटे। अब सिख-सेना नदी के इस तरफ और मुगल सेना उस तरफ थी—बरसात का मौसम व अंधेरी रात। सतलुज की एक छोटी-सी सहायक नदी थी। मुगल सेना उसी के किनारे डेरा डाले हुए थी। भयंकर वर्षा हो जाने से नदी में ऐसी बाढ़ आई कि मुगल सेना के हाथी, घोड़े, तम्बू और बहुत-से सैनिक जल में बह गए, जो बचे उनमें भगदड़ मच गई। बेचारा रुस्तम खां अपना-सा मुंह लेकर बिना लड़े ही लौट गया। जिस सहायक नदी में बाढ़ आई थी, उसका नाम 'हिमायती नाला' पड़ गया, क्योंकि उसने शत्रु को भगाने में सिखों की हिमायत की थी।

दिलावर खाँ ने जब बेटे के युद्ध से भाग आने की खबर सुनी तो वह उस पर बहुत नाराज़ हुआ। अब उसने दो हजार नई सेना देकर गुलाम हुसैन खाँ को भेजा। उसे अपनी ताकत पर बड़ा गर्व था। दशमेश पर आक्रमण करने से पहले उसने राजाओं से कर वसूल करने का निश्चय किया। वह रास्ते के गांवों को लूटता हुआ आगे बढ़ा। थोड़े ही दिनों में गढ़वाल मंडी और काहन गढ़ के राजाओं को पराजित करके कर वसूल कर लिया। जब कहलूर के राजा भीमचंद ने हुसैन खां के भयंकर आक्रमण की खबर सुनी तो उसने न सिर्फ खुद कर देना बल्कि दूसरे राजाओं से कर वसूल करने और सिखों के खिलाफ लड़ने में भी मुगलसेना का साथ देना स्वीकार कर लिया। अब गुलेरी के राजा गोपाल की बारी आई। कर अदा करने की बातचीत चली। गोपाल जितना धन देने को तैयार था, हुसैन खाँ उससे दस हजार अधिक माँग रहा था। गोपाल ने इनकार किया। बातचीत टूट गई। परिणाम यह हुआ कि हुसैन खाँ ने पराजित राजाओं को साथ लेकर गुलेरी पर धावा बोल दिया। गोपाल ने सोचा कि वीर एक ही बार मरते हैं। वह मुगल सेना के मुकाबले पर आ डटा। जसवाल के राजा गजसिंह ने भी उसका साथ दिया।

हुसैन खाँ ने भीमचंद और कृपालचंद की सेनाओं को साथ लेकर गुलेरी को आ घेरा। गोपाल ने गुरुजी के पास सहायता के लिए संदेश भेजा। उन्होंने भाई संगीता के नेतृत्व में तीन सौ संत सिपाही तुरंत भेज दिए। सिखों की सहायता पाकर गोपाल और गजसिंह खूब दिलेरी से लड़े। तीन दिन तक घमासान युद्ध मचा। राजा कृपालचंद, हुसैन खां मारे गए। जब नेता नहीं रहे तो शत्रु-सेना के हौसले

टूट गए। और वह भाग खड़ी हुई। भाई संगीता और उनके सात सिपाही शहीद हुए।

गुलेरी का राजा गोपाल इस विजय से बहुत प्रसन्न हुआ और वह मूल्यवान उपहार लेकर गुरुजी के प्रति कृतज्ञता व्यक्त करने गया। पर इसमें कृतज्ञता की कोई बात नहीं थी। सिख-सेना तो बनी ही इसीलिए थी। फिर पड़ोसी की मदद अपनी मदद थी, सिर पर आई बला दूर टल गई।

गोलकुंडा की विजय के बाद औरंगज़ेब को जरा राहत की सांस लेना नसीब हुआ था कि पंजाब से इन पराजयों की सूचना उसे मिली। वह बौखला उठा। विद्रोहियों के दमन के लिए उसने अपने बड़े शहजादे मुअज्जम को, जो बाद में बहादुरशाह के नाम से गद्दी पर बैठा, पंजाब भेजा। शहजादा खुद तो लाहौर को अपना सदर मुकाम बनाकर वहाँ जा टिका और अपने एक तीस हजारी सरदार मिर्जा बेग को पहाड़ी राजाओं के दमन की मुहिम पर रवाना किया। प्रतिशोध-युद्ध शुरू हुआ। राजाओं को शाही सरदार मिर्जा बेग ने अच्छा पाठ पढ़ाया। उसने उन्हें शिकस्त पर शिकस्त दी, घर-बार लूट लिए, गांव के गांव जला डाले और सैकड़ों को बंदी बना लिया। विद्रोहियों को ऐसा मजा चखाया कि उनकी दाढ़ियाँ मुंड़वा, मुंह काले कर, उन्हें गधों पर बिठा पूरे क्षेत्र में उनका जुलूस निकाला। शाही फौजों के हाथों बुरी तरह पिट कर और अपमानित होकर राजाओं को पता चला कि बादशाह से विद्रोह उनके बस का रोग नहीं है। उनका नैतिक पतन हो चुका था। उन्होंने स्वतंत्र होने का विचार ही मन से निकाल दिया। नजराने का धन खजाने में भेज दिया और माफी माँग ली कि हम ऐसी हरकत फिर नहीं करेंगे।

गुरुजी को नज़राना नहीं देना था, पर उन पर विद्रोही राजाओं की सहायता का आरोप था, इसलिए ''एक सरदार को उनकी ओर भी भेजा गया। उसने बड़े ज़ोर-शोर से गुरु जी पर चढ़ाई की और आनंदपुर में आकर खूब लूट-पाट मचाई। ...गुरु जी किले में बंद होकर चुपचाप बैठे रहे। पर जब रात हुई और चारों तरफ अच्छी तरह अंधेरा छा गया तो एकाएक किले से बाहर निकलकर उन्होंने मुगलों पर ऐसा छापा मारा कि सबके होशहवास गुम हो गए। कितने तो सोते ही काट डाले गए, कितने सिखों की लगाई बारूद की अग्नि के साथ उड़कर कहाँ चले गए, कुछ पता भी न लगा। जो बचे उन्होंने ज्यों-त्यों भागकर अपनी जान बचाई।[1] बहुत-सा बचा बचाया रसद-पानी और गोला-बारूद सिखों के हाथ लगा। सिखों

1. गोकलचंद नारंग, ट्रांसफार्मेशन आफ सिक्खिज्म; पृ. 91

ने आठ कोस तक शत्रुओं का पीछा किया और बहुत बड़ी शिकस्त देकर आप आनंदपूर्वक अक्षत शरीर घर लौट आए। मुगलों ने आनंदपुर में जो कुछ लूटा था, सभी वापस मिला। जब शहज़ादा मुअज्जम ने देखा कि मामला साधारण नहीं है, तो वह बड़े जोर-शोर से चढ़ाई करने की तैयारी करने लगा। जब लड़ाई की तैयारी हो रही थी तो मुंशी नंदलाल मुलतानी, जो गुरु घर का पुराना सेवक और भक्त था, हाथ जोड़कर शहजादा मुअज्जम के सामने आया और बोला, "हजूर, गोविन्द एक खुदा-परस्त फ़कीर है। उस पर बादशाही ताकत की आजमाइश करना सरासर भूल है। यदि आप जीत गए तो वह कल लंगोटी पहनकर फिर जंगलों में जाकर भजन करने लगेगा। यदि खुदा न करे कहीं हार हुई तो बादशाही ताकत की सख्त बदनामी होगी।" शहजादे ने कहा, "अच्छा, यदि आगे से वह शांतिपूर्वक रहना स्वीकार करे तो मैं उसे माफ कर सकता हूँ।"[1]

भाई नन्दलाल फारसी और अरबी के बहुत बड़े विद्वान् और गुरु-दरबार के एक कवि थे। शहज़ादा मुअज्जम के साथ उनके पहले से व्यक्तिगत सम्बन्ध थे। उनके माध्यम से मुअज्जम और गुरु गोविन्द सिंह में सुलह-सफाई हो गई और परिणाम यह कि मुगल सेना ने आनन्दपुर पर दोबारा आक्रमण नहीं किया।

इस बारे में इतिहासकारों ने कई तरह की अटकलें लगाई हैं। एक अटकल यह है कि गुरु गोविन्द ने मुगल हुकूमत से समझौता कर लिया। लेकिन बाद की घटनाएं इन अटकलों को निरर्थक और निराधार सिद्ध करती हैं। दरअसल यह मुअज्जम का निजी मामला था। उसने गुरुजी की शक्ति देख ली थी। इसलिए उनसे मित्रता कर ली और यह मित्रता आगे चलकर काम आई। औरंगज़ेब के दिन करीब आ गए थे। उसकी मृत्यु के बाद मुगल परम्परा के अनुसार शहजादों में सत्ता-संघर्ष अनिवार्य था। मुअज्जम और दूसरे शहज़ादे अपने-अपने ढंग से इस संघर्ष की तैयारी में लगे हुए थे। यह तैयारी औरंगज़ेब ने भी की थी। बादशाह बनने से पहले जब वह दक्षिण का हाकिम था तो उसे अपने जासूसों द्वारा दिल्ली दरबार और दारा शिकोह की गतिविधि की राई-रत्ती सूचना मिलती रहती थी। इसी प्रकार शहज़ादा आजिम के जासूस मुअज्जम की हर गतिविधि की सूचना उसे देते थे। मुअज्जम ने जिस उद्देश्य से गुरु गोविन्द सिंह से मित्रता की, उसी उद्देश्य से वह गोलकुंडा के अबुलहसन से भी मित्रता करना चाहता था। संदेशवाहकों के माध्यम से बातचीत शुरू हुई, सेनापति फिरोजजंग से जो गोलकुंडा को जीतने के

---

1. वेणी प्रसाद, 'गुरु गोविन्द सिंह', पृ. 92-93

लिए लड़ रहा था, यह बात गुप्त रखी गई। लेकिन छोटे भाई आजिम के जासूसों को, जो मुअज्जम को किसी जाल में फंसाकर आजिम को तख्त का वारिस बनाना चाहते थे, इस बात का सुराग मिल गया। उन्होंने औरंगज़ेब के पास जाकर यह भेद खोल दिया और कुछ पत्र भी पेश किए, जो मुअज्जम ने अबुलहसन को लिखे थे। औरंगज़ेब बेहद बिगड़ा। उसने मुअज्जम और उसके चारों बेटों को कैद कर लिया।

वह सात साल बाद पिता की कैद से छूटा था। सत्ता-संघर्ष के लिए तैयारी की पहले से ज्यादा जरूरत थी। गुरुजी के साथ सुलह के पीछे यही बात थी।

गृहस्थी में सन्यास

शहज़ादा मुअज्जम पंजाब की मुहिम पर 1696 में आया था। उसके पश्चात् सन् 1700 तक चार-पांच साल शांति रही। दशमेश ने यह समय रचनात्मक कार्यों में बिताया। शास्त्र-विद्या और शस्त्र-विद्या का अभ्यास पूर्ववत् जारी रखा। "अकाल स्तुति", "ज्ञानबोध" और "राम अवतार" आदि ग्रन्थों की रचना इसी काल में हुई। उनके सम्मुख मुख्य कार्य संगठन को दृढ़ बनाना था। गुरु हरगोविन्द की मृत्यु के पश्चात् सिख-लहर में, जो अंतर्विरोध उत्पन्न हो गए थे, पिछले सात-आठ बरस की लड़ाइयों ने उन्हें स्पष्ट रूप से उजागर कर दिया था। दृढ़ संगठन के बिना लक्ष्य-पूर्ति संभव नहीं थी, और दृढ़ संगठन के लिए इन अंतर्विरोधों को दूर करना आवश्यक था।

गुरु रामदास ने मसंद-संस्था गुरु नानक की शिक्षाओं के प्रचार-प्रसार के लिए स्थापित की थी। गुरु नानक क़ी शिक्षाओं का सारांश है–"गृहस्थ में सन्यास।" हर एक सिख 'किरत करे, नाम जपे और बांट कर खाए।" गुरु अर्जुनदेव तक मसंद उस व्यक्ति को नियुक्त किया जाता था, जो इस आदर्श को अपने जीवन में ढालता था, मौखिक प्रचार के साथ-साथ सिख-धर्म का जीवन्त उदाहरण प्रस्तुत करता था। पर कालान्तर में गुरु-गद्दी की तरह मसंद-गद्दी भी पैतृक हो गई। मसंदों ने, जो गुरु-भेंट उगाहने के साथ-साथ धर्म-प्रचारक भी थे, धीरे-धीरे विशेष महत्व प्राप्त कर लिया। उन्होंने किरत करना और बांट कर खाना छोड़कर गुरु के नाम पर उगाही गई भेंट पर विलासिता का जीवन बिताना शुरू कर दिया। गुरु हरकिशन की मृत्यु के बाद बहुत से सोढी गुरु-गद्दी के दावेदार बन गए थे। उन्होंने गुरु तेगबहादुर के खिलाफ क्या-क्या षड्यंत्र नहीं रचे। धीरमल्ल ने तो उनकी हत्या का भी प्रयास किया। लेकिन जब सभी षड्यंत्र और सभी प्रयास विफल हो गए तो पृथ्वीचंद, धीरमल्ल और रामराय आदि ने अपनी-अपनी गद्दियाँ अलग बना

लीं और अपने-अपने मसंद नियुक्त कर दिए। इससे जो फूट पड़ी और भ्रष्टाचार फैला, उससे गुरु तेगबहादुर आजीवन परेशान रहे। सिख का धर्म है, वह न किसी से डरे और न किसी को डराए। लेकिन जो व्यक्ति विलासी, भ्रष्टाचारी और आत्मसेवी है, जिसका एकमात्र उद्देश्य स्वार्थ-सिद्धि है, उसका बलवान से डरना-दबना और कमजोर कों डराना-दबाना सहज स्वभाव बन जाता है। हम देख चुके हैं कि ये मसंद पहाड़ी राजाओं से डरकर माताजी के पास दशमेश की शिकायत करने दौड़े थे और हम यह भी देख चुके हैं कि इन भीरु मसंदों ने रामराय की हत्या कर दी थी। जिस सिख-धर्म का जन्म हिन्दू समाज की बुराइयाँ दूर करने और उसे नया रूप प्रदान करने के लिए हुआ था, मसंद हिन्दू-समाज की बुराइयाँ खुद उस धर्म में ले आए थे, नाम जपो को औपचारिक रूप देकर अंध-श्रद्धा और अन्ध-विश्वास फ़ैला रहे थे।

यह सब जानते हुए भी गुरु गोविन्द सिंह मसंदों के खिलाफ कोई खास कदम उठा नहीं पाए थे। उन्होंने सिर्फ यह आदेश दिया था कि गुरु की भेंट गुरु को सीधे पहुंचाई जाए, मसंदों को माध्यम बनाने की जरूरत नहीं। पर इतना ही काफी नहीं था। मसंदों ने आध्यात्मिकता का ढोंग रच कर सीधे-सादे सरल हृदय लोगों में अपना प्रभाव बना रखा था और वे धर्म के नाम पर उन्हें ठगते और उनका दमन करते थे।

गुरु के दरबार में कविता-पाठ और ज्ञान-चर्चा तो होती ही रहती थी, पर कई बार भांड़ भी आते थे। उनकी नकलों, प्रहसनों से जहाँ मनोरंजन होता था, वहाँ समाज का वास्तविक चित्र भी सामने आता था। एक दिन भांड़ों की एक टोली आई तो दशमेश ने उसे मसंदों की नकल उतारने को कहा। उनमें से एक ने मसंद का वेष धरा, दो-चोर उसके सेवक बने और एक ने वेश्या का रूप धारण किया। अब वे चारों गुरुजी के नाम पर भेंट उगाहने जो चले तो धूर्तता, दुष्टता और अनाचार का वह खाका खींचा कि हंसते-हंसते दर्शकों के पेट में बल पड़ गए और साथ ही मन मसंदों के प्रति घृणा से भर उठे। भांड़ों ने जो दूसरा प्रहसन प्रस्तुत किया, वह इस प्रकार था। एक मसंद किसी निर्धन सेवक़ के घर जाकर ठहरा। सेवक ने अपने सामर्थ्य-भर दाल-रोटी से उसका आदर-सत्कार किया। मसंद की आंखें क्रोध से लाल अंगार हो उठीं। उसने दाल धरती पर गिराकर रोटी सेवक के मुंह पर दे मारी और बहुत कुछ बुरा-भला कहने के बाद हलुवा और मिठाई माँगी। सेवक बेचारा अभिशाप के भय से कांप उठा। उसने पत्नी की कमीज़ बेचकर दुर्वासा बने मसंद की हलुवा आदि से उदर पूर्ति की।

इन प्रहसनों के अलावा गुरु गोविन्द सिंह ने मसंदों के पतन की अनेक कहानियाँ अपने सिखों से सुनीं और उन्हें विश्वास हो गया कि सुधार की कोई गुंजाइश नहीं। अब एक ही चारा रह गया था कि न रहे बांस न बजे बांसुरी। उन्होंने मसंद संस्था ही समाप्त कर दी।

यह एक क्रांतिकारी कदम था। इसलिए बल-प्रयोग और हिंसा न होना संभव नहीं। लेकिन कुछ इतिहासकारों ने इसे बढ़ा-चढ़ाकर लिखा है। जैसे, रोज का कहना है कि 2200 मसंदों को गिरफ्तार करके आनन्दपुर लाया गया और उन्हें उबलते हुए तेल में डालकर भून दिया गया। यह ज्यादती है—क्रांति विरोधी गप है।[1]

गुरु जी ने सिखों को आदेश दिया कि वे पृथ्वीचंद धीरमल्ल और रामराय की संतानों से किसी प्रकार का संबंध स्थापित न करें।

विरोधी खुद गुरु जी पर विलासिता का आरोप लगाते थे। उनका कहना था कि गुरु गोविन्द सिंह एक सामन्ती सरदार की तरह ठाट-बाट से रहते थे और उन्होंने एक के बाद तीन शादियाँ की थीं। इस सिलसिले में एक कहानी भी प्रचलित है कि एक दिन कुछ संन्यासी उनके दरबार में आए और गुरु जी का राजसी ठाट-बाट देखकर भौंचक्के रह गए। उन्होंने गुरुजी से कहा, "महाराज, सत् की खोज करने वालों के लिए त्याग और संन्यास जरूरी है। आप के दरबार में तो माया ही माया दिखाई पड़ती है। आपके सिख भी मायाधारी हैं। इससे परम लक्ष्य की प्राप्ति कैसे हो सकती है? दिल तो मोह-माया के जाल में फंसा हुआ है।" गुरु ने मुस्कराते हुए उत्तर दिया, "भोले बंधुवर, मेरे सिख आपके संन्यास से कहीं उच्चतर और कठिनतर संन्यास का निर्वाह कर रहे हैं। वे माया के दरम्यान रहते हुए भी माया के प्रभाव से ऊपर और निर्लेप हैं। वे तन-मन से परमात्मा के ध्यान में लीन रहते हैं और उनके शरीर आवश्यक वस्तुओं का प्रयोग उपभोग करते हैं। मेरे सिख कदापि मायाधारी नहीं, क्योंकि मायाधारी वह है, जो माया के प्रभाव में हरि को भुलाए, जो मोह-जाल में फंसकर अपने कर्तव्य को भुलाए। मेरे सिख निर्मल, निर्लेप हैं, माया का मैल उन्हें छू तक नहीं सकता। आप चिन्ता मत कीजिए, मेरे सिख ठीक मार्ग पर चल रहे हैं।"

गुरु ने थोड़े से शब्दों में सिख-धर्म की सही व्याख्या कर दी। लेकिन संन्यासियों में न इस सही व्याख्या को समझ लेने की बुद्धि थी और न ग्रहण कर लेने की

---

1. जौहर द्वारा 'गुरु गोविन्द सिंह जीवनी' में मैकालिफ से उद्धृत; पृष्ठ 110

सामर्थ्य। उनके जीवनयापन और उनकी महात्माई का एकमात्र आधार था, बहस के लिए बहस करना। इसलिए उन्होंने बहस जारी रखी। गुरुजी व्यर्थ की बहस में क्यों उलझते? मुस्कराकर बोले, "अच्छा, महात्माओं, लंगर तैयार है, लंगर छको!"

अब यह कहानी यों समाप्त होती है कि जब संन्यासी भोजन करने चले गए तो गुरु गोविन्द के आदेश से गर्म कोयले रखकर और राल पिघलाकर उनके तुंबे-तुंबियों के ढक्कन उतारे गए। भीतर से मोहरें निकलीं। संन्यासी बहुत शर्मिंदा हुए।

कहानी का तात्पर्य जनसाधारण को स्थूल ढंग से यह समझाना है कि गृहस्थी के "मोह-माया में न फंसो, त्याग करो" का उपदेश करने और "जगत मिथ्या, ब्रह्म सत्य" का राग अलापने वाले ढोंगी संन्यासी खुद मोह-माया के जाल में फंसे हुए हैं, परले दर्जे के स्वार्थी हैं। लेकिन कहानी के इस स्थूल अंत से गुरुजी ने एक सिख के जीवन की "गृहस्थी में संन्यास" के उच्चतर और कठिनतर सिद्धान्त की, जो सम्यक व्याख्या की थी वह धुंधला गई। इस व्याख्या को समझने की बुद्धि और ग्रहण करने की सामर्थ्य न ढोंगी और दम्भी संन्यासियों में थी और न गुरु पर लिखने वाले गुरु के भक्त प्राध्यापकों में थी। वे भी बहस के लिए बहस करते थे, क्योंकि उनके जीवनयापन का आधार भी बहस करना मात्र था, जिस चीज़ का अध्ययन किया जा रहा है, उसकी अंतर्वस्तु तक पहुंचना नहीं।

'तेली रे तेली, तेरे सिर पर कोल्हू'—कह देने से बात नहीं बनती। कहानी का तात्पर्य संन्यासी को ढोंगी सिद्ध करने के बजाय सिख के उच्चतर और कठिनतर संन्यास की व्याख्या करना होना चाहिए, तभी गुरु के व्यक्तित्व की महानता और श्रेष्ठता परिभाषित हो सकेगी। गुरु के व्यक्तित्व की महानता परिभाषित करने के लिए प्राचीन काल से चली आ रही संन्यास-प्रथा को और उसमें गुरु नानक द्वारा लाए गए परिवर्तन तथा अर्थ को समझ लेना आवश्यक है।

वैदिक काल के मनुष्य की कामना थी "जीवेम् श्रद्धाशतमय"—मैं सौ साल तक जीवित रहूँ। साथ ही साथ उसने अपने लिए एक जीवन पद्धति निश्चित की। अपने इस सौ वर्ष को चार मंजिलों—ब्रह्मचर्य, गृहस्थ, वानप्रस्थ और संन्यास में विभक्त किया। यह जन्म से मरण तक अपने लिए और समाज के लिए उपयोगी बने रहने की जीवन-पद्धति थी। पचहत्तर बरस की परिपक्व अवस्था में मनुष्य संन्यासी बनता था। संन्यासी का कर्तव्य मोह-माया से मुक्त होकर अपने सांसारिक अनुभव और ज्ञान को घर-घर पहुँचाना होता था। संन्यासियों ने राष्ट्र के अनुभव और ज्ञान को वाकई घर-घर पहुंचाया, वेद, पुराण, नीतिशास्त्र दर्शन-शास्त्र, रामायण, महाभारत

आदि ग्रन्थों के रूप में लिपिबद्ध किया। विचार और संस्कृति के इस प्रचार-प्रसार द्वारा ही भावात्मक एकता कायम हुई। विचार और संस्कृति का मानव-समाज में जो महत्व है उसी के अनुरूप संन्यासी को आदर-सम्मान मिला।

वैदिक समाज-व्यवस्था की अंतिम आयु में संन्यास धारण करने की इस प्रथा को बुद्ध ने युवावस्था में संन्यास लेने की प्रथा में बदल दिया। बुद्ध के लिए और सब बातें गौण, मृत्यु के भय से मुक्ति पाना, मोक्ष प्राप्त करना ही जीवन का मुख्य ध्येय बन गया। इससे राष्ट्र को जो हानि हुई, इतिहास उसका साक्षी है। विवेकानंद लिखते हैं–

"जिस समय बौद्ध राज्य में एक-एक मठ में एक-एक लाख साधु हो गए थे, उस समय देश ठीक नाश होने की ओर अग्रसर हुआ था। बौद्ध, ईसाई, मुसलमान, जैन सभी का यह भ्रम है कि सभी के लिए एक कानून और एक नियम है। यह बिलकुल गलत है, जाति और व्यक्ति के प्रकृति भेद से शिक्षा-व्यवहार के नियम सभी अलग-अलग हैं, बलपूर्वक उन्हें एक करने से क्या होगा? बौद्ध कहते हैं–"मोक्ष के सदृश और क्या है? सारी दुनिया मुक्ति प्राप्ति की चेष्टा करे तो क्या कभी ऐसा हो सकता है? तुम गृहस्थ हो, तुम्हारे लिए वे सब बातें बहुत आवश्यक नहीं हैं। तुम अपने धर्म का आचरण करो। हिन्दू-शास्त्र कहते हैं कि धर्म की अपेक्षा मोक्ष अवश्य ही बहुत बड़ा है, किन्तु पहले धर्म करना होगा। बौद्धों ने इसी स्थान पर भ्रम में पड़कर अनेक उत्पात खड़े कर दिए। अहिंसा ठीक है, निश्चय ही बड़ी बात है, कहने में बात तो अच्छी है, पर शास्त्र कहते हैं, तुम गृहस्थ हो, तुम्हारे गाल पर यदि कोई एक थप्पड़ मारे और यदि तुम उसका जवाब दस थप्पड़ों से न दो तो तुम पाप करते हो।"[1]

सम्पत्ति के स्वामियों को सारी सुविधाएं प्राप्त थीं। उन्हें हाथ से कुछ करना तो था नहीं, दिमाग से सिर्फ सोचना ही था। सुख के अनुपात से ही उनके मन में दुख की भावना भी बढ़ी। मृत्यु के भय ने सबसे पहले उन्हीं को परेशान किया और अमरत्व की इच्छा भी उन्हीं के मन में उत्पन्न हुई। अतएव इस परिवर्तनशील जगत से परे अपरिवर्तित की कल्पना भी उन्होंने ही की। इसी से जगत मिथ्या और ब्रह्म सत्य के दर्शन का उदय हुआ। गीता में लिखा है–

"मेरी यह दैवी, त्रिगुणमयी माया, बड़ी मुश्किल से पार की जाती है। जो मेरी शरण में आते हैं वे इस माया से अतीत हो जाते है।"

---

1. "विवेकानंद साहित्य"; दर्शन खंड, पृष्ठ 51

शंकराचार्य ने ''जगत मिथ्या ब्रह्म सत्य'' का प्रचार किया और बुद्ध की तरह मोक्ष प्राप्ति को जीवन का ध्येय बताकर युवावस्था में संन्यासी बनने की प्रथा को अपनाया। अब क्या था? कच्ची उम्र के अपढ़ और अज्ञानी शरीर में भस्म रमाकर और जटाएं बढ़ाकर अथवा कान फोड़वाकर संन्यासी तथा योगी बनने लगे। गृहस्थ से और सामाजिक कर्तव्य से पलायन का दूसरा नाम संन्यासी पड़ गया। ये संन्यासी और योगी ईश्वर को जंगलों में खोजते थे, लेकिन जब भूख सताती थी तो गृहस्थ के द्वार पर आकर ''अलख निरंजन'' की गुहार लगाते थे। अर्थात् स्वीकारते थे, ''ईश्वर को देखा नहीं जा सकता। हमने भी नहीं देखा।'' कर्म-मार्ग और ज्ञान-मार्ग त्याग दिया, सिर्फ ''लगे दम, मिटे गम'' रह गया। परिणाम यह कि समाज में गिरावट आई। संन्यास-प्रथा भ्रष्ट हुई, लेकिन संन्यासी के आदर-सम्मान की जो भावना थी, वह बनी रही और अब भी काफी हद तक बनी हुई है। ''लगे दम-मिटे गम'' वाले ढोंगी साधु-संन्यासी इसी के बल पर पलते रहे और अब तक पल रहे हैं।

मार्क्स ने लिखा है, ''किसी राष्ट्र का सिद्धान्त उसी हद तक यथार्थ है, जिस हद तक वह उस राष्ट्र की आवश्यकताओं का यथार्थीकरण कर पाता है।'' इसी बात को माओत्सेतुंग ने यों कहा है, ''दर्शन का भविष्य सामाजिक वर्गों की आवश्यकताएं पूरी करने पर ही निर्भर है।''

समाज को पतन के गर्त से उठाने, उसे नया रूप प्रदान करने के लिए गुरु नानक ने ''किरत करो, नाम जपो और बांट खाओ'' का नया दर्शन दिया, गृहस्थ और सन्यास के विभेद को मिटाकर दोनों में सामंजस्य स्थापित किया। ''किरत करो'' का मतलब है आर्थिक समृद्धि और ''नाम जपो'' का मतलब है आध्यात्मिक समृद्धि। जीवन इन दोनों समृद्धियों से पूर्ण बनता है और इन्हीं से व्यक्तित्व का विकास होता है। ''बांट खाओ'' का मतलब है इन दोनों समृद्धियों को—रोटी और कपड़ा ही नहीं, ज्ञान और भक्ति को भी आपस में बांटो। इन दोनों समृद्धियों पर सबका समान अधिकार है। सभी मनुष्य ईश्वर की सन्तान हैं, ऊंच-नीच और जाति-भेद गलत है। यह नया दर्शन व्यापारियों, किसानों, दस्तकारों और अस्सी प्रतिशत मेहनतकश जनता की आवश्यकताओं को पूरा करता था। उनके लिए यह परिवर्तन ही सत्य था, यथार्थ था। उन्हें न मौत का भय था और न अमरत्व की कामना थी। नानक ने ''जगत मिथ्या, ब्रह्म सत्य'' के पुराने विश्वास पर चलने वाले अपने बेटे श्री चंद को गद्दी के अधिकार से वंचित कर दिया था।

गुरु नानक के नए धर्म का ध्येय मोक्ष-प्राप्ति नहीं, बल्कि अस्सी प्रतिशत उत्पीड़ित शोषित जनता को राजनीतिक दासता और वर्ग दासता से मुक्ति दिलाना था। एक नए राष्ट्र का निर्माण करना था। इस ध्येय की पूर्ति के लिए, जिस संघर्ष की आवश्यकता थी, वह अब अपने अन्तिम चरण में पहुंच गया था। गुरु गोविन्द सिंह उसी तैयारी में तन मन से लगे थे। उनका राजसी ठाट-बाट राजसत्ता से टकराने के लिए था, अपने लिए नहीं। जो संन्यासी भक्ति-मुक्ति के जाल-चक्र में फंसे आर्थिक विपन्नता और आध्यात्मिक विपन्नता का जीवन बिता रहे थे और देश की शोषित-उत्पीड़ित जनता को आर्थिक विपन्नता और आध्यात्मिक विपन्नता में संतुष्ट रहने का उपदेश करते थे, उन्होंने गरीबी को ही त्याग मान लिया था, भूल से उसे पवित्र समझ रखा था।

देख पराई चोपड़ी मत तरसाओ जीव।
रूखी-सूखी खाय के ठंडा पानी पीव।

भोले संन्यासी क्या जानें कि यह मोक्ष-प्राप्ति का दर्शन नहीं, शासक-शोषक के हित-पोषण का दर्शन है। गरीबी ज़िन्दगी का सबसे बड़ा अभिशाप है। वह मानवीय गुणों को नष्ट करके मनुष्य को पशु-तुल्य बना देती है। उसके भीतर की अन्याय और अत्याचार के विरुद्ध संघर्ष की भावना को समाप्त कर देती है। इसके विपरीत "गृहस्थ में सन्यास" के दर्शन ने दरिद्र, अपमानित और उत्पीड़ित प्राणी को फिर से मनुष्य बनाया, उसके लिए आत्मसम्मान, गरिमा, गौरव तथा आत्मविश्वास का मार्ग प्रशस्त किया, उसे हर तरह से अन्याय और उत्पीड़न के खिलाफ लड़ने वाला संत सिपाही बनाया। क्या यह उच्चतर और कठिनतर संन्यास नहीं था, जिसे मोक्ष-प्राप्ति के भ्रम में पड़े विमूढ़ संन्यासी समझने में असमर्थ थे।

गुरु गोविन्द सिंह ने इस उच्चतर और कठिनतर संन्यास के सिद्धान्त को अपने जीवन-व्यवहार में ढाला था और अपने सिखों को भी इसे जीवन-व्यवहार में ढालने की शिक्षा देते थे। मसंदों का सुधार इसका एक बहुत बड़ा उदाहरण है। छोटी-छोटी बातों का भी चरित्र-निर्माण में बड़ा दखल होता है। गुरुजी इस पर कितना ध्यान देते थे, इसके कुछ उदाहरण लीजिए।

गुरु ने एक दिन पीने के लिए पानी माँगा। पास बैठा एक सिख युवक उनके लिए पानी लाया। गुरु कुछ क्षण उसके स्त्रियों जैसे कोमल और सुकुमार हाथों की ओर देखते रहे और फिर बोले, "तुम्हारे हाथ शायद इसीलिए इतने कोमल हैं कि तुमने इनसे कभी कोई काम नहीं किया।" युवक ने लजाकर उत्तर दिया,

"गुरुजी, आप ठीक कहते हैं। मेरे धनी माता-पिता ने मुझे कभी कोई काम नहीं करने दिया।" गुरु जी ने युवक का लाया हुआ पानी फेंककर कहा, "मैं उन हाथों द्वारा दी गई कोई वस्तु नहीं लूंगा, जिन्होंने कभी किसी की कोई सेवा न की हो।"

उनके दरबार में एक दफा एक अधेड़ उम्र व्यक्ति आया। उसने गुरु जी से निवेदन किया, "महाराज, मैंने अब तक बहुत धन कमाया है। अब मैं आपके चरणों में बैठकर आपके उपदेशों द्वारा अपने मन को शांति देना चाहता हूँ।" गुरु जी उसे एक शिक्षक को सुपुर्द करके बोले, "इसे पढ़ा-लिखाकर इस योग्य बना दो कि गुरु के शब्दों को वह खुद पढ़ सके और दूसरों के लिए लिपिबद्ध कर सके।"

शिक्षक ने उस अधेड़ उम्र व्यक्ति को गुरु अमरदास की वाणी "आनंद" का पहला पद पढ़ाया, जो इस प्रकार था—

आनंद भय मेरी माये,
सत गुरु मैं पाया।

उस व्यक्ति ने इस पद के बाद और कुछ भी पढ़ने से इनकार कर दिया। गुरु जी ने कारण पूछा तो वह बोला "महाराज, मुझे लगता है कि मैंने गुरु का वरदान पा लिया है। मेरा यहाँ आने का उद्देश्य भी यही था। इसके बाद मेरे पास पढ़ने को और आपके पास पढ़ाने को रह ही क्या गया।" गुरुजी उसकी यह बात सुनकर प्रसन्न हुए और उसे छाती से लगाकर बोले, "धन्य हो तुम, जिसने इतनी जल्दी और इतनी अच्छी तरह गुरु को पा लिया है।"

सिख कैसे निर्भय और निर्वैर होता है, इसका भी एक उदाहरण है।

कहलूर के राजा भीमचंद ने गुलेरी की पराजय के बाद गद्दी त्याग दी थी। उसकी जगह उसका बेटा अजमेर चंद गद्दी पर बैठा। अजमेर चंद ने गुरु जी की ओर मित्रता का हाथ बढ़ाया और पम्पा पुरोहित को अपना राजदूत बनाकर उनके दरबार में भेजा। मंडी के करीब हर साल रसालपुर का मेला होता था। राजा की ओर से आदेश के अनुसार पम्पा (परमानंद) पुरोहित ने गुरुजी से रसालपुर के मेले में चलने का निवेदन किया और कहा कि वहाँ सभी पहाड़ी राजे आएंगे। आपस की बातचीत से मित्रता बढ़ाने का अवसर मिलेगा। गुरु जी ने पम्पा पुरोहित का यह अनुरोध निस्संकोच स्वीकार कर लिया। राजे और रानियाँ, गुरु के खेमे में उनसे मिलने आई तो गुरु ने उनका यथोचित आदर-सत्कार किया। राजे और रानियाँ गुरु की मधुर वाणी और सौजन्यपूर्ण व्यवहार से बहुत प्रभावित हुई। उन्होंने गुरु

से अनुरोध किया कि वे पिछली बातें भूल जाएं। गुरु ने उत्तर दिया, "हमारे यहाँ अतीत को नहीं, वर्तमान और भविष्य को ही अधिक महत्व दिया जाता है।"

सिखों का उच्चतर और कठिनतर सन्यास क्या था और गुरु-शिक्षा ने उनमें त्याग, बलिदान तथा वीरता की जो उत्कट भावना पैदा की थी, उसके भी एक-दो उदाहरण लीजिए—

एक दिन एक वृद्ध सिख स्त्री रोती हुई गुरु के दरबार में आई। गुरु ने बुढ़िया से रोने का कारण पूछा तो वह बोली, "सच्चे पातशाह, मेरे दुख-संताप की कोई हद नहीं। मेरे पति ने अपने को आपके हवाले किया और वह बैरियों से लड़ते हुए शहीद हुए। जब यह खबर मुझे मिली तो बड़ी खुशी हुई। फिर मेरे दो बेटे उनके पद-चिह्नों पर चलते हुए वीर गति को प्राप्त हुए। यह खबर सुनकर भी मुझे बड़ी खुशी हुई। पर सच्चे पातशाह, मेरा तीसरा पुत्र सख्त बीमार है। वह चारपाई पर एड़ियाँ रगड़-रगड़कर क्यों मरे? मैं चाहती हूँ कि वह भी आपका सत्य सिपाही बने। ढाल-तलवारे हाथ में हो और धर्म-युद्ध में जूझता हुआ शरीर त्यागे। यह है मेरा दुख और यह है मेरी अरदास। मेहर करो।"

गुरु बहुत प्रसन्न हुए, बोले, "धन्य सिखी! धन्य सिखी! माताजी प्रसन्नचित घर जाओ। सृजनहार आपकी अरदास कबूल करेगा। आपका पुत्र तंदुरुस्त होकर आपकी इच्छानुसार धर्म-युद्ध में वीर गति को प्राप्त होगा।"

वृद्धा गुरु का आशीर्वाद पाकर घर लौटी। वह खुश थी कि मेरे पुत्र की जवानी व्यर्थ नहीं जाएगी।

लड़ाई की खबर सुनते ही जगह-जगह से, खासतौर पर माझे, मालवे से बहुत से हथियारबंद सिख युद्ध में हिस्सा लेने के लिए आप ही आप चल पड़ते थे। सिख अपने पुत्रों को पैदा होते ही गुरु को अर्पण कर देते थे। वे उन्हें गुरु के सिपाही मानकर उनका पालन-पोषण करते और उन्हें शस्त्र-प्रयोग का प्रशिक्षण देते-दिलाते थे। जवान होने पर ये पुत्र गुरु को भेंट किए जाते थे। युद्ध में और शांति में, हर संकट और विपत्ति में सर हथेली पर धरे गुरु के लिए जान देने को तैयार रहते थे। जोगासिंह एक ऐसा ही सिपाही था। उसके पिता भाई गुरुमुख ने उसे गुरु को समर्पित कर दिया था और वह आनंदपुर में गुरु की सेवा में रहता था।

इस बीच में उसके विवाह की तिथि निश्चित हुई। वह गुरु से आज्ञा लेकर ब्याह करने पेशावर अपने घर आया। विवाह-कार्य शुरू हुआ। जोगासिंह पहली ही लावां (फेरा) ले पाया था कि गुरु की ओर से तुरन्त आनंदपुर लौट आने का हुक्मनामा

पहुंचा। जोगासिंह आनंद कारज की रस्म अधूरी छोड़कर उसी समय आनंदपुर को चल पड़ा और घर वालों ने खुशी-खुशी उसे विदा किया।

लिखा है कि गुरु ने जोगासिंह की परीक्षा लेने के लिए ऐसा किया था। परीक्षा हो या वास्तविकता, गृहस्थ में संन्यास का इससे बेहतर उदाहरण और क्या होगा? पेशावर में भाई जोगासिंह के नाम से बनी धर्मशाला बहुत प्रसिद्ध गुरुद्वारा है।

यह तो हुई जोगासिंह की शादी की बात। अब गुरु गोविन्द सिंह की अपनी शादियों की बात लीजिए।

गुरु गोविन्द के दो ब्याह छोटी ही उम्र में हो गए थे। कन्याओं के माता-पिता का कहना था कि उन्होंने अपनी कन्या को गुरु और गुरु-घर के लिए ही पाला-पोसा है।

पहला ब्याह 23 आसाढ़, संवत् 1734 को लाहौर के श्री हरजस खत्री की कन्या जीतो से हुआ। इस पत्नी ने जुझार सिंह (चैत्र संवत् 1747) जोरावर सिंह (मघसर संवत् 1753) और फतेह सिंह (फाल्गुन संवत् 1755) उनके तीन पुत्रों को जन्म दिया।

दूसरा ब्याह 7 बैसाख, संवत् 1741 को लाहौर के ही श्री रामसरन की कन्या सुन्दरी से हुआ। गुरु जी के बड़े साहबजादे अजीत का जन्म 23 माघ, संवत् 1743 को इस दूसरी पत्नी की कोख से हुआ।

तीसरा ब्याह बड़ा ही विचित्र ब्याह है, जो पहली पत्नी जीत कौर की मृत्यु के पश्चात् साहबा देवी से 18 बैसाख, संवत् 1757 (सन् 1700) को हुआ। इस ब्याह के बारे में कहा जाता है कि जेहलम नदी के किनारे बसे रूहतास गांव का एक सिख भाई रामू गुरु जी की सेवा में उपस्थित हुआ। वह बहुत से उपहार और अपनी बेटी साहिबा देवी को पालकी में बैठाकर साथ लाया था। उसने गुरु से विनती की, "सच्चे पातशाह! यह कन्या आपकी भेंट है। आप इसे स्वीकार कीजिए।" इस आश्चर्यपूर्ण भेंट को देखकर गुरु चकित रह गए। उन्होंने स्वीकार से इनकार किया और कहा—"मैं अपना गृहस्थ जीवन लगभग समाप्त कर चुका हूँ। अब मैं समाज-सेवा और देश-सेवा के लिए समर्पित हूँ।" रामू को बड़ी निराशा हुई। लेकिन वह फिर बोला, "महाराज, हम इस लड़की को बचपन से ही आपकी भेंट कर चुके हैं। इलाके के सब लोग इस बात को जानते हैं और वे इसे "माताजी" कहते हैं। अगर आपने इसे स्वीकार न किया तो वह उम्र भर क्वांरी रहेगी और उसका जीवन नष्ट हो जाएगा।" गुरु ने कुछ क्षण सोचने के बाद उत्तर दिया, "अच्छा, फिर वह

मेरे पुत्र खालसे की माता बने (गुरुजी ने एक साल पहले 1699 में खालसा की स्थापना की थी।) इस नौनिहाल की सेवा करे और सभी सिखों को अपना पुत्र समझे, किसी और विचार को मन में न लाये। यदि उसे इस प्रकार का जीवन स्वीकार हो तो बड़ी खुशी से उसे छोड़ जाओ।''

साहबा देवी अमृत छककर साहब कौर बनीं।

उन्होंने चूंकि अपना सारा जीवन खालसा की सेवा में बिताया, इसलिए वे ''खालसा की माता'' कहलाईं। सिख इतिहास में इस ब्याह को ''क्वांरा डोला'' कहा जाता है। तभी से जब किसी सिख को अमृत छकाया जाता है तो उसे कहा जाता है, ''आज से तेरे पिता गुरु गोविन्द सिंह जी और माता श्री साहबा कौर जी हैं।''

प्रो. करतार सिंह ने यह सिद्ध करने का विफल प्रयास किया है कि जीतो और सुन्दरी गुरु की एक ही पत्नी के दो नाम थे, उन्होंने दूसरा ब्याह नहीं किया। यह श्रद्धा के वशीभूत होकर इतिहास को विकृत करना है। कारण शायद यह रहा हो कि गुरु रामदास ने विधवा विवाह करने, सती-प्रथा रोकने और सिर्फ एक ब्याह करने का नियम बना दिया था। इसलिए आपत्ति उठाई जाती है कि गुरु गोविन्द सिंह ने दो शादियाँ करके इस नियम का उल्लंघन किया। लेकिन आपत्ति उठाने वाले यह भूल जाते हैं कि नियम मनुष्य के लिए बनते हैं, मनुष्य नियम के लिए नहीं बना। कई बार मानव का आदर नियम पालन से कहीं अधिक महत्व प्राप्त कर लेता है, कोई भी व्यक्ति, चाहे वह कितना महान क्यों न हो, एकाएक समाज से ऊपर नहीं उठ सकता। वह नये समाज का पक्षधर और उसके संघर्षरत होते हुए भी पुराने समाज के साथ दृश्य और अदृश्य अनेक सूत्रों से बंधा होता है। जैसे राजनीति में, वैसे ही समाज में भी कई बार समझौता करना आवश्यक हो जाता है और वह समझौता संघर्ष के हित को सम्मुख रखकर किया जाता है। अच्छे नेता में इसकी सम्यक समझ और लचक होनी आवश्यक है। सामंती व्यवस्था में विवाह का मूल आधार यह था कि सामंती सरदार अपने ही जैसे या अपने से बड़े सामंत सरदारों से विवाह संबंध स्थापित करके अपनी शक्ति और प्रभाव को बढ़ाते थे। गुरु-गद्दी एक धार्मिक गद्दी थी। समाज में उसका प्रभाव राजगद्दी से कम नहीं था, लेकिन जैसा कि हम देख चुके हैं—गुरु हरकिशन राय की मृत्यु के बाद इस गद्दी के कई दावेदार पैदा हो गए थे। धीर मल्ल, रामराय और पृथ्वीचंद ने अपनी अलग-अलग गद्दियाँ कायम कर ली थीं। समस्या यह थी कि असली गद्दी और नकली गद्दी का निर्णय कैसे हो और जनश्रद्धा को असली गद्दी के साथ

कैसे जोड़ा जाए। दशमेश ने इसके लिए जो तरीके अपनाये, उनमें विवाह का भी एक तरीका था। अतएव उन्होंने तीन विवाह (तीसरा ब्याह तो दरअसल ब्याह नहीं था) करके जनश्रद्धा को असली गुरु-गद्दी से जोड़ा (माता-पिता का कहना था कि ये कन्याएं गुरु और गुरु-घर के लिए समर्पित हैं) उसकी शक्ति, प्रभाव और प्रतिष्ठा को बढ़ाया। बस यही एक प्रयोजन रहा होगा, इसके अतिरिक्त कुछ नहीं।

साहबा देवी के साथ तीसरे विवाह के समय गुरु की उम्र केवल 38 बरस थी। भरी जवानी सुडौल और स्वस्थ शरीर, इसके बावजूद उन्होंने स्पष्ट कहा, "मैं अपना गृहस्थ जीवन लगभग समाप्त कर चुका हूँ। अब मैं समाज-सेवा और देश-सेवा के लिए समर्पित हूँ। इसे खालसा की माता बनकर रहना हो तो रहे।" क्या यह किसी विलासी राजा के शब्द हैं? नहीं। यह बात "गृहस्थ में संन्यास" के उच्च आदर्श का निर्वाह करने वाला महापुरुष ही कह सकता है। किसी भी पक्ष से गुरु की तुलना विलासी सामंती राजा से करना गुरु का अपमान है, निरी धूर्तता तथा मूर्खता है। विलासी पहाड़ी राजाओं ने जिस विदेशी सत्ता के आगे घुटने टेक दिए थे, गुरु ने उसे उखाड़ फेंकने का संकल्प धारण किया और ध्येय की पूर्ति के लिए अपना जीवन, परिवार और अपने चारों बेटे न्योछावर कर दिए। क्या इससे यह भली-भांति सिद्ध नहीं हो जाता कि उनमें आसक्ति और मोह नाम लेश-मात्र को नहीं था?

गुरु का जीवन कितना संयम-नियम का था, इसके भी एक-दो उदाहरण लीजिए।

लड़ाई के समय किसी मुसलमान अमीर घराने की एक जवान स्त्री सिख दस्ते के हाथ लगी। सिख-सैनिकों ने पालकी-वरदानों को पालकी गुरु के दरबार में ले चलने का हुक्म दिया। जब पालकी दरबार में पहुंची तो गुरु ने सिख-सैनिकों से पहला सवाल यह पूछा कि इस स्त्री को किसी ने किसी प्रकार से तंग तो नहीं किया। उत्तर मिला कि हमने पालकी का पर्दा उठाकर स्त्री को एक नजर देखा तक नहीं। गुरु बहुत खुश हुए, बोले, "शाबाश! स्त्री चाहे दुश्मन की भी हो, हमारी बहन है। उसकी इज्जत करना खालसा का धर्म है।" और उस स्त्री को आदर सहित उसके घर पहुंचाया गया।

एक दूसरा उदाहरण है। एक बार एक गरीब ब्राह्मण गुरु दरबार में फरियाद लेकर आया।

पूछने पर मालूम हुआ कि वह होशियारपुर का रहने वाला है। बस्ती के करीब पठानों ने उसकी नवविवाहिता स्त्री को छीन लिया है। गुरु ने अपने बड़े साहबजादे

अजीत सिंह को हुक्म दिया कि जाओ, ब्राह्मण की सहायता करो। अजीत सिंह ने सौ सिख सिपाही साथ लेकर रातों-रात बस्ती पर हमला किया। अगले ही दिन ब्राह्मण की स्त्री और पठानों को गुरु के सामने ला हाजिर किया। ब्राह्मण की पत्नी ब्राह्मण को दे दी गई और पठानों को उचित दंड दिया गया।

गुरु ने आस-पास के इलाके को चोरों, डाकुओं और बदमाशों से साफ कर दिया था, इसलिए भी उनकी बड़ी मान्यता थी।

कहते हैं कि एक मर्तबा पहाड़ी राजाओं ने गुरु पर व्यंग-प्रहार किया कि जिन चिड़ियों और बिल्लियों (छोटी जातियों) के भरोसे आप इतना इतरा रहे हैं, वे शेरों का मुकाबला क्या करेंगी, तो गुरु का उत्तर था–

''सवा लाख से एक लड़ाऊँ
चिड़ियों से मैं बाज तुड़ाऊँ
बिल्लियों से शेर मराऊँ
तभी गोविन्द सिंह नाम धराऊँ।''

यह कहा ही नहीं, करके दिखाया। कैसे किया, यह देखने की चीज है। यही उनकी वास्तविक कहानी है। आगे इसी का वर्णन होगा।

सर्वलौह

दुर्गा पूजा गुरु गोविन्द सिंह के जीवन में एक ऐसी घटना है, जिसके बारे में अलग-अलग लेखकों का अलग-अलग मत है और वह जबरदस्त विवाद का विषय बन गई है। डा. गोपाल सिंह ने अपनी पुस्तक "गुरु गोविन्द सिंह" में इसे यों बयान किया है :

"एक दिन काशी के केशवदास नाम के एक पंडित गुरु से मिलने आए। उन्होंने दावा किया कि अगर उन्हें होम की सारी सुविधा मिल जाए तो वह चण्डी के दर्शन करा सकते हैं। उन्होंने कहा कि बड़ी साधना और कठिन तपस्या के बाद देवी प्रकट होगी और केवल उन्हीं के समान व्यक्ति ही वह अनुष्ठान करा सकेगा। उन्होंने गुरु के अनुयायियों को यह विश्वास दिलाने की कोशिश की कि जो देवी का आह्वान कर सकेगा, उसे देवी का वरदान प्राप्त होगा। देवी का वह वरद्पुत्र कभी किसी लड़ाई में हराया नहीं जा सकता। उन्होंने यह भी कहा कि प्राचीन काल में चण्डी के अनन्य भक्त होने के कारण ही भीम और अर्जुन को युद्ध में हमेशा सफलता मिली थी।

"सिखों पर उस ब्राह्मण की बातों का बहुत प्रभाव पड़ा और उन्होंने उसका अनुरोध गुरु तक पहुँचाया। गुरु ने कहा—'देवी-देवता भी उस परमेश्वर की इच्छा के अधीन हैं, जो सबसे बड़ा है, सबसे ऊपर है। हमें उस परमेश्वर से वरदान माँगना चाहिए। अगर मनुष्य अपने को उसे समर्पित कर दे और केवल उसके आदेश को पूरा करने के लिए लड़े तो वह मनुष्य का अपना भाग्य-विधाता बनने की शक्ति देता है।"

"तलवार को म्यान से खींचकर गुरु ने कहा, 'यह चमकता हुआ लोहा ही शक्ति का सच्चा रूप है। यह धर्म की रक्षा करता है और अधर्म का विनाश। जो

सत्कार्य के लिए, धर्म के लिए इसकी दीक्षा लेगा, वह अवश्य ईश्वर का कृपापात्र होगा। उन्होंने कुछ पद पढ़कर यह समझाने की कोशिश की कि शक्ति वास्तव मे जनता में है। अपने अनुयायियों को लक्ष्य करके उन्होंने कहा–

युद्ध जीते इन्हीं के प्रसाद, इन्हीं के प्रसाद सो दान करे।
घट ओघ टरे इन्हीं के प्रसाद, इन्हीं के कृपा पुनधाम भरे।
इन्हीं के प्रसाद सो विधालई, इन्हीं की कृपा सब शुत्रु मरे।
इन्हीं की कृपा से सजे हम हैं, नाहीं मो सो गरीब करोर परे।

और फिर पाद टिप्पणी में गोकलचंद नारंग ने उद्धृत किया है, "गुरु सत्य अनादि और अनन्त परमेश्वर के सिवा और किसी देवी-देवता में विश्वास नहीं करते थे। इसमें कोई सन्देह नहीं है कि या तो अनुयायियों को यह दिखाने के लिए कि ऐसी कोई शक्ति नहीं है या देवी के वर पुत्र के रूप में जनता का समर्थन और विश्वास पाने के लिए (जिस पर सब इतिहासकार सहमत हैं) गुरु ने देवी के आगे बहुत बड़े बलिदान का आयोजन करने का आदेश दिया। प्रत्यक्ष उद्देश्य तो यही था कि देवी प्रसन्न होकर दर्शन दें। कहते हैं कि यह अनुष्ठान वर्ष भर चला। दुर्गा अष्टमी पर गुरु ने पुजारी से पूछा कि देवी कब दर्शन देंगी। पुजारी ने कहा कि देवी तो तभी प्रसन्न होंगी जब उच्च वंश का कोई धर्मात्मा और पवित्र व्यक्ति अपनी बलि चढ़ाए। गुरु ने प्रसन्न मुद्रा में व्यंग से मुस्कराकर कहा, "महाराज, आपसे बढ़कर योग्य व्यक्ति कहाँ मिलेगा, जिसका सर देवी की भेंट के अधिक योग्य होगा," और उन्होने म्यान से तलवार खींच ली। पण्डित को काठ मार गया और वह कोई बहाना बनकार भाग निकला। गुरु ने होम की सारी सामग्री आग में झोंक दी और तलवार खींच कर पर्दे से बाहर निकल आए। होम की ढेरों सामग्री पाकर आग की लपटें इतनी ऊँची उठीं कि पहाड़ी की ऊँचाई पर होने के कारण मीलों दूर तक देखी जा सकती थीं। अग्नि की उन प्रचंड लपटों को ही देवी का रूप माना गया।"

यह घटना सम्वत् 1755 अर्थात् 1698 की है। सुरेन्द्र सिंह जौहर ने इस घटना के बारे में 'पंथ प्रकाश', 'गुरु विलास', सैयद मुहम्मद लतीफ, इन्दुभूषण बनर्जी, मैकालिफ और कनिंघम इत्यादि के मत उद्धृत करके अंत में यह सिद्ध किया है कि गुरु जी मात्र एक ईश्वर में विश्वास रखते थे, वह दुर्गा-पूजा की बात सोच ही नहीं सकते थे। इसी बात को सिद्ध करने के लिए प्रो. करतार सिंह ने "दुर्गा-पूजा

का ढोलः दुर्गा-पूजा और ढोल का पोल नं. 1 नं. 2 और नीचहु ऊंच करे मेरा गोविन्द, काहू ते न डरे'' पूरे चार परिच्छेद में फैला दिया है। उन्होंने इतिहास लेखकों की दो श्रेणियाँ बनाई हैं और लिखा है कि दूसरी श्रेणी के लेखकों का इस सिलसिले में यह बयान है–

''जब सारे पण्डित चले गए तो गुरु जी ने होम की बाकी बची सामग्री को एक ही बार आग में डाल देने का हुक्म दिया। एक बहुत बड़ी लपट आसमान को चढ़ी और दूर-दूर तक दिखाई दी। लोगों ने समझा कि उस लपट में दुर्गा प्रकट हुई हैं। गुरु साहब ने अपनी नंगी तलवार ऊपर उठा कर हिलाई और कहा ''ओ, भले लोगो! सच्ची देवी यह है। यह करामात कर सकती है। यह तुम्हारी मुसीबतें दूर करेगीं यह तुम्हें अपने देश में ताकत और आजादी और तुम्हारे घरों में शांति तथा चैन बख्शेगी। इसलिए आओ और इस देवी के उपासक बनो।''

यही इस घटना का सारतत्व है। इसके अलावा और बहस पानी बिलोना मात्र है। गोकुलचंद नारंग के कथनानुसार इस बात पर लगभग सभी लेखक सहमत हैं कि देवी के वरद पुत्र के रूप में जनता का समर्थन और विश्वास पाने के लिए गुरु ने देवी के आगे बहुत बड़ा बलिदान करने का आयोजन किया। जनवरी 1901 में प्रकाशित दौलत राय की पुस्तक ''साहबे कमाल गुरु गोविन्द सिंह'' ने भी इसी मत का समर्थन होता है। लिखा है–''हम यही समझ सकते हैं कि उस समय की नीति के अनुसार यह एक नाटकीय साधन था, जिसने लोगों को युद्ध में शामिल होने के लिए प्रेरित किया।''

लोगों को प्रेरित करने का यह एक नाटकीय ढंग था, यह बात पंडित केशवदास (नाम चाहे कोई दूसरा रहा हो) को वहाँ से भगा देने और सारी सामग्री एक साथ आग में डलवा देने से भी सिद्ध हो जाती है। गुरु का अगर देवी में विश्वास होता तो वह हरगिज ऐसा न करते। हम देखेंगे कि खालसा की स्थापना के बाद गुरु ने सिखों के जो नियम बनाये उनमें देवी का कोई स्थान नहीं है। निस्संदेह गुरु गोविन्द सिंह और सभी सिख गुरु सिर्फ एक अकाल पुरुष में विश्वास रखते थे, लेकिन इसका यह मतलब नहीं कि गुरुओं का जो विश्वास था वह उनके अनुयायियों का भी विश्वास बन गया था और वे देवी-देवताओं को मानना छोड़कर सिर्फ एक ईश्वर को मानने लगे थे। उस समय की तो बात ही क्या, जन साधारण की चेतना का स्तर आज भी इतना ऊँचा नहीं उठा कि वे अंध-श्रद्धा और अंध-विश्वास से मुक्ति पा लें। जिस तरह हिन्दू जन-साधारण मंदिरों के आगे सिर झुकाते हैं, उसी

तरह सिख गुरुद्वारों के आगे झुकाते हैं और अत्यंत श्रद्धापूर्वक दीवारों की मुट्ठी-चापी करते देखे जाते हैं। चेतना के बारे में द्वंद्वात्मक भौतिकवाद का एक सूत्र है : "मनुष्य के अस्तित्व से चेतना निर्धारित होती है, चेतना से अस्तित्व निर्धारित नहीं होता।" इसी बात को हमारे देश में प्राचीन काल से यों कहा जाता है, "जैसा खाए अन्न, वैसा बने मन।" अर्थात् जो व्यक्ति जिस धन्धे में जीविका उपार्जित करता है, उसकी चेतना उसी से बनती है। छोटे व्यापारियों, किसानों और दस्तकारों को अपने-अपने काम-धन्धे में अनायास हानि या लाभ उठाना पड़ता है, इसलिए भाग्य तथा दैवी शक्ति में विश्वास उनका सहज स्वभाव बन जाता है। इस दैवी शक्ति को देवी कहो, देवता कहो, अवतार अथवा गुरु कहो या कोई और नाम रख लो, इससे फर्क नहीं पड़ता, उसे बलि से रिझाओ, टोने-टोटके से रिझाओ, वेद-मन्त्र अथवा हनुमान-मंत्र से रिझाओ या कोई दूसरा जाप तथा अनुष्ठान कर लो, इससे भी कुछ फर्क नहीं पड़ता। असल चीज विश्वास है विश्वास से उन्हें प्रेरणा मिलती है, संकट, आपत्ति और शत्रु से जूझने की शक्ति प्राप्त होती है। इसीलिए गोस्वामी तुलसीदास ने "हनुमान चालीसा" लिखा था। आज हमारा मत चाहे कुछ भी हो, उस समय "हनुमान चालीसा" का बड़ा महत्त्व था। इसीलिए औरंगजेब ने सतनामियों की रूहानी ताकत से पराजित होकर भाग आए अपने फौजियों को ताबीज लिखकर दिए थे। खुद गुरु ने नदान युद्ध का वर्णन करते हुए "विचित्र नाटक" में लिखा है—"तब राजा भीमचंद स्वयं 'हनुमान-मंत्र' का उच्चारण करता हुआ कूद पड़ा। उसने सब नेताओं को और मुझे भी पुकारा। सारे इकट्ठे हुए और योजनाबद्ध तरीके से आगे बढ़े, बिलकुल उसी तरह जिस तरह सूखी बाड़ पर आग की लपटें बढ़ती हैं।" जन-संस्कार और विश्वास की इस प्रेरक शक्ति को मद्दे नजर रखते हुए गुरु ने "चण्डी का वार" लिखा और शिव से याचना की—

"दे शिव, वर मोहि यहे, शुभ कर्मन ते कबहू न टरौं,
न डरौ अरि सों जब जाय लरौं, निश्चय कर अपनी जीत करौं।
अर सिख हौं अपने ही मन को, ए लालच हौं गुन तो उचरौं,
जब आंच को औघ निदान बने, अत ही रण में तब जूझ मरौं।"

प्रो. करतार सिंह खुद लिखते हैं—"भगवती-दुर्गा का भी नाम है और 'वाहे गुरु' सृजनहार के लिए भी प्रयोग होता है। इसलिए जहाँ महाराज लिखते हैं "प्रथम भगौती स्मारि के" वहाँ अज्ञानी तथा ईर्ष्यालु लोग यह कह देते हैं कि देखो गुरु

साहब सबसे पहले भगवती (दुर्गा) को आराधते हैं। वह यह बात भूल जाते हैं कि किसी रचना से पहले कविजन अपने इष्ट का मंगलाचरण किया करते हैं और गुरु साहब ने अपना इष्ट ''प्रथम भगौती स्मारि के'' से पहले ''एक ओंकार वाहे गुरु जी की फतह'' में केवल अकाल पुरुष बताया है। आगे जाकर ''भगवती'' शब्द को तलवार के अर्थ में भी इस्तेमाल किया है, जैसा कि ''लयै भगौती निकस है आप कलंकी हाथ'' और लयी भगौती दुर्गासाह वरजागन भारी, राजे संभु नूं रत पिये प्यारी'' में। ''भगवती की वार'' में भगवती शब्द कहीं भी दुर्गा के लिए इस्तेमाल नहीं हुआ। यहाँ बहुत शब्द-खोज में जाने की गुंजाइश नहीं। जो कुछ ऊपर कहा गया है वह यह सिद्ध करने के लिए काफी है कि भगवती शब्द केवल दुर्गा का नाम नहीं। अतः गुरु साहब ने अपनी वाणी में दुर्गा को नहीं ध्याया या आराधा।''

सवाल यह है कि बहस सिर्फ इस बात तक क्यों सीमित रहे कि गुरु साहब अपनी वाणी में दुर्गा को नहीं आराधते। जब यह मान लिया कि भगवती दुर्गा का नाम है और ईश्वर के लिए भी प्रयोग होता है तो क्या उन लोगों को जो भगवती को दुर्गा और ईश्वर दोनों अर्थों में मानते हैं, यह कहने का अधिकार प्राप्त नहीं हो जाता कि गुरु ने दुर्गा की आराधना की है? आप उन्हें इस अधिकार से कैसे वंचित करेंगे? क्या इससे गुरु के चिन्तन में अन्तर्विरोध सिद्ध नहीं होता?

एक ईश्वर की आराधना के बारे में गुरु ने ''विचित्र नाटक'' में स्पष्ट लिखा है, ''हे गोविन्द, तुझे परमात्मा ने इसलिए भेजा है कि तू केवल एक सच्चे और और आनंदस्वरूप परमात्मा की भक्ति से मनुष्य जाति को जोड़ने का प्रयास करे और सीधी राह पर लाए। जो भी मुझे परमेश्वर, देवता या अवतार समझेगा वह नरक का भागी बनेगा। मैं परम पुरुष का दास हूँ और केवल जगत का तमाशा देखने आया हूँ।'' ''विचित्र नाटक में उन्होंने पूर्व-जन्म की कथा भी बयान की है जो इस प्रकार है–''पूर्व-जन्म में मैं दुष्टदमन नाम का राजा था और धर्मपूर्वक राज्य किया करता था। वृद्धावस्था प्राप्त होने पर अपने पुत्र विजय राय को गद्दी देकर हेमकूट नामक पर्वत पर जहाँ अर्जुन ने तपस्या की थी, मंडल महर्षि से उपदेश पाकर चला गया और पद्मासन बाँध महाकाल के ध्यान में मग्न हुआ। कुछ काल तक तपस्या के पश्चात् महाकाल पुरुष ने मुझे दर्शन देकर अपने 'निज़ पुत्र' की पदवी दी और कहा कि मेरे अन्य अवतार सब 'स्वयमेव ईश्वर' कहलाए हैं, पर तुम अपने को 'ईश्वर का सेवक' प्रसिद्ध करना। इसी के बाद गुरु तेगबहादुर के यहाँ मेरा जन्म हुआ।

दुर्गा-पूजा की तरह क्या पूर्व-जन्म की इस कहानी का भी यह प्रयोजन नहीं कि जन संस्कार को सम्मुख रखते हुए लोगों में यह विश्वास उत्पन्न किया जाए कि महाकाल यानी ईश्वर ने अपने "निज पुत्र" को हमारे संकट हरने और दुश्मनों का दमन करने के लिए भेजा है। गुरु विनम्रता से अपने को भले ही "परम पुरुष" का दास कहें, आम आदमी तो उन्हें जबकि गीता का यह श्लोक 'यदा-यदा हि धर्मस्य ग्लानिर्भवति भारतः' उसके संस्कार में रचा-बसा हुआ है, अवतार ही मानेगा। क्या यह अन्तर्विरोध नहीं?"

पुनर्जन्म का सिद्धान्त गीता में प्रतिपादित हुआ। हम श्रीकृष्ण को कहते सुनते हैं–

"हे अर्जुन, मेरे और तेरे बहुत से जन्म हो चुके हैं। उन सबको मैं जानता हूँ, तू नहीं जानता।"

अर्जुन श्रेष्ठ बुद्धि का व्यक्ति है और कृष्ण अवतार हैं, खुद भगवान हैं। पिछले जन्म की बात श्रेष्ठ बुद्धि का होने के बावजूद अर्जुन नहीं जानता, जान ही नहीं सकता। कृष्ण जानते हैं क्योंकि वह अवतार है, खुद भगवान है। और उनकी बात को इसीलिए सत्य मानना होगा कि वह अवतार हैं। और उनकी पुनर्जन्म की बात को भी इसीलिए सत्य मानना होगा कि वह अवतार है, वरना उसके सत्य-असत्य को परखने की कोई दूसरी कसौटी नहीं। तर्क से उसे सत्य-असत्य सिद्ध करना सम्भव नहीं, विश्वास कर लेना भी संभव नहीं।

कर्मवाद अर्थात् पुनर्जन्म का सिद्धान्त विशिष्ट भारतीय परिस्थितियों से उत्पन्न हुआ और हिन्दु-धर्म की परिधि के भीतर वैष्णव-मत, शैव-मत इत्यादि जितने भी मत हैं, सब इस सिद्धान्त को मानते हैं। जैन-मत और बुद्ध-मत जो आत्मा-परमात्मा में विश्वास नहीं रखते, वे भी इसे मानते हैं, जबकि दूसरे मतावलम्बी यह कहते हैं कि आत्मा एक शरीर को त्यागकर दूसरा शरीर धारण करती है, बौद्ध और जैन यह कहते हैं कि एक जन्म के संस्कार दूसरे जन्म में चले आते हैं। नाक सीधे पकड़ों या हाथ घुमाकर पकड़ो, बात एक ही है। सिख-धर्म का जन्म भी विशिष्ट भारतीय परिस्थितियों से हुआ है और सिख-गुरुओं का चिन्तन विशुद्ध रूप से भारतीय है। इसलिए सिख-धर्म भी पुनर्जन्म के सिद्धान्त[1] को मानता है। लेकिन कोई भी

1. इस्लाम का जन्म अरब की विशिष्ट परिस्थितियों में हुआ, इसलिए इस्लाम पुनर्जन्म के सिद्धान्त को नहीं मानता। इसलिए खुशवन्त सिंह इत्यादि का यह कहना कि सिख-धर्म हिन्दू-धर्म के बजाय इस्लाम के ज्यादा करीब है, निराधारा है, अमूर्त चिन्तन का परिणाम है।

सिख-गुरु अपने को अवतार नहीं कहता, क्योंकि सिख-धर्म का जिस ईश्वर में विश्वास है, वह अजर, अमर, अजन्मा है। गुरु गोविन्द सिंह ने भी **"जो मुझे अवतार मानेगा वह नरक का भागी बनेगा,"** लिखकर ईश्वर के इसी अजन्मा गुण की रक्षा की है। सवाल यह है कि क्या इस अजन्मा गुण की रक्षा हुई? हमारा ख्याल है कि नहीं हुई। जिस प्रकार भगवती को दुर्गा न कहने के बावजूद भगवती तथा दुर्गा मान लेने की संभावना बनी रहती है, उसी प्रकार ईश्वर का दास कह देने के बावजूद गुरु को अवतार मान लेने की संभावना बनी रहती है। मनुष्य के चिन्तन की ऐतिहासिक सीमाएं होती हैं। उन सीमाओं की परिधि में इस विसंगति का उत्पन्न हो जाना अनिवार्य था। आश्चर्य की बात यह है कि गुरु के आधुनिक लेखकों ने भी उन पर ऐसे चमत्मकार आरोपित कर दिए हैं, जो बिलकुल अवैज्ञानिक हैं और जिन पर उन्हें अवतार माने बगैर विश्वास कर लेना सम्भव नहीं है।

ऐतिहासिक भौतिकवाद के अनुसार मनुष्य का सारा ज्ञान सामाजिक व्यवहार से उत्पन्न हुआ है। जैसे-जैसे उत्पादन ऊंचा उठा है विचार भी ऊंचा उठा है– चाहे वह अध्यात्मवादी हो, चाहे भौतिकवादी। उस समय "मुझे जो अवतार मानेगा, नरक में जाएगा," कहना पुनर्जन्म की प्रचलित अवधारणा में नई अंतर्वस्तु का समावेश था, विचार का विकास था। इससे गुरु का उद्देश्य भारतीय समाज को अपने नई अवतार घोषित करने वाले ढोंगी महाधीशों के भ्रमजाल से निकालना और तत्संबंधी अन्ध विश्वासों व दैवी-चमत्कारों की धोखा-धड़ी से मुक्त करना था। प्रो. करतार सिंह के उक्त उद्धरण में जहाँ यह लिखा है कि भगवती दुंर्गा का भी नाम है और वाहेगुरु सृजनहार के लिए भी प्रयुक्त होता है, वहाँ यह भी इस्तेमाल हुआ है। शब्द की खोज में भटकने के बजाय आवश्यकता "आगे चलकर" इस वाक्यांश पर ध्यान केन्द्रित करने की है। भगवती तथा ईश्वर की आराधना "तलवार" नाम से करना विचार की विकास प्रक्रिया का प्रमाण है। अब देखना यह है कि गुरु ने ईश्वर की प्रचलित अवधारणा को तलवार नाम क्यों दिया? इससे हमारी तत्कालीन राष्ट्रीय आवश्यकता पूरी हुई या नहीं? हमारा खयाल है कि हुई। इसी से वह राष्ट्रनायक कहलाए। शब्दों की खोज में भटकने के बजाय गुरु के चिन्तन में विचार की विकास प्रक्रिया और उनके द्वारा पूरी हुई राष्ट्रीय आवश्यकता को समझना-समझाना ही इतिहास के अध्ययन का मुख्य विषय होना चाहिए। उससे पाठक की चेतना का स्तर ऊंचा उठेगा, भ्रम-जाल को तोड़ने में मदद मिलेगी और भारतीय दर्शन में गुरु-वाणी की जो देन है उसका वैज्ञानिक मूल्यांकन हो सकेगा।

"सिख-लहर" परिच्छेद में हम लिख आए हैं कि भारतीय दर्शन गीता तक आते-आते बहुदेवतावाद से एक ईश्वरवाद तक पहुंच चुका था। इस्लाम का जन्म उसके बहुत बाद सातवीं ईसवी (सदी) में हुआ। इस्लाम और अन्य धर्मों में खुदा का विरोधी रूप शैतान है। खुदा नेकी तथा सच्चाई का प्रतीक है जबकि शैतान बदी तथा झूठ का। लेकिन हिन्दू-चिन्तन में शैतान की अवधारणा सिरे से गायब है कारण यही है कि भारतीय दर्शन में देवता पहले और भगवान बहुत बाद में आया। भारतीय दर्शन में देवता का विरोधी रूप राक्षस है। देवता अच्छाई और सद्बुद्धि का प्रतीक है जबकि राक्षस बुराई और क़ुबुद्धि का। गुरु नानक ने देवता को "गुरुमुख" और राक्षस को "मनमुख" का नया नाम दिया। गुरुमुख का मतलब है, ईश्वराभिमुख, वह सच्चा और खरा व्यक्ति जो लोकहित के लिए कार्यरत है। इसके विपरीत मनमुख का मतलब है ऐसे व्यक्ति, जो अपने ही मन की सनक को सब कुछ मान लें, छल, कपट मिथ्यावाद एवं स्वार्थ का व्यवहार करें। अर्थात् गुरु नानक ने खुद मनुष्य को देवता और राक्षस को दो श्रेणियों में बाँटकर मुद्दत से चली आ रही अमूर्त अवधारणा को एक ठोस व्यवहारिक रूप प्रदान किया। इस प्रकार ईश्वर की प्रचलित कल्पित अवधारणा को भी उन्होंने ठोस व्यवहार से, मनुष्य के सामाजिक कर्म से जोड़ा। प्रो. किशन सिंह ने इसी बात को यों लिखा है और बिलकुल ठीक लिखा है—"सिखों के आराध्य के साथ संबंधित विशेष सामाजिक मानवीय मूल्य लोकहित और इन्सानियत के मूल्य हैं। मनुष्य में वे मूल्य हों, ईश्वर उसे तभी स्वीकारेगा, नहीं तो नकर तैयार है। वाणी की समस्त प्रेरणा गुरु के शब्द द्वारा इन मूल्यों, इन गुणों को ग्रहण करने तथा उनके और सारे प्रतिवादों को मन से निकाल देने की है।"[1]

सारांश यह कि सिख-धर्म में "नाम जपो" का मतलब औपचारिक ढंग से अपने आराध्य का स्मरण करना नहीं, बल्कि उसके गुणों को ग्रहण करना और उन्हें व्यवहार में लाना है। दूसरे शब्दों में "नाम जपो" का मतलब गुरु के शब्द द्वारा आराध्य से साक्षात् करना है। यह एक हार्दिक घटना है। आत्मा-परमात्मा ही एक अंग, एक अंश है। जो गुण परमात्मा में विद्यमान है, वे आत्मा में भी हैं। इस हार्दिक घटना से सामान्य से सामान्य मनुष्य में ये गुण उसी तरह प्रकाशित हो जाते हैं, जिस तरह अणु के विस्फोट से शक्ति प्रकट होती है, तब वह मनुष्य गुरुपद को प्राप्त कर लेता है, अर्थात् अपने भीतर ईश्वरीय गुणों को धारण करके लोकहित

---

1. सिख लहर, पृष्ठ 67

में लग जाता है।[2] अर्थात् ईश्वरी गुणों से सम्पन्न लोकहित के लिए समर्पित गुरुमुख तैयार करना ही सिख-धर्म के 'नाम जपो' का उद्देश्य था।

नानक ने ईश्वर की प्रचलित अवधारणा में "निर्भय" और "निर्वेर" के विशेषण जोड़कर अपने इन गुरुमुखों को निर्भय और निर्वेर बनना सिखाया और अपने समय की बहुत बड़ी आवश्यकता को पूरा किया। अब दो सौ वर्ष बाद परिस्थिति बदल गई थी। इस बदली हुई परिस्थिति में लोकहित के लिए समर्पित गुरुमुखों को शारीरिक और मानसिक रूप से हथियारबंद करना आवश्यक था, अतएव दसवें गुरु गोविन्द सिंह ने अकाल पुरुष को, निर्भय और निर्वेर ईश्वर को "तलवार" और "सर्वलौह" नए नाम देकर प्रचलित आवश्यकता पूरी करने का काम लिया। ईश्वर को "तलवार" और "सर्वलौह" नाम देने का विचार उनके मन में पहाड़ी राजाओं और मुगल सेनाओं से टक्कर लेने के बाद ही विकसित हुआ। उसके बाद की जो रचनाएं हैं, उनमें गुरु ने हथियारों की पूजा और हथियारों के क्रांतिकारी महत्व पर विशेष बल दिया है। "विचित्र नाटक" बाद की रचना है जिसमें नदौन और गुलैरी के युद्धों का वर्णन है। उसी में "सर्वलौह" और "तलवार" की स्तुति पहली बार हुई है और हथियारों का महत्व बताया गया है।

पातशाही।। अकाल पुरुष की रछा हमने। सर्वलौह की रछिया हमने।। सर्वकाल जीदी रछिया हमने।। सर्वलौह जीदी सदा रछिया हमने॥

श्री मुखवाक पातशाही ॥ दोहरा ॥
नमस्कार श्री खड़्ग को करो सुहितु चितु लाई।
पूरन करो गिरंथ एहि तुम मोहि करहू सहाई ॥

---

2. गांधीवाद का दार्शनिक आधार भी यहीं मध्य युगीन अवधारणा है। गांधी ने सत्याग्रही की व्याख्या इस प्रकार की है। ईश्वर चरम सत्य है और ईश्वर यानी इस चरम सत्य का एक अंश प्रत्येक प्राणी में मौजूद रहता है। लेकिन वह दुनिया के लोभ, मोह और स्वार्थ में इस तरह ढक जाता है, जिस तरह राख में चिनगारी। शून्य पर शून्य लगाने से कुछ लाभ नहीं होता। पर, एक शून्य लगाने से सौ और तीन लगाने से हजार बन जाते हैं। इसी प्रकार जब एक व्यक्ति तप, उपवास और अहिंसक कर्म द्वारा अपने भीतर इस सत्य को जगा लेता है, तब वह पूर्ण सत्याग्रही बन जाता है। अब यह पूर्ण सत्याग्रही जिस किसी से भी आंख मिलायेगा, उसके भीतर सत्य स्वतः जाग उठेगा और यों एक से अनेक बनते चले जाएंगे। उनके प्रभाव से दुनिया लोभ, मोह, स्वार्थ और अन्यायवृत्ति से मुक्त होती चली जाएगी और आखिर कोई किसी के अधीन अर्थात् परतंत्र नहीं रह जाएगा।
लेकिन गांधी ने सत्य के साथ अहिंसा और यह जोड़कर कि सत्याग्रही किसी से भी घृणा न करे (दुश्मन से भी नहीं) इसे आत्मसमर्पण का दर्शन बना दिया।

त्रिभंगी छद ॥ सी अकाल जी की अस्तुतिः
खग खंड विहंग खल दल खंड अतिरण मंडं बरबंड।
भुज दंड अखंडं तेज प्रचंडं जोति अमंडं भान प्रभं।
सुख संता करणे सुरमति दरणे किलबिख हरणै असरणे।
जै-जै जगकरण सृस्ट उचारण मम प्रतिपारण जै तेगे ॥
जब प्रसादि ॥ भुजंग प्रयान छंद ॥
नमो देव-देव नमो खड़ग धारे। सदा एक रूपंनिरभयाणे।
नमो राजसं सातकं तापसेअं, नमो निरविकार नमो सिर जुरेया ॥
तव प्रसादि ॥ रसावल छंद ॥
नमो बाण प्राणं नसो निरभयाणं।
नमो देव देवं भवाणे भवेअं ॥
तब प्रसादि ॥ रसवल छंद ॥
नमो चक्र पाणं, अभूतं भयाणं।
नमो उग्रदाडू महांग्रिस्टं गाडं ॥
नमो तीन तोपं जिने सत्र धोपे।
नमो क्षेप पटं, जिने दुस्ट वटे ॥
जिते समग्र नामं, नमस्कार तामं।
जिते असत भेये, नमस्कार तेयं ॥

"जफ़रनामा" 1906 की आनन्दपुर, चमकौर और मुक्तसर की लड़ाइयों के बाद लिखा गया। शुरू यों होता है–

बनाए-खुदा वंदे तेगो-तबर,
खुदावंदे तीरो-सनानो-सपर।

अर्थात् मुझे तेग, छुरा, नेजे और ढाल की कसम।

खुदावदे मर्दाने-जंग आजमा।
खुदावदे-अस्पाने-पादर हवा।

अर्थात्–मुझे युद्ध-क्षेत्र में प्राणों की बलि देकर शहीद हो जाने वाले वीर पुरुषों की कसम और रणभूमि में तेज दौड़ने वाले घोड़ों की कसम।

नाम जपने को तो धीरमल्ल, रामराय और मसंद भी किसी देवी-देवता का नहीं, अकाल पुरुष का ही जपते थे, पर वे गुरुमुख न रहकर मन मुख बन गए थे। जिस समय औरंगज़ेब ने हथियार बांधने पर पाबन्दी लगा दी थी, गुरु गोविन्द सिंह ने देशी और विदेशी मनमुखों से लोहा लेने के लिए, राष्ट्र को आज़ादी दिलाने के लिए और समाज का रूपान्तरण करने के लिए गुरुमुखों को तन और मन से सन्त सिपाही बनाकर सवा लाख से एक को लड़ाया। यही उनका अद्वितीय चमत्कार था। इक़बाल ने लिखा है–

अमल से जिन्दगी बनती है, जन्नत भी, जहन्नुम भी,
यह इंसां अपनी फितरत में न नारी है, न नूरी है।

खालसा का जन्म

यह घटना संवत् 1756 (सन् 1699) की बैसाखी के दिन घटित हुई। बैसाखी के त्यौहार पर सिख हमेशा ही गुरु के दर्शन को आया करते थे। यह प्रथा गुरु रामदास ने कोई डेढ़ सौ साल पहले कायम की थी। इस बार गुरु गोविन्द सिंह ने निमंत्रण भेजकर सिखों को दूर-दूर से बुलाया था और वे हजारों की तादाद में आए थे। आनंदपुर में खूब चहल-पहल थी। केसगढ़ के खुले मैदान में शामियाने लगे थे और दीवान सजा था। जब दीवान श्रद्धालुओं से खचाखच भर गया तो गुरु तलवार म्यान से खींचकर उठ खड़े हुए और उसे हवा में लहराते हुए बोले कि भगवती की आज्ञा हुई है कि धर्म और देश की रक्षा के लिए हम अपने एक सिख के शीश की बलि दें। जो सिख इस उद्देश्य की पूर्ति के लिए अकाल पुरख को और गुरु को अपना शीश भेंट करना चाहता है, वह आए और दूसरों के लिए निस्स्वार्थ बलिदान का, राष्ट्र में नए खून और नए उत्साह का उदाहरण बने।

चमकती हुई तलवार देखकर और गुरु की गरजती हुई आवाज सुनकर बहुतों का पित्ता पानी हो गया। कुछ देर सन्नाटा रहा। आखिर दीवान में से एक सिख उठा, जिसकी उम्र तीस बरस के करीब थी, वह हाथ जोड़कर गुरु के सामने आ खड़ा हुआ और बोला, "महाराज, इससे अधिक सौभाग्य की बात और क्या होगी कि यह शरीर धर्म के काम आए। मैं अपना शीश बड़े गर्व से गुरु को भेंट करता हूँ।"

इस सिख का नाम दयाराम था। वह लाहौर का रहने वाला और जाति का खत्री था। गुरु प्रसन्न हुए और उसे बांह से पकड़कर खेमे के भीतर ले गए। पूर्व निश्चित योजना के अनुसार दयाराम को वहाँ एक तरफ बैठा दिया। तलवार से बकरा काटने की आवाज दीवान में सुनाई दी। गुरु खून में सनी तलवार हाथ में लिए बाहर आए और संगत को सम्बोधित करके बोले, "एक शीश की बलि और

चाहिए, जो सिख बलि देने को तैयार हो वह सामने आए।" खून में सनी तलवार देखकर लोगों को विश्वास हो गया था कि दयाराम का शीश भगवती की भेंट चढ़ गया है। इसके बावजूद धर्म राय नाम का व्यक्ति चट उठ खड़ा हुआ। वह हस्तिनापुर का एक जाट था और उसकी आयु तैंतीस बरस के करीब थी।

गुरु धर्म राय को भी बांह पकड़कर खेमे के भीतर ले गए और उसे दयाराम के पास ला बैठाया। फिर बकरा काटा गया और गुरु फिर खून में सनी तलवार हाथ में लिए एक और शीश की बलि माँगने बाहर आए। इस बार जिस व्यक्ति ने अपना सिर पेश किया वह द्वारका का मुहकम चंद छींवा था। उम्र छत्तीस बरस थी। इसी प्रकार गुरु ने चौथी और पांचवीं माँग की। चौथी बार शीश भेंट करने वाला व्यक्ति बिदर का नाई साहब चंद था, जिसकी उम्र सैंतीस के करीब थी। पांचवां व्यक्ति पुरी जगन्नाथ का कहार हिम्मतराय था। उसकी उम्र अड़तीस बरस थी।

दौलत राय ने लिखा है कि इन पांच व्यक्तियों का सामाजिक स्तर और जाति चाहे कुछ भी थी, उनकी मिसाल मिलना मुश्किल है। सिर्फ गुरु के आदेश पर वे अपना शरीर, अपना जीवन राष्ट्र के लिए बलिदान करने को चट तैयार हो गए, देश-प्रेम का इससे बड़ा प्रमाण और क्या होगा! इस प्रकार शीश हथेली पर रखकर बढ़ने वाले वीर योद्धाओं से ही गुरु को राष्ट्र मुक्ति की आशा हो सकती थी।

इन पांचों के उदाहरण से संगत में इतना उत्साह पैदा हो गया था कि गुरु जितने भी शीश माँगते सिख देने को तैयार थे। लेकिन पांचवें व्यक्ति हिम्मत राय को ले जाने के बाद गुरु फिर शीश माँगने नहीं आए। पांच शीशों की बलि दी जा चुकी है, इसमें किसी को संदेह नहीं था। पर अब आगे क्या होगा, गुरु क्या चाहते हैं और क्या करने वाले हैं, यह किसी को कुछ मालूम नहीं था। आध-घंटा, पौन-घंटा बीत गया, लोग दम साधे सोच रहे थे कि इस नाटक का अंत क्या होगा और उत्सुकता बढ़ रही थी।

आखिर पर्दा उठा। गुरुजी बाहर आए। संगत देखकर आश्चर्यचकित रह गई। वे पांचों व्यक्ति जिन्होंने देश और धर्म के लिए अपने शीश अर्पित किए थे, गुरु के अंग-संग थे। वे पांचों और स्वयं गुरु नई वर्दियों में सजे हुए थे। होंठों पर मृदु मुस्कान, आंखों में चमक और मुख पर अद्भुत आभा थी। उनका बाहरी रूप ही नहीं, अभ्यंतर भी बदल गया जान पड़ता था। "ये पांच प्यारे, जिन्हें साध-संगत अपने सामने खड़े देख रही है," गुरु कह रहे थे और लोक मंत्र मुग्ध से सुन रहे थे," ये पहले वाले सिख नहीं, मेरे सिंह अर्थात् मेरे शेर हैं। इन्होंने अपने शीश

बलिदान करके नया जीवन धारण किया है। आज से इनके नाम भाई दयासिंह, भाई धर्मसिंह, भाई साहब सिंह और भाई हिम्मत सिंह होंगे। "सिंह", जो किसी से नहीं डरता। आज से मेरा नाम भी गोविन्द सिंह है।" करतल ध्वनि ने पंडाल गूंज उठा। कुछ क्षण करतल ध्वनि ही करतल ध्वनि से सुनाई पड़ी। जब बंद हुई तो गुरु फिर बोले–"आज से सिख-धर्म का नया नाम खालसा पंथ होगा। ये पांचों प्यारे खालसा पंथ के बुनियादी सदस्य हैं। आज से गुरु-गद्दी खत्म। आगे से पांच प्यारे ही खालसा पंथ के गुरु होंगे। पंथ सम्बन्धी हर एक निर्णय उन्हीं की राय से लिया जाएगा। जो कोई सिख-धर्म में प्रवेश करेगा, वह केस, कंघा, कड़ा, कछहरा और कृपाण धारण करेगा। यह सिंह का वेश है। खालसा अपनी वेश-भूषा से ही दूसरों से अलग पहचाना जाएगा। खालसा की एक दूसरी पहचान यह भी होगी कि गुरु नानक देव का कोई सिख जब किसी दूसरे सिख से किसी पंथ समागम में अथवा किसी दूसरी जगह मिलेगा तो वह

वाहे गुरुजी का खालसा,
'वाहे गुरुजी की फतह।

से उसका अभिनंदन करेगा ताकि हर एक सिख को यह दृढ़ निश्चय हो जाए कि सृजनहार वाहे गुरु खालसा-पंथ का रक्षक है और पंथ को सदा विजय प्राप्त होगी। खालसा-पंथ में प्रवेश करने वाले प्रत्येक व्यक्ति को अमृत छकना होगा। अब अमृत छकने की रस्म अदा होगी। सबसे पहले ये पांच प्यारे अमृत छकेंगे और फिर इनके हाथ से मैं अमृत छकूंगा।"

गुरु ने अपनी योजना उद्घाटित की। पंडाल में सन्नाटा, एकदम सन्नाटा, पूरा दीवान चुप्पी और गांभीर्य के भव्य विराट रूप में बदल गया था, जिसे देखने के लिए समय भी ठिठक गया।

नदी का निर्मल जल मंगवाकर लोहे के एक बाटे में डाला गया। गुरु आसन पर विराजमान हुए। वह अपना खंडा पानी में घुमा रहे थे और पांच वाणियों का पाठ कर रहे थे। इसी दौरान माता सुन्दरी बताशे लेकर आई। ये बताशे बाटे में डाल दिए गए। बताशे पानी में घुल जाने और पांचों वाणियों का उच्चारण पूरा होने पर अमृत तैयार हुआ। गुरु गोविन्द सिंह ने पांचों प्यारों को पांच-पांच चुल्लू अमृत बाटे में से पिलाया। हर चुल्लू के बाद पांचों प्यारे और खुद गुरु गोविन्द सिंह "वाहे गुरुजी का खालसा, वाहे गुरु जी की फतह" का जयकारा लगाते थे। पांचों प्यारों को अमृत छकाने के बाद खुद गुरु ने उनके हाथ से अमृत छका।

अर्थात् गुरु और चेला एक स्तर पर आए, छोटे-बड़े का भेद समाप्त हुआ। अर्थात् इस रीति का नाम गुरु गोविन्द सिंह ने "पाहुल" रखा और प्रचलित सिख-धर्म से "खालसा-पंथ" का जन्म हुआ।

"अमृत" छकने के बाद गुरु गोविन्द सिंह ने नजर घुमाकर चारों तरफ देखा और आनंदचित से बोले, "वाह! वाह! गुरु के गोविन्द सिंह आए गुरु आपे चेला और गुरु खालसा, खालसा-चेला। गुरु चेले का भेद समाप्त जैसे और सब लोग खालसा-पंथ के चेले हैं, वैसे ही मैं भी हूँ।" और पांचों प्यारों को सम्बोधित करके उन्होंने आगे कहा, "आज से गुरु के घर तुम्हारा नया जन्म हुआ है। गुरु-खालसा का रूप एक है, अतः आज से पटना तथा आनंदपुर को अपना जन्म-स्थान समझो। माता-पिता के घर जन्म से तुम्हारी जो जात थी, वह आज से मिट गई। आज से तुम खालसा हो, खालसा तुम्हारी जात, खालसा तुम्हारी बिरादरी है। इस बिरादरी में ऊंच-नीच का भेद नहीं। तुम शूरवीर क्षत्रिय हो। तुम्हारा धर्म है न किसी पर जोर-जबरदस्ती करना और न किसी की जोर जबरदस्ती सहना। लोहे के बाटे, इस्पात के खंडे और गुरु वाणी द्वारा तैयार किया गया जो अमृत तुमने पान किया है, उससे तुम्हारा शरीर और तुम्हारा निश्चय इस्पात का बन गया है। जो कोई भी यह अमृत पान करेगा उसी में ये गुण आ जाएंगे, निःस्वार्थ सेवा और लोकहित उसका जीवन ध्येय बन जाएंगे। आज से तुम श्रीअकालपुरुष, गुरु ग्रंथ साहब और गुरु-खालसा की उपासना करना और इन तीनों के अलावा किसी देवी, अवतार-पैगम्बर तथा पीर-फकीर के आगे सिर मत झुकाना।"

खालसा-पंथ के बुनियादी नियम ये तय पाए—

1. जो कोई खालसा-धर्म में प्रवेश करेगा, वह पांच सिंहों के सम्मुख प्रस्तुत होकर उपरोक्त रीति के अनुसार पाहुल छकेगा।
2. जो कोई इस प्रकार का पाहुल छकेगा, उसके नाम के साथ 'सिंह' शब्द जोड़ दिया जाएगा।
3. जहाँ पांच सिख एकत्र होंगे, खालसा-पंथ सम्पूर्ण होगा और पांच में परमेश्वर और पांचों ही पाहुल वास्ते गुरु रूप होंगे। वे पांच कोई भी हो सकते हैं, उनमें किसी प्रकार का भेदभाव नहीं, ऊंच-नीच नहीं। सभी मनुष्य ईश्वर की सन्तान हैं और समान हैं।
4. खालसा-पंथ में प्रवेश करने वाला व्यक्ति खालसा कहलाएगा। वह केस, कंघा, कड़ा, कछहरा और कृपाण धारण करेगा। ये पांचों चिह्न कक्के कहलाएंगे।

5. खालसा पंथ में प्रवेश के साथ हर सिंह की पहली जात और वर्ण का नाश हो जाएगा। सिंह सजने के बाद सब वर्ण एक ही बर्तन में खाएंगे।
6. सिंह अपनी भावनाएं लोहे से जोड़ेंगे और उसे ही सारी ऋद्धियों सिद्धियों का दाता स्वीकारेंगे। शस्त्र धारण करना, शस्त्र चलाना और युद्ध करना सिंहों का परम धर्म होगा।
7. जो सिंह युद्ध में शहीद होंगे, युद्ध में योगदान देंगे और निराशा, उत्पीड़ित में आशा का संचार करेंगे, वह महान पदवी प्राप्त करेंगे।
8. सिंह जनेऊ धारण नहीं करेगा।
9. सिंह हिन्दू जाति की रीतियों का त्याग करेगा, पर उसके तीर्थों, पवित्र विचार-धारा तथा संस्कारों के प्रति आदर-सत्कार का ध्यान रखेगा। उसके पद्दलित धर्म और देश की रक्षा करना सिंह का कर्तव्य होगा।
10. सिंह परमात्मा की पूजा सच्चाई तथा शुभ आचरण द्वारा करेंगे। निरंकार अकाल पुरख के अलावा वे और किसी की पूजा नहीं करेंगे।
11. वे सदा गुरु नानकदेव को अपना गुरु स्वीकार करेंगे। उनके उत्तराधिकारियों का सम्मान और उसके उपदेशों पर अमल करेंगे।
12. अमृतसर का सरोवर सिंहों का तीर्थ होगा।
13. सिंह तम्बाकू का इस्तेमाल बिलकुल नहीं करेंगे।
14. वे खालसे में ईश्वरीय शक्ति का निवास तथा विश्वास धारण करेंगे।
15. सिख जब एक दूसरे से मिलेंगे तो "वाहे गुरुजी का खालसा, वाहे गुरुजी की फतह" उनका अभिवादन होगा।

खालसा पंथ में इनके प्रवेश का निषेध था—

1. **मसंद**—कभी वे अपने आचरण से सिख-धर्म का आदर्श प्रस्तुत करते थे, पर अब वे पुरोहित श्रेणी की तरह भ्रष्ट होकर कायर, स्वार्थी तथा निकम्मे हो चुके थे।
2. **धीरमल्लिए**—धीरमल्ल के उपासक और सेवक। धीरमल्ल ने गुरु गद्दी के लिए झगड़ा किया, गुरु तेगबहादुर पर गोली चलाई और फिर अपनी गद्दी अलग बनाई।
3. **रामराइए**—रामराय गुरु गोविन्द सिंह के चाचा थे। उन्होंने भी गद्दी के लिए गुरु तेगबहादुर और गुरु गोविन्द सिंह से झगड़ा किया और अपनी गद्दी अलग बनाई।

4. **मीणे**–लड़कियों की हत्या करने का रिवाज आम था। गुरु गोविन्द सिंह ने कन्या की हत्या करने वाले नीच लोगों के खालसा-पंथ में प्रवेश पर रोक लगाई। कुड़ीमारों (कन्या हत्यारे) के अलावा चिड़ीमार (बहेलिए) और सिर मुंडे (संन्यासी) भी खालसा-पंथ में प्रवेश नहीं पा सकते थे।

किसी भी आन्दोलन के लिए दर्शन और सिद्धान्त की तरह नारे भी आवश्यक होते हैं। नारे जनमानस में चेतना और जोश का संचार करते हैं और अवाम को गोलबंद करने में मदद देते हैं। इसलिए आंदोलन का नेता अपने सिद्धांत को लोकप्रिय बनाने और अधिकाधिक लोगों का सहयोग प्राप्त करने के लिए, जिन नारों का आविष्कार करता है, वे उसकी सूझ-बूझ के परिचायक हैं। गुरु गोविन्द सिंह ने खालसा पंथ की स्थापना की तो अपने सिद्धांतों के अनुरूप ''वाहे गुरु जी की फतह, वाहे गुरु जी का खालसा'' और ''बोले सो निहाल, सतश्री अकाल!'' दो नारे भी दिए। इन नारों की व्याख्या करते हुए प्रो. किशन सिंह लिखते हैं–

''संगठन-विज्ञान के अनुसार नारे वे बढ़िया होते हैं, जो आंदोलन के निशाने को इतना स्पष्ट कर दें कि वह तुरन्त मन पर अंकित हो जाएं और वे इतने जोर से बोले जा सकें कि बोलने वाला उनमें अपना सारा जोश व्यक्त कर दे और वे सुनने वाले को भी इतना प्रभावित करें कि उसके अभ्यन्तर में दूर तक उतरते चले जाएं। ये नारे जितने दोहराये जाएं, संगठन और उसका आदर्श उतना ही पक्का हो। पहले नारे का मतलब है कि खालसा जिस सच का स्वरूप है, वह वाहे गुरु का है। फतह अर्थात् विजय किसकी है? वाहे गुरु की। यह नारा समूची गुरु-वाणी और सिख-लहर का निचोड़ है। ईश्वर सर्वशक्तिमान हैं, अजित है, फतह उसकी है, खालसा उसका है, उसी का स्वरूप है। खालसा वाहे गुरु का है, उसकी विजय अनिवार्य है। नारे के इन चंद शब्दों में क्रांति का सत्य निहित है। जब समाज-विकास का नियम क्रांतिकारी संगठन का रूप धारण करता है तो क्रांति के आगे ठहर कौन सकता है? यह नारा बोलने और सुनने वालों को अपने भीतर से उगा जान पड़ता है और परिस्थितियाँ इसके सत्य की साक्षी हैं।

''दूसरे नारे का अर्थ क्या है? श्री अकाल सत्य है, सच है, शाश्वत् है और जो बोलता है वह निहाल है। विजय, फिर वही विजय, सच और ईश्वर की है। अगर ईश्वर अजर अमर है तो उसके स्वरूप खालसे को मिटाने वाला कौन पैदा हुआ है? दोनों नारों का निशाना श्रीअकाल का भरोसा और विजेता का दिल है। दोनों बातें सीधा मन में उतर जाती हैं। इन नारों की एक खूबी यह है कि जहाँ

ये एक तरफ फौजी प्रोग्राम का रूप हैं, मैदाने-जंग में उतर रही फौज का विजय उद्घोष हैं, वहाँ दूसरी तरफ इन्हें बदलने की भी जरूरत नहीं। यह आंदोलन की हर दशा और हर स्थिति को अभिव्यक्त करते हैं। नारों का जन्म तो आंदोलन और ठोस सामाजिक परिस्थितियों से होता है, पर वे जन-साधारण की चेतना के स्तर को ऊँचा उठाने-गहराने का जबरदस्त साधन बनते हैं। नारे आंदोलन में से पैदा होकर उसे गति प्रदान करने, आगे बढ़ाने का काम करते हैं।

"पहला नारा आम मेल-जोल का है और दूसरा है मैदाने जंग का। ये नारे किस जोश के साथ लगाए जा सकते हैं, यह बताने की जरूरत नहीं। उस स्थिति में जहाँ सिंह इकट्ठे होते होंगे, वहाँ यह बात किसी से छिपी नहीं रहती होगी। विशेषकर दूसरा नारा तो जोश दिलाने के लिए इतना कारगर है कि जब कोई सिंह भरपूर स्वर में "बोले सो निहार, सतश्री अकाल" का जयकार बुलन्द कर रहा हो, मन में भय और सहम रहने का सवाल ही पैदा नहीं होता। यों महसूस होता है कि मैदाने जंग में एक फौज लहर-दर-लहर दूसरी फौज पर छाती जा रही है और दूसरी फौज उसके आगे ठहर नहीं पा रही है। आज भी सिख-सेना जहाँ जाकर लड़ती है वहाँ जयकारे "सतश्री अकाल" ही के गूंजते हैं। इस जयकारे का उस स्थिति में कितना प्रभव होता है। इसकी तसदीक किसी भी सैनिक से की जा सकती है।

"ये नारे इतने प्रचलित हुए कि सिंहों के दैनिक जीवन का अभिन्न अंग बन गए। सिंह सुबह उठकर एक दूसरे से मिलते तो "सतश्री अकाल"। रात को अलग-अलग सोने जाते तो "सतश्री अकाल"। एक सिंह की दूसरे सिंह से अचानक भेंट हो जाए तो "वाहे गुरुजी का खालसा, वाहे गुरुजी की फतह"। एक दूसरे से विदा हों तो फतह। कोई बात शुरू हो तो फतह, संगत एकत्रित हो तो फतह और "सतश्री अकाल" के जयकारे। शब्द, कीर्तन और पाठ में जयकारे। ब्याह-शादी, जन्म-मरण सिंह किसी भी अवसर पर इकट्ठे हों, वही फतह और जयकारे।"[1]

गुरु नानकदेव के दो सौ साल बाद इतिहास की गति से देश के सामाजिक जीवन में गुणात्मक परिवर्तन आया था और नई स्थिति रूपायित हुई थी। भक्ति आंदोलन ने विभिन्न राष्ट्रीयताओं के रूप में सशस्त्र संघर्ष का रूप धारण कर लिया था। मुगल राज्य विघटन की प्रक्रिया में था और यह प्रक्रिया दिन-दिन तेज होती

---

1. 'सिख-लहर', पृष्ठ 80 से 81

जा रही थी। पंजाबी, जो स्वभाव ही से वीर हैं, "दो पैर कम चलना, पर शान से चलना" जिनका जीवन-मंत्र है, उन्हें भी राष्ट्र के इस निर्णायक संघर्ष में अपनी वीरोचित भूमिका अदा करनी थी। उन्हें अपने स्वभाव और चरित्र के अनुरूप ही नेता मिला। नेता का कर्तव्य है समय के तकाजे को समझना और उसे पूरा करना। दो सौ साल पहले गुरु नानकदेव ने समय के तकाजे को समझा और उत्पीड़ित को और निर्वेर बनाने वाले नए धर्म की स्थापना करके उस तकाजे को पूरा किया। अब दसवें गुरु गोविन्द सिंह ने गुरु नानकदेव से विरासत में मिले, धर्म को नया मोड़ देकर, नया रूप प्रदान करके, नई स्थिति के नए तकाजे को पूरा किया। खालसा पंथ की स्थापना ने "नीचहु ऊंच करे मेरा गोविन्द काहू से न डरे" को व्यावहारिक रूप दिया, सार्थक बनाया। गुरु ने एकलव्यों को हथियार दिए--नारे दिए, अमृत छकाया और सिंह बनाकर मैदाने जंग में उतार दिया। इन सिंहों को न सिर्फ राष्ट्र को राजनीतिक गुलामी से आजाद करना था बल्कि देश की शोषित उत्पीड़ित शूद्र कहलाने वाली मेहनतकश जनता को धर्म और जाति के दमन से मुक्त करने के लिए समाज का भी रूपांतरण करना था। गुरु नानकदेव के नए धर्म का यही उद्देश्य था और उद्देश्य की पूर्ति हथियारों से ही संभव थी। जिन लोगों ने हथियारों के इस महत्व को भुला दिया है, जो संकट के समय देवी-देवताओं को ही सहायता के लिए पुकारते रहे हैं, जिन्होंने धार्मिक पूजा-पाठ को ही आध्यात्मिक उन्नति का और जन्म-मरण के बंधन से मुक्ति पा जाने का साधन समझ रखा है, वे गुरु गोविन्द सिंह के इस क्रांतिकारी ऐतिहासिक कार्य को समझने में असमर्थ हैं। प्रो. साहब सिंह ने इसका एक बहुत अच्छा उदाहरण प्रस्तुत किया है–

"जदूनाथ सरकार जैसे प्रसिद्ध इतिहासकार ने इसी हिन्दू ख्याल के प्रभाव तले सिख-धर्म को समझने में बहुत बड़ी भूल की है। वह लिखते हैं कि गुरु नानकदेव ने आत्मिक राज कायम करने के लिए नम्रता, प्रार्थना, जप-तप, भक्ति व पवित्र जीवन आदि का रिवाज चलाया था पर गुरु गोविन्द सिंह जी का रास्ता बिलकुल दुनियावी था, क्योंकि यह अपने सिखों को फौजी कवायद सिखाने लगे और कहते थे कि हम चारों वर्णों के लोगों को शेर बना देंगे। उनके निकटवर्ती सिख हथियारबंद थे, आदि-आदि। विरोध की सनक में यह प्रसिद्ध इतिहासकार सूझ-बूझ की सीमा भी पार कर गया। वह लिखता है कि गुरु गोविन्द सिंह जी ने खुल्लमखुल्ला इस्लाम के विरोध की नीति अख्तियार कर ली थी।"[1]

---

1. 'जीवन वृत्तान्त गुरु गोविन्द सिंह', पृष्ठ-68

सर जदुनाथ सरकार से इससे अधिक की अपेक्षा ही नहीं की जा सकती। ब्रिटिश शासकों ने ऐसे ही इतिहास लिखवाकर हिन्दू मुसलमान में फूट डाली और एक दूसरे को करीब लाने वाले तत्वों की अवहेलना की।

इसके विपरीत डॉ. गोकुलचंद नारंग ने बिलकुल ठीक लिखा है कि गुरु गोविन्द सिंह ने जिस इस्पात की तलवार बनाई, वह इस्पात गुरु नानकदेव ने जुटाया था।

नेता का काम लकीर का फकीर बनना नहीं बल्कि इतिहास की विकास-दिशा को समझना और ध्येय की पूर्ति के लिए समयानुकूल नई डगर अपनाना है।

इसी का नाम नेतृत्व है।

शत्रु के आक्रमण और खालसा का पराक्रम

आनंदपुर की लड़ाईयाँ

अमृत छक कर खालसा बन जाने का अर्थ था ध्येय-पूर्ति के लिए अपना शीश अर्पित कर देना। खालसा की स्थापना अकस्मात नहीं हुई। गुरु गोविन्द सिंह ने धीरे-धीरे और क्रमशः सचेत उत्सर्ग की मानसिकता का निर्माण किया और अपने शिष्यों को इस स्थिति तक पहुंचाया। 'दुर्गा-पूजा' नाटक, 'चौबीस अवतार' और 'विचित्र नाटक' की रचना इसी उद्देश्य से हुई। शिष्यों ने हथियारों के महत्व को समझा। न्याय और अन्याय के निरन्तर संघर्ष को समझा और उनके मन में यह विश्वास उत्पन्न हुआ कि गुरु गोविन्द सिंह चाहे अवतार नहीं; लेकिन परम पुरुष ने उन्हें दुष्टों का नाश करने और न्याय की विजय के लिए भेजा हैं, इसी से सहर्ष शीश अर्पित करने वाले योद्धा आगे आए और खालसा की स्थापना हुई। बस अब क्या था। सूखी घास में चिनगारी पड़ी और सदियों से उत्पीड़ित जनसाधारण हथियार बांधकर खालसा सजने लगे। किसान, तरखान, नाई, धोबी और धींवर आदि जिन्हें नीच और शूद्र समझा जाता था और जिन्हें हथियारों से वंचित रखा गया था, उनका दलित गौरव जागा, और वे खालसा सजकर अपने को क्षत्रिय कहने लगे। यह मुगल साम्राज्य और वर्ण-व्यवस्था दोनों को चुनौती थी। क्रांति की शक्तियों पर पहला वार हमेशा प्रतिक्रियावादियों की ओर से होता है। अब भी ऐसा ही हुआ। पहाड़ी राजे जैसे पहले रणजीत नगाडें की टंकार से चौंके थे, वैसे ही अब "वाहे गुरु जी का खालसा और वाहे गुरु जी की फतह" के जयघोष से चौके। इस बार उनकी घबराहट पहले से कहीं ज्यादा था। कारण यह कि खालसा की शक्ति भी अब पहले से कहीं ज्यादा थी। इस घबराहट के दो कारण थे। एक यह कि जिस वर्ण-व्यवस्था

पर उनकी मान-मर्यादा कायम थी, उसकी बुनियादे हिल गई थीं। जिन अपढ़ तथा नीची जातियों को कर्मवाद की संस्कारगत जंजीरें पहना कर पीढ़ी-दर-पीढ़ी दास बनाकर रखा था, वही अब गर्दन ऊंची करके अपने को क्षत्रिय कह रहे थे, वर्णाभिमानियों के पैतृक अधिकारवाद को ललकार रहे थे। यह बात धर्म और शास्त्र के विपरीत थी। वे धर्म और शास्त्र की अवहेलना कैसे सहन करते? दूसरे : मुगल साम्राज्य की अधीनता स्वीकार करके और नज़राना चुकाकर उन्होंने अपनी गद्दियों और पैतृक अधिकार दोनों को सुरक्षित कर लिया था लेकिन ख़ालसा की यह नई क्रांतिकारी शक्ति इन दोनों को धूल में मिलाने के लिए दृढ़ संकल्प थी। इससे बचाव का कोई उपाय सुझाई नहीं दे रहा था।

कुछ राजाओं के मन में गुरु के प्रति ईर्ष्या थी और कुछेक का उनसे व्यक्तिगत द्वेष था। अब उन सबने इकट्ठे होकर उनके विरुद्ध संयुक्त मोर्चा बनाया और सोचा कि कठिनाइयाँ पैदा करके गुरु की नाक में दम कर दें और उनके लिए यहाँ रहना असंभव बना दें। आपस में सलाह मशविरा करके उन्होंने गुरु को दो बातें लिख भेजी : एक, यहाँ रहना है तो हमारे अधीन होकर हमारी प्रजा बन कर रहो, वरना आनंदपुर खाली करके चले जाओ। दूसरे, सिखों ने हमारी प्रजा को जो नुकसान पहुंचाया है, उसका मुआवजा रुपये में अदा करो।

लेकिन गुरु गोविन्द सिंह तो पूरे राष्ट्र की स्वाधीनता के लिए संकल्पबद्ध थे और मुगल साम्राज्य से टक्कर लेने की तैयारी कर रहे थे। वह इन पहाड़ी राजाओं की गीदड़ भभकियों में क्या आते। उत्तर लिख भेजा–'आनंदपुर अगर खाली होगा तो तलवार से। मुआवजा लेना है तो वह मिलेगा बंदूक से।'

यह उत्तर पढ़कर अपने को क्षत्रिय कहलाने वाले वर्गाभिमानी पहाड़ी राजे तिलमिला उठे। सिंहों से सीधे मुकाबला करने की तो उनमें हिम्मत नहीं थी, धोखाधड़ी से गुरु की हत्या का षड्यंत्र रचा। अतएव एक दिन जब वह पहाड़ की तलहटी में शिकार खेल रहे थे तो बलियाचंद और आलिमचंद नाम के दो राजाओं ने उन पर अचानक हमला कर दिया। जो थोड़े से सिंह शिकार में साथ आए थे, गुरु गोविन्द सिंह ने उन्हें लेकर बड़े साहस और बड़ी वीरता से शत्रु का मुकाबला किया। घमासान लड़ाई हुई। राजा बलिया मारा गया, बाकी सेना भाग खड़ी हुई और मैदान गुरु के हाथ रहा।

मुट्ठी भर सिखों ने इतनी बड़ी सेना को मार भगाया था, इससे पहाड़ी राजाओं का दुखी और चिंतित होना स्वाभाविक था। उन्होंने सरहिंद के नवाब के पास अपना

प्रतिनिधि भेजा और दिल्ली के बादशाह से सैनिक सहायता माँगी। यह सैनिक सहायता भी यद्यपि वे अपने लिए जबरदस्त खतरा महसूस करते थे, पर इसके सिवाय कोई चारा न था। औरंगज़ेब उस समय दक्षिण में था। नवाब सरहिंद ने उससे मंजूरी ली और अपने दो जरनैलों–पैदां खाँ व दीना बेग की कमान में दस हजार सेना राजाओं की मदद के लिए भेज दी। कहलूर, जसवाल और सिरमौर आदि रियासतों की लगभग बीस हजार सेना से मिलकर तीस हजार शत्रु-सेना ने आनंदपुर पर धावा बोल दिया।

यह मानवी गौरव का उच्चवर्गीय अहंकार से टकराव था। छह-सात हजार सिख नौजवान लड़ाई की खबर सुनते ही आनंदपुर पहुंच गए थे। उनकी संख्या शत्रु-सेना के मुकाबले चाहे बहुत थोड़ी थी, पर मन में भय और दुविधा लेशमात्र नहीं थी, वे देश और धर्म की रक्षा के लिए मर मिटने को तैयार थे और सिर पर कफन बांधकर आए थे। एक तरफ भाड़े की सेना और दूसरी तरफ आजादी के परवाने–तादाद से क्या होता है हौसलों में जमीन-आसमान का अन्तर था। गुरु गोविन्द सिंह ने अपने सिंहों की कमान पांच प्यारों तथा भाई उदयसिंह और भाई आलिम सिंह के सुपुर्द की। गुरु गोविन्द सिंह के बड़े साहबजादे अजीतसिंह की अवस्था चाहे अभी छोटी थी, पर उन्होंने दुश्मनों के छक्के छुड़ा दिये और साहस का वह परिचय दिया कि देखने वाले दंग रह गए।

घमासान रण हुआ। मुगलों और राजाओं की मिली-जुली खिचड़ी सेना सिंह वीरों के आगे टिक़ नहीं पा रही थी कि पैदा खां आगे बढ़ा और उसने दशमेश को द्वंद्व युद्ध के लिए ललकारा। दशमेश ने कहा, ठीक है, पहला वार तुम करो ताकि दिल में अरमान न रह जाए कि वार का मौका नहीं मिलां पैदां खां ने अपने तीर से दो वार किये और दोनों खाली गए। अगला वार गुरु गोविन्द सिंह ने किया और निशाना साधकर कान में तीर मारा, जो खोपड़ी चीरता हुआ पार निकल गया। पैदां खां के गिरते ही पहाड़ी सेना में भगदड़ मच गई। दीना बेग ने साहस का परिचय दिया। वह मैदान में डटा रहां लेकिन वह भी घायल हुआ। मुगल सेना के भी पांव उखड़ गए। खालसा वीरों ने खिंदराबाद (जिला अम्बाला) तक उसका पीछा किया।

आनंदपुर की यह पहली लड़ाई 1701 के शुरू में हुई। इस विजय की यादगार के तौर पर खिदराबाद में गुरुद्वारा बना हुआ है।

इस विजय से सिंहों के पराक्रम की धूम मच गई। समस्त पंजाब में उत्साह की तरंग-सी दौड़ गई। माझे और मालवे के बहादुर नौजवान गुरु सेना में भरती होने आनंदपुर आने लगे। घोड़े, हथियार, रसद आदि युद्ध का सामान जुटाया गया। गुरु जानते थे कि शांति संभव नहीं, पराजय की खीझ मिटाने के लिए राजे फिर आक्रमण करेंगे। आत्मरक्षा के लिए युद्ध की तैयारी आवश्यक थी।

अनुमान ठीक था। पहाड़ी राजे एक बार फिर बिलासपुर में एकत्र हुए और इस बात पर विचार किया कि सिखों की बढ़ती हुई शक्ति का मुकाबला कैसे किया जाए। यह बढ़ती हुई शक्ति सिर्फ उन्हीं के लिए नहीं, मुगल साम्राज्य के लिए भी खतरा थी। इसलिए दिल्ली से मदद मिली थी, लेकिन पहले जो मदद ली थी, वह महंगी पड़ी थी, उससे गुलामी का जुआ मजबूत होता था। आखिर सोच-विचार कर वे इस निर्णय पर पहुँचे कि दिल्ली से मदद माँगने के बजाय गूजरों और रांघड़ों को साथ लिया जाए। गूजर और रांघड़ सरदार चट आ मिले, क्योंकि सिखों की बढ़ती हुए शक्ति उनके लिए भी उतना ही बड़ा खतरा था जितना कि पहाड़ी राजाओं के लिए।

नवम्बर 1701 में कहलूरिये राजा अजमेर चंद की कमान में मिली-जुली पहाड़ी सेना ने आनंदपुर पर दूसरा आक्रमण किया। सिख-सेना मुकाबले के लिए पहले से तैयार थी। साहबजादा अजीत सिंह चार हजार सिंहों को साथ लेकर गूजर और रांघड़ सेना पर टूट पड़े और एक तूफानी लहर की तरह यों आगे बढ़े कि पल की पल में शत्रु-पीतों को तोड़ डाला। सिंहों की वीरता और निर्भीकता के आगे गूजर और रांघड़ टिक नहीं पाए। मैदान छोड़कर भाग खड़े हुए और उनका एक सरदार जमतुल्ला खेत रहा, जिसकी लाश ले जाने के सभी प्रयास विफल हुए।

माझे के सिखों ने भाई दया सिंह, भाई आलिम सिंह और भाई उदयसिंह की कमान में राजाओं की सेना पर धावा बोला। दिन भर घमासान लड़ाई हुई। सिखों के मुकाबले पहाड़ी सेना तादाद में चाहे कहीं ज्यादा थी, पर उसमें उत्साह और निष्ठा का अभाव था। बहुत-सी जानें गंवाकर शाम होते होते पीछे हटी। दूसरे दिन भी ऐसा ही हुआ।

दो दिन के युद्ध में जो नुकसान उठाना पड़ा, उससे राजाओं का हौसला पस्त हो गया। सिंहों से खुली लड़ाई में विजय पाने की तनिक भी आशा नहीं रह गई। अब दूसरा उपाय यह सोचा गया कि आनंदपुर को चारों तरफ से घेर लिया जाए

ताकि सिखों को बाहर से रसद आदि न पहुंच सके। वे तंग आकर आप ही हथियार डाल देंगे।

वे बीस दिन तक आनंदपुर का घेरा डाले रहे। खालसा पर उसका कुछ भी असर नहीं हुआ। उलटा पहाड़ी सेना में बेचैनी फैली? राजे भी उतावले हो गए। फिर उन्होंने तुरन्त योजना बनाई। किला लोहगढ़ का फाटक तोड़ने के लिए पहाड़ी राजाओं ने एक हाथी को शराब पिलाई। मस्त हाथी के माथे पर लोहे का तवा बांध दिया गया और पहाड़ी सेना उसके पीछे-पीछे चली। दुनीचन्द नाम का एक खत्री सिख अपनी बहादुरी की बड़ी डींग हाँकता था। गुरु गोविन्द सिंह ने उसे आदेश दिया कि वह बाहर जाकर हाथी का मुकाबला करे और उसे आगे बढ़ने से रोके। दुनीचंद बाहर आया, लेकिन हाथी का मुकाबला करने के बजाय जान बचाकर भाग गया। दशमेश ने अब यह काम विचित्र सिंह को सौंपा। विचित्र सिंह लवाना जाति का गरीब व्यक्ति था और अमृत छक कर खालसा बना था। वह किले से बाहर आया, वीरता से आगे बढ़ा और नागिनी बरछे से इतने जोर का प्रहार किया कि बरछा तवे को चीरकर हाथी के सिर में घुस गया।[1] पीड़ा से बलबलाता हुआ क्रुद्ध हाथी इतनी तेजी से पीछे हटा कि अनेक पहाड़ी सैनिक उसके पांव-तले रौंदे गए। उधर से सिंह योद्धा उन पर टूट पड़े। जसवालिया राजा केसरीचंद अपनी सेना का हौसला बढ़ाने के लिए आगे बढ़ा तो भाई उदय सिंह अपने रिसाले समेत उस पर टूट पड़ा। दोनों तरफ से खूब तलवारें चलीं। आखिर केसरीचंद घायल होकर घोड़े से नीचे गिर पड़ा। हंडूर और कहलूर के राजे भी घायल हुए। खालसा ने मैदान मार लिया।

पहाड़ी राजे अब भी हार मानने को तैयार नहीं थे। दूसरे दिन कांगड़ा के राजा घमंडचंद ने कमान संभाली और वह निस्संदेह जी-तोड़कर लड़ा। दिन भर खूब तलवारें चलीं और दोनों तरफ का बहुत नुकसान हुआ। लेकिन शाम को घमंडचंद अचानक किसी की गोली से घायल हो गया। उसके गिरते ही शत्रु सेना में निराशा छा गई। रात के अंधेरे में पहाड़ी सेना आनंदपुर से दूर हट गई।

राजे बड़े परेशान थे। लेकिन वे अब भी हार मानने को तैयार नहीं थे। उनका खयाल था कि जब तक सिख किले में बंद हैं, उन पर पूरी तरह चोट संभव नहीं।

---

1. भाई विचित्र सिंह का नागिनी बरछा केसगढ़ में और खड्ग अकाल तख्त अमृतसर में मौजूद है।

अगर वे आनंदपुर छोड़कर बाहर निकल आयें तो मैदान हमारे हाथ है, तब हम उनसे निपट लेंगे।

यह सोचकर उन्होंने छल-कपट की नीति अपनाई। गुरु गोविन्द सिंह के नाम राजाओं ने एक पत्र लिखा। गौ की सौगंध खाकर उन्होंने यह प्रतिज्ञा की कि अगर आप आनंदपुर छोड़कर, चाहे दो-तीन दिन के लिए ही सही, किसी दूसरी जगह चले जाएं तो हम आपको किसी तरह का नुकसान नहीं पहुंचाएंगे और आपसे कभी नहीं लडेंगे। इससे हमारी इज्जत रह जाएगी। हम अपनी-अपनी रियासत में जाकर लोगों से कह सकेंगे कि सिख शहर खाली कर गए, जीत हमारी हुई है। हमारी आपकी लड़ाई बंद हो जाएगी और प्रजा का खून भी नाहक नहीं बहेगा।

राजाओं ने आटे की एक गौ बनाई और उसके साथ यह चिट्ठी केसगढ़ के फाटक पर छोड़ आए।

सिख सैनिकों ने चिट्ठी दशमेश के पास पहुंचा दी। वह समझ गए कि राजे धोखा कर रहे हैं। लेकिन चिट्ठी सुनकर बहुत से लोग खुश थे। लड़ाई बहुत दिनों से चल रही थी। वे अब शांति चाहते थे। गुरु गोविन्द सिंह को यह बात अपने सिखों को ही नहीं दूसरे लोगों को भी समझानी थी कि लड़ाई के लिए हम नहीं, राजे जिम्मेदार हैं और इस चिट्ठी में भी छल भरा है। इस बात की सच्चाई आनंदपुर खाली करके ही सिद्ध की जा सकती थी। फिर जब शत्रु तलवार हाथ में लेकर लड़ रहा हो तो उससे लड़ना ऐसे को तैसा है और जब शत्रु सुलह-समझौते की बात करे तो उसके साथ सुलह-समझौते की बात करना ऐसे को तैसा है।

दशमेश को अपनी और अपने सिखों की वीरता पर पूरा भरोसा था। आनंदपुर खाली कर दिया गया। किरतपुर के नजदीक निर्मोह के ऊंचे स्थान पर जाकर डेरा डाला। गुरु के साथ थोड़ी-सी सेना थी बाकी सेना वह आनंदपुर की रक्षा के लिए पीछे छोड़ आए थे।

कहलूर और हंडूर के राजे पहले से घात लगाए बैठे थे। उन्होंने चट धावा बोल दिया। सिख योद्धा तादाद में चाहे थोड़े थे, लेकिन वीरता और पराक्रम में बड़ी पहाड़ी सेना पर भारी थे। राजा मुंह की खाकर पीछे हटे।

दूसरे दिन राजाओं ने एक तुर्क तोपची को इनाम का लालच देकर कहा कि वह गुरु को अपने गोले का निशाना बनाये। गुरुजी एक ऊंचे टीले पर बैठे थे और एक सिख सेवक उनके नजदीक खड़ा था। तोपची ने निशाना साधकर गोला छोड़ा, जिससे सिख सेवक शहीद हुआ। गुरुजी ने धनुष उठाया और इससे

पहले कि दूसरा गोला छूटे, अपने तीर से तोपची को वहीं ढेर कर दिया। तब उसका भाई गोला दागने आया, गुरुजी ने तीर से उसे भी ढेर कर दिया। उस जगह उन दोनों की कब्रें बनी हुई हैं और उसका नाम ''स्याही टिब्बी'' पड़ गया है। जो सिख सेवक शहीद हुआ, उसकी यादगार में एक गुरुद्वारा बना दिया गया है।

अपने बल पर विजय होते न देखकर राजाओं ने सरहिंद के सूबेदार वजीर खां को एक बार फिर मदद के लिए बुला भेजा। सरहिंद आनंदपुर से करीब पैंतालीस मील के फासले पर है। वजीर खां चट आ पहुंचा। उसे तो खर्चे के नाम पर राजाओं से मोटी रकम ऐंठनी थी।

एक तरफ मुगल सेना, दूसरी तरफ पहाड़ी सेना, पीछे की ओर आनंदपुर और सामने सतलुज नदी थी। दिन भर घमासान लड़ाई हुई। वजीर खां और पहाड़ी राजे रातभर सिखों को हराने के उपाय सोचते रहे। अगले दिन पौ फटते ही एक तरफ से मुगल सेना और दूसरी तरफ से पहाड़ी सेना ने आक्रमण कर दिया। शत्रु सेना तादाद में बहुत ज्यादा थी और सिखों के पास सामान भी काफी नहीं था। करें तो क्या करें? घिर जाने का अंदेशा था। आनंदपुर लौट जाना संभव नहीं था। सतलुज के दूसरी ओर बसाली की रियासत थी। बसाली का राजा सलाहीचंद गुरु भगत था। वह कई बार प्रार्थना कर चुका था कि दशमेश कभी उसके राज्य में आकर दर्शन दें। दोनों तरफ से गोलियों और तीरों की बौछार हो रही थी। गुरु गोविन्द सिंह अपने सिखों समेत सतलुज पार कर बसाली राज्य में चले गए।

राजे इतने से ही संतुष्ट हुए, इसी को अपनी विजय घोषित किया। वजीर खां को उसका खर्च देकर विदा किया गया और राजे अपने-अपने राज्य में चले गए।

यह लड़ाई 1701 के अन्त में हुई।

कुछ दिन बसाली में बिताकर गुरु गोविन्द सिंह फिर आनंदपुर लौट आए। लगभग दो बरस शान्ति रही। अजमेरचंद कहलूरिये ने देख लिया कि खालसा से बैर बनाये रखने में खैर नहीं। उसने दशमेश को भेंट भेजकर पक्की तौर पर सुलह-सफाई कर ली। दूसरे पहाड़ी राजाओं ने भी ऐसा ही किया।

छेड़-छाड़ बंद हुई तो गुरु गोविन्द सिंह हमेशा की तरह धर्म-प्रचार पर निकले और ''लक्खी जंगल'' पहुँचे।[1] सन् 1702 सावन का महीना। दशमेश ने बरसात

---

1. गुरु गोविन्द सिंह ने मालवे के जंगल को 'लक्खी जंगल' नाम दे रखा था।

साबोकी मंडी में चौधरी ढल्ले के पास बिताई। वापस आनंदपुर आने की तैयारी थी कि कुरुक्षेत्र में सूरज ग्रहण का मेला नज़दीक आ गया। गुरु जी अपने कुछ सिंहों समेत 1703 के आरम्भ में कुरुक्षेत्र गए। मेले में धर्म-प्रचार के अलावा गुरुजी वहाँ लगने वाली घुड़ मण्डी से अपनी सेना के लिए घोड़े भी खरीदना चाहते थे।

उनके उपदेश से बहुतों की भ्रान्तियाँ दूर हुईं और वे खालसा-पंथ में दीक्षित हुए। कई विद्वानों से विचार-विनिमय हुआ। मदननाथ नाम का प्रसिद्ध योगी भी गुरु का उपदेश सुनने और दर्शन करने आया। वह गुरु का हथियार बन्द सैनिक रूप देखकर बोला, ''महाराज, आप बाहर शेर हैं, लेकिन भीतर से पूर्ण संत हैं।'' दशमेश ने मुस्कराते हुए उत्तर दिया ''बाहरी रूप तुर्कों को भयभीत करने के लिए धारण किया है। देशवासी उनके दमन और अत्याचार से पीड़ित हैं। देश को इस दमन और अत्याचार से मुक्त कराना है।''

कुरुक्षेत्र के मेले में कहलूर, हंडूर और मंडी इत्यादि के पहाड़ी राजे भी आए थे। उन्होंने दशमेश के दरबार में हाज़िर होकर श्रद्धा-भक्ति दिखाई और मित्रता का इकरार किया। लेकिन यह श्रद्धा-भक्ति और मित्रता कितनी बनावटी थी, इसका पता उसी समय चल गया।

दशमेश कुरुक्षेत्र से आनंदपुर लौटते हुए चमकौर पहुंचे। चमकौर रोपड़ से पूरब की ओर लगभग पन्द्रह मील दूर है। सैयद बेग और अलिफ खां दो फौजी सरदार पहाड़ी रियासतों में से गुजरते हुए लाहौर से दिल्ली जा रहे थे। उन दोनों के पास पांच-पांच हज़ार फौजें थीं। अजमेरचंद को अच्छा मौका हाथ लगा। उसने दूसरे राजाओं से सलाह की और इन फौजी सरदारों को चोखी रकम देने का वायदा करके दशमेश पर हमला करवा दिया।

गुरु गोविन्द सिंह के साथ बहुत थोड़े सिख थे। राजाओं का ख्याल था कि इस हमले से उनका बच निकलना संभव नहीं है। लेकिन सिख योद्धा आत्मरक्षा में जी तोड़कर लड़े, अद्वितीय साहस का परिचय दिया। सैयद बेग ने गुरु-घर की शोभा सुन रखी थी। उसे इस बात का अहसास था कि गुरु गोविन्द सिंह का मिशन बहुत ऊंचा और पवित्र है। वह उत्पीड़ितों के हामी हैं। उनके मन में हिन्दू-मुसलमान का भेद नहीं है। अब गुरु की और उनके सिखों की वीरता देखी तो वह और भी प्रभावित हुआ। समझ लिया कि दम्भी राजाओं ने उनसे बिना मतलब बैर ठान रखा है। ठीक उस समय जब लड़ाई पराकाष्ठा पर थी सैयद बेग अपने जवानों को साथ लेकर दशमेश से जा मिला! अलिफ खां अकेला पड़ गया। सिखों को

हराने के बजाय उसकी अपनी जान पर आ बनी। भाड़े के आदमी जान क्यों गंवायें? उसने चुपके से दिल्ली की राह ली।

राजाओं की यह चाल भी असफल रही। गुरु गोविन्द सिह आनंदपुर लौट आए। सैयद वेग भी अपने जवानों के साथ आनंदपुर चला आया और वहीं रहने लगा।

खालसा-पंथ की शक्ति दिन-दिन बढ़ रही थी। वास्तव में यह जनशक्ति थी, क्योंकि अधिकांश उन्हीं लोगों ने खालसा-पंथ में प्रवेश किया, जिन्हें क्षत्री और ब्राह्मण पांव तले कुचलते आए थे, जिन्हें मानवीय अधिकारों से वंचित रखा गया था।

इतिहास की गतिशील शक्ति वही थे, उच्च वर्ग तो अतीत की ममी, शवपिंड मात्र थे। इतिहास की इस गतिशील शक्ति खालसा-पंथ ने इन नीची जाति वालों को एक नए विश्वास से आश्वस्त किया था। लोहे के बाटे और फौलाद के खांडे से तैयार किया गया अमृत छककर उनके पुट्ठे लोहे के और स्नायु फौलाद के बन गए थे। ज्यों-ज्यों उनकी संख्या बढ़ रही थी, शोषकों और शासकों के दिल दहल रहे थे। पानी सिर से गुजरते देखा तो उन्होंने जाकर औरंगज़ेब से शिकायत की। वह दक्षिण में बुरी तरह उलझा हुआ था। उसे बताया गया कि पंजाब में सिंहों ने हुकूमत के खिलाफ बग़ावत कर दी है।

बादशाह के आदेशानुसार जनरैल सैद खां की कमान में मुगल फौज़ भेजी गई। सैद खां साढौर के पीर बुद्धशाह का साला था। दिल्ली से आनंदपुर आते हुए वह साढौर में रुका। पीर बुद्धशाह भंगानी के युद्ध में गुरु की ओर से पहाड़ी राजाओं के विरुद्ध लड़े थे और इस युद्ध में उनके दो बेटे शहीद हुए थे। सैद खां ने पीर बुद्धशाह से गुरु-घर की शोभा सुनी और उसे भंगानी युद्ध की घटना का स्मरण कराया गया तो उसे भी गुरु के न्याय-पक्ष का अहसास हुआ और वह दुविधा में पड़ गया।

23 मार्च, सन् 1704 को पहाड़ी तथा मुगल सेनाएं आनंदपुर पहुँच गईं। यह चौथा हमला था। किसान रबी की फसल काटने में व्यस्त थे। आनंदपुर में सिर्फ पांच सौ के करीब सिख मौजूद थे। शत्रु-सेना बड़े दल-बल से बढ़ी आ रही है। यह सुनकर वे तनिक घबराए पर दशमेश ने हिम्मत बढ़ाई और वे मुकाबले के लिए तैयार हो गए। सैयद बेग भी अपने जवानों के साथ आनंदपुर में रहने लगा था। उसके अलावा एक और मुसलमान योद्धा मेमूं खां भी गुरु जी का अनन्य

भक्त बन गया था। ये दोनों भी शहर की रक्षा के लिए सिंहों के साथ मोर्चे पर आ डटे। सैयद बेग का मुकाबला एक पहाड़ी राजे हरिचन्द से पड़ा। सैयद बेग ने हरिचन्द को मार गिराया, लेकिन उसी समय मुगल फौज का एक सरदार दीना बेग उस पर टूट पड़ा और सैयद बेग बहादुरी से लड़ता हुआ उसके हाथों शहीद हुआ। मेमूं खाँ ने भी शत्रु सेना पर करारे प्रहार किए। वीरता के जौहर दिखाए, आखिर वह भी शहीद हुआ।

मुगल जरनैल सैद खां मुट्ठी भर सिंहों की बहादुरी देखकर दंग रह गया। सैयद बेग, मेमूं खां और उनके मुसलमान योद्धाओं को गुरु की ओर से लड़ते देखकर उसे पीर बुद्धशाह की इस बात का विश्वास हो गया कि गुरु निर्वैर और निस्वार्थ है। सोचा कि ऐसे महापुरुष के विरुद्ध लड़ना अन्याय और अत्याचार को बढ़ावा देना है। उसका मन ग्लानि से भर गया और वह मुगल सेना का साथ छोड़कर चला गया।

अब फौज की कमान रमजान खां ने संभाली। लेकिन वह मैदान में उतरते ही गुरु गोविन्द सिंह के तीर से घायल हुआ। फिर भी पांच सौ सिंह शहर की रक्षा के लिए काफी नहीं थे। गुरु जी ने उन्हें स्त्री-बच्चों की रक्षा पर तैनात किया और शत्रु से आंख बचाकर शहर खाली कर दिया। मुगल फौज ने आनंदपुर पर अपना अधिकार जमाया और उसे लूट कर सरहिंद की ओर चल पड़ी।

सिंहों के डौले प्रतिकार के लिए फड़क उठे। उन्होंने गुरु गोविन्द सिंह से आज्ञा प्राप्त की और रात को जब शत्रु-सेना निश्चिंत सो रही थी, उस पर अचानक छापा मारा। वे सोच भी नहीं सकते थे कि गिनती के सिंह उनसे लड़ने का साहस करेंगे। इस अचानक हमले से मुगल फौजी घबराए और वे जान बचाकर भाग खड़े हुए। लूट का माल सिखों के हाथ लगा और उन्होंने आनंदपुर पर दोबारा कब्जा कर लिया।

इस विजय से सिंहों के पराक्रम की धाक बैठ गई।

औरंगज़ेब ने जब शाही फौज के पिटकर भाग आने की खबर सुनी तो वह बहुत झुंझलाया। पिछले पच्चीस बरस से वह दक्षिण में उलझा हुआ था। यद्यपि उसने धन-जन का भारी नुकसान उठाकर निजामशाही और आदिलशाही शिया हकूमतों को खत्म कर दिया था, पर मरहटों के छापेमार दस्ते मुगल सेना को नाकों चने चबवा रहे थे और उनकी शक्ति दिन-दिन बढ़ रही थी। सन् 1703 में उन्होंने दूसरी बार नरबदा नदी पार की और दक्षिण तो दक्षिण, उत्तर में भी बेरोक-टोक बढ़ना शुरू किया। तोप, बंदूक, हाथी, घोड़े उनके पास किसी चीज की कमी नहीं थी।

औरंगज़ेब के बहुत से पुराने जरनैल युद्ध में मारे गए थे और खुद उसे बुढ़ापे ने आ घेरा था। वह स्पष्ट देख रहा था कि उसकी और मुगल साम्राज्य की कब्र दक्षिण की धरती पर खुद रही है। इस विनाश को टालना उसके बस का रोग नहीं। इस मानसिक स्थिति में सिखों के हाथों शाही फौज की हार पर उसका छटपटाना स्वाभाविक था। फिर पहाड़ी राजाओं का प्रतिनिधि अजमेरचंद खुद दक्षिण आया और उसने खालसा की शक्ति को इतना बढ़ा-चढ़ाकर बयान किया, जिससे लगा कि पंजाब भी दक्षिण बन रहा है और पूरा देश बगावत पर आमादा है। औरंगज़ेब ने दिल्ली, सरहिन्द, लाहौर और कश्मीर के सूबेदारों के नाम फरमान जारी किया कि पहाड़ी राजाओं से मिलकर आनंदपुर की ईंट से ईंट बजा दो और सिख-विद्रोह को कुचल डालो।

दिल्ली से शाही फौज को हटाना मुमकिन नहीं था। सरहिंद का सूबेदार (नवाब) वजीर खां, लाहौर का सूबेदार दिलावर खाँ और कश्मीर का सूबेदार जबरदस्त खाँ अपनी-अपनी फौजें लेकर आनंदपुर की ओर चल पड़े। कश्मीर के निकटवर्ती मुस्लिम इलाके में जिहाद (धर्म-युद्ध) का नारा दिया गया, जिससे होती मरदान तक के बहुत से पठान, जो पहले खुशहाल खां खटक की अगुवाई में मुगलों के खिलाफ जी-जान से लड़े थे, अब सिखों के खिलाफ लड़ने के लिए कश्मीर की फौज में शामिल हो गए। धार्मिक उन्माद ने जुल्म के प्रति आंखे बंद कर दीं।

पहाड़ी राजे सिखों को मिटाने के लिए पहले ही उधार खाए बैठे थे। उन्होंने न सिर्फ अपनी फौजें एकत्र कीं, बल्कि पहले की तरह गूजरों और रांघड़ों को भी साथ लिया और रोपड़ के करीब मुगल सेना से आ मिले। इस मिली-जुली शत्रु सेना ने जिसकी तादाद दो लाख से कुछ अधिक बताई जाती है, 20 मई, 1704 को आनंदपुर पर चढ़ाई कर दी।

गुरु गोविन्द सिंह के दिल्ली निवासी अनुयायियों ने शाही फौज के हमले की सूचना उन्हें पहले ही कर दी थी और मुकाबले की तैयारियाँ तुरन्त शुरू हो गई थीं। दशमेश का संदेश मिलते ही माझे, मालवे और दुआबे के सिंह थट के थट आनंदपुर पहुँच गए। उनकी संख्या दस हज़ार के करीब थी। घोड़े, हथियार, रसद इत्यादि जितना जिससे बन पड़ा वे अपने साथ लाए थे। सबसे बड़ी बात यह थी कि एक-एक सिंह सवा-सवा लाख से लड़ने को दृढ़ प्रतिज्ञ था, शत्रु सेना चाहे जितनी भी हो, उनके मन में भय लेशमात्र भी नहीं था।

निरंतर युद्ध की स्थिति पैदा हो जाने से बहुत से नगरवासी अपने बीवी-बच्चों समेत हमेशा के लिए आनंदपुर छोड़कर चले गए थे। औरंगज़ेब के हुक्म से जब

सरहिंद, लाहौर और कश्मीर के सूबेदारों ने एक साथ चढ़ाई की तो गुरु गोविन्द सिंह ने बाकी परिवारों और दरबारी कवियों से कहा कि वे भी चले जाएं। अब वहाँ जंगी घोड़ों की हिनहिनाहट, रणजीत नगारे की टंकार, 'बोले सो निहाल, सतश्री अकाल' के गगन-भेदी नारे थे और थे शहीदी बलबले। सदियों बाद गर्दन ऊंची करके चलने वाले मानव को अपने आत्म-गौरव की रक्षा करनी थी।

गुरु गोविन्द सिंह ने नगर की रक्षा के लिए, जो मोर्चाबंदी की, दौलत राय के अनुसार वह इस प्रकार थी—"बड़े साहबजादे अजीत सिंह और शेरसिंह को एक हज़ार सिंहों समेत लोहगढ़ में रखा। आलिम सिंह और सुकेत सिंह को तीन हज़ार सिंहों समेत दमदमे पर तैनात किया। उदयसिंह को अगमपुर में रखा खुद गुरु आनंदगढ़ में थे।"[1]

पहले दिन की लड़ाई आनंदपुर के मैदान में हुई। शाही फौज ने आनंदपुर को चारों तरफ से घेर लिया था। घमासान रण हुआ। सिंहों ने अद्वितीय वीरता का परिचय दिया, मुगल सेना और पहाड़ी सेना के कई बार छक्के छुड़ाए और पीछे धकेल दिया। लेकिन दुश्मन की तादाद सिंहों के मुकाबले कहीं ज़्यादा थी और उसे हर क्षण ताज़ादम कुमुक की मदद पहुंच रही थी। उसने जोरदार हमला किया। मुमकिन था कि शाही फौज शहर में दाखिल हो जाती। ठीक उसी समय साहबज़ादा अजीतसिंह अपने दो हजार सिंहों के साथ मैदान में उतरे और वीरता के वे हाथ दिखाए कि शत्रु के मुंह मोड़ दिए। स्थिति की गंभीरता को देखकर दूसरी तरफ से खुद गुरु गोविन्द सिंह ने धावा बोला। बड़ी भंयकर लड़ाई थी। दोनो तरफ से गोलों और तीरों की बौछार हो रही थी। सिखों ने आगे बढ़-बढ़कर हमले किए, उन्हें इस बात का खास लाभ पहुँचा कि आनंदपुर ऊँचाई पर स्थित था और शाही फौज़ नीचे मैदान में थी। आखिर आज़िम खाँ और दिलावर खां जैसे सेनापति मारे गए और शाही फौज के पांव उखड़ गए। मैदान सिंहों के हाथ रहा।

दूसरे दिन भी भंयकर युद्ध हुआ। गुरु गोविन्द सिंह दमदमा में सिख सेना की कमान संभाल रहे थे कि जबरदस्त खां ने उन पर तोप का गोला दागा। गुरुजी तो बच गए, पर कुछ सिंह जो करीब ही खड़े थे, शहीद हुए। लगभग एक महीने तक दुश्मन इसी प्रकार ज़ोरदार हमले करता रहा और सिंह भी शहीदी आनंद से सदा बड़ी वीरता से लड़ते और शाही फौज़ पर कहर बरपा करते रहे। लेकिन मुट्ठी

---

1. साहिबे कमाल गुरु गोविन्द सिंह जी, पृष्ठ 157

भर सिख-योद्धा टिड्डी दल की तरह शाही फौज का मुकाबला आखिर कब तक करते? जब उनकी गिनती बहुत कम रह गई तो वे आनंदपुर के दरवाज़े बंद करके भीतर बैठ गए। शत्रु सेना ने नगर को चारों तरफ से घेर लिया और नाकाबंदी करके बाहर से रसद जाना बंद कर दी।

सिख-योद्धा आनंदपुर आते हुए रसद अपने साथ लाये थे, लेकिन यह किसे मालूम था कि युद्ध इतना लम्बा खिंच जाएगा। घोड़ों के लिए घास की और जवानों के लिए अन्न की दिन-दिन कमी होने लगी। सिंहों ने छापेमार दस्ते संगठित किए शत्रु सेना जब रात को निश्चिंत आराम कर रही होती, यह दस्ते शहर से निकलकर अचानक उन पर टूट पड़ते। खूब मारकाट होती, सिख-योद्धा दुश्मन के हथियार और रसद इत्यादि काफी मात्रा में लूट लाते थे। लेकिन यह हमले कभी-कभी पिछले पहर जब शाही फौज गहरी नींद सो रही होती, तब होते थे। इन हमलों में राजा गढ़वाल और राजा जसवाल मारे गए। सिंहों ने उनकी रसद व दूसरा सामान लूट लिया।

एक दिन सिंहों ने गुरु के पास शिकायत की, "सच्चे पातशाह! भाई कन्हैया दुश्मन की मदद करता है। हम जिन्हें घायल करते हैं, वह उन्हें पानी पिलाता है और उनकी मरहम-पट्टी करके हमारे विरुद्ध लड़ने लायक बना देता है।"

गुरु गोविन्द सिंह ने कन्हैया को बुलाकर पूछा तो उत्तर मिला, "सच्चे पातशाह! आपही की शिक्षा है कि मनुष्य-मनुष्य में भेद मत करो। मेरा कोई बैरी नहीं। मैं जिसे देखता हूँ; वह तू ही तू है। मैं आपको ही पानी पिलाता हूँ।"

उसका यह उत्तर सुनकर दशमेश बहुत खुश हुए। उसे अपने हाथ का रूमाल दिया और महन्त की पदवी दी।

रात के हमलों से बचने के लिए शत्रु सेना काफी पीछे हट गई। उसने चौकसी बरतनी शुरू की और रसद इत्यादि सुरक्षित स्थानों पर पहुंचा दिया गया। परिणाम यह कि किले के अन्दर जो रसद थी, उससे काम चलना असंभव हो गया। बाहर से पानी तक आना बंद हो गया। सिखों ने हाथी, घोड़े और दूसरे पशुओं को तड़प-तड़प कर अपनी आंखों के सामने मरते देखा। भूख-प्यास के मारे उनका अपना बुरा हाल था। रण-क्षेत्र में शत्रु से लड़ते हुए शहीद हो जाना सिंहों के लिए हंसी-खेल था। पर अन्न के अभाव में तिल-तिल मरना कठिन था। बहुत से सिंह इस स्थिति को नहीं सह सके। उन्होंने गुरु से चले जाने की अनुमति माँगी। गुरुजी ने उन्हें समझाया कि हमें एक साथ जीना और एक साथ मरना है। धीरज रखो, कुछ दिन

और रुको। जो फिर भी न माने उनसे गुरु ने कहा, "मुझे यह लिखकर दे दो आज से न मैं तुम्हारा गुरु और न तुम मेरे सिख हो और चले जाओ।" कुछ सिखों ने ऐसा किया और वे चले गए। निस्संदेह गुरु जी उनके इस व्यवहार से दुखी हुए।

उधर दुश्मन की हालत भी अच्छी नहीं थी। दो लाख से अधिक सेना सात महीने से खुले मैदान में पड़ी थी। मेंह, आंधी, तूफान और फिर रसद की भी कमी पड़ गई। मुगल फौज़ी दनदनाते हुए लोगों के घरों में जा घुसते थे, जो कुछ हाथ लगता था, छीन लाते थे। औरतों क़ी इज्जत लुट रही थी। चारों तरफ के गांव और नगर कोसों तक उजाड़ दिए थे और फसलें बरबाद कर दी थीं जनता में हाहाकर मचा हुआ था। पहाड़ी राजे उनकी सहायता के लिए कुछ भी नहीं कर सकते थे, खुद उन्हें शाही अफसरों का तिरस्कार सहना पड़ता था। उनका भला इसी में था कि युद्ध किसी भी तरह खत्म हो और शाही फौज उनके इलाके से निकलें। उन्होंने एक बार फिर सुलह-सफाई की छलनीति अपनाई। एक ब्राह्मण को अपना दूत बनाकर गुरु गोविन्द सिंह के पास भेजा। इस ब्राह्मण दूत ने पहाड़ी राजाओं और मुगल सूबेदारों की ओर से आश्वासन दिया कि अगर गुरुजी आनंदपुर छोड़कर चले जाएं और अपनी चल सम्पत्ति भी साथ ले जाएं तो उन पर न तो हमला होगा और न उनका पीछा किया जाएगा। वह और उनके सिख किसी दूसरे स्थान पर जाकर आराम से रह सकते हैं, उनके चले जाने के बाद आनंदपुर का घेरा उठा लिया जाएगा और शाही फौज लौट जाएगी। युद्ध समाप्त होने से दुखी जनता को राहत मिलेगी।

मुगल सूबेदारों और पहाड़ी राजाओं के वायदों पर विश्वास करना, मूर्खता थी। उनके वायदे पहले कई बार झूठे साबित हो चुके थे और यह नया वायदा भी निरा धोखा, निरा छल था, गुरु गोविन्द सिंह को इसमें तनिक भी संदेह नहीं था। लेकिन भूख से लाचार उनके अनुयायी किले से बाहर निकलने के लिए अधीर थे, उन्होंने और उनके कहने से माता जी ने दबाव डाला, तो इस प्रस्ताव को स्वीकार करने के सिवा कोई चारा नहीं रह गया, फिर भी शत्रु की परीक्षा लेने और अपने संदेह को सही सिद्ध करने के लिए गुरु ने पहले चल सम्पत्ति गाड़ियों में लदवा कर भेजने का हुक्म दिया। पुराने जूते, चीथड़े और इसी प्रकार की तमाम बेकार चीज़ें गाड़ियों में लदवा दीं और उन्हें खीनखाब की चादरों से ढकवा दिया। रात के समय मशालों की रोशनी में यह कारवां किले से बाहर निकला और मंजिल की ओर चल

पड़ा। लेकिन ज्यों ही गाड़ियाँ शत्रु खेमे के निकट पहुँची, वे अपना वायदा भूल कर उन पर टूट पड़े और सारा सामान लूट ले गए। सुबह लूट का सामान देखा तो लुटेरे बड़े लज्जित हुए, अपनी मुर्खता पर पछताए।

औरंगज़ेब को पल-पल की खबर मिल रही थी। उसकी सारी उम्र युद्धों में गुजरी थी। दक्षिण में हर साल एक लाख से अधिक सेना मारी जा रही थी, अकाल पड़ते, महामारी फैलती तो उससे और तबाही होती थी। वह जानता था कि घेराव जितना लम्बा खिंचता है, फौज की तकलीफ और परेशानी उतनी ही ज्यादा बढ़ती है और इलाके की उत्पीड़ित जनता में उसके प्रति घृणा फैलती है। आनंदपुर का घेराव इतना लम्बा खिंच जाएगा, यह उसने ख्याल में भी नहीं सोचा था। जितनी देर हो रही थी, उसकी परेशानी उतनी ही बढ़ रही थी और वह अपने सूबेदारों को युद्ध जल्दी खत्म करने की बार-बार ताकीद कर रहा था। वायदे से फिर जाने और गाड़ियाँ लूट लेने की घटना पर वह भी पछताया और एक चिट्ठी खुद अपने हाथ से लिखकर गुरु गोविन्द सिंह को एक काजी के हाथ भेजी। औरंगजेब ने कुरान शरीफ की कसम उठाकर गुरु गोविन्द सिंह को यकीन दिलाया था कि आप मेरे पास दक्षिण चले आएँ या किसी दूसरी जगह जाकर रहने लगें, आप को कुछ भी नुकसान नहीं पहुँचाया जाएगा। शाही वकार कायम रखने के लिए आनंदपुर का खाली होना जरूरी है। प्रो. करतार सिंह ने मैकालिफ के हवाले से लिखा है कि चिट्ठी लाने वाले काजी ने ज़ुबानी कहा कि बादशाह ने खुदा को और पहाड़ी राजाओं ने ठाकुरों को गवाह रखकर कसम खाई है कि आप जहाँ भी जाना चाहें, अमन-चैन से जा सकते हैं। आपकी गाड़ियाँ लूटने में किसी भी राजा का हाथ नहीं था, जिन्होंने यह हरकत की है, उन्हें सज़ा दी जाएगी। बादशाह के दरबार में जो कोई भी आता है, आपकी तारीफ करता है। बादशाह चाहते हैं कि आप दक्षिण चले आएं। आपसे बातचीत करके उन्हें खुशी होगी। इस वक्त आप किला खाली कर दें और मेरे साथ बादशाह के पास चलें। फिर जो जी में आए करना।[1]

बहुत से सिख योद्धा पहले सामने की लड़ाई और फिर रात के छापों में शहीद हुए थे। कुछ भूख से मर गए थे और कुछ छोड़कर चले गए थे और जो बच रहे थे, उन्हें भी मौत दिखाई दे रही थी, क्षीण शरीरों में भुखमरी से लड़ने का बूता चुकता जा रहा था। वे किले से बाहर निकलने के लिए बेचैन थे। गुरु-माता ने भी उन

---

1. 'जीवन कथा गुरु गोविन्द सिंह जी', पृष्ठ 224

सिखों के साथ मिलकर बादशाह की शर्त मान लेने का आग्रह किया। उनका कहना था कि अगर शत्रु ने विश्वास घात किया तो भी युद्ध में लड़ते वीरगति प्राप्त करना, भूख से तड़प-तड़प कर मरने से कहीं अच्छा है। गुरु ने इस दलील को स्वीकारा और आनंदपुर छोड़ देने का निर्णय लिया।

गुरु का निर्णय सुनकर दुश्मन ने भी युद्ध-बंदी का ऐलान कर दिया और कहा कि आनन्दपुर से जाने वालों पर हमला नहीं होगा।

6 पौष, संवत् 1761 (20 मार्च सन् 1704) की आधी रात को गुरु गोविन्द सिंह अपनी पूरी तैयारी करके आनंदपुर से बाहर निकले और किरतपुर की ओर चल पड़े। उनके साथ पांच सौ के करीब सिंह, पांचों प्यारे, चारों पुत्र, दोनों पुत्रियाँ और माता गुजरी थे, कड़ाके की सर्दी, अन्धेरी रात, मौत का-सा सन्नाटा छाया था। पता चला कि अपने वायदे भूलकर शत्रु-सेना पीछा कर रही है। उन्हें किरतपुर से रोपड जाना था। रास्ते में सिरसा नदी पड़ती थी। बरसात के कारण नदी में जबरदस्त बाढ़ आई थी।

आगे नदी, पीछे शत्रु सेना और पौष की अन्धेरी रात, इतने दिनों की भूख-प्यास से निढाल यह काफिला जाय तो किधर जाए, करे तो क्या करे? लेकिन हिम्मत हारना खालसा के स्वभाव और चरित्र के विपरीत था। कुछ सिख गुरु जी और गुरु-परिवार को साथ लेकर नदी में उतर गए ताकि उन्हें दूसरे किनारे पहुँचा दिया जाए। बाकी सिंहों ने शत्रु सेना से मोर्चा लिया और जान की बाजी लगाकर उसे गुरु का पीछा करने से रोका। अन्धेरी रात हाथ को हाथ सुझाई नहीं देता था। कुछ सिंह शहीद हुए और कुछ तितर-बितर हो गए।

पानी बर्फ जैसा ठंडा और बहाव तेज था। जो लोग नदी में उतरे थे, उन पर क्या गुजरी, इसका अनुमान सहज में लगाया जा सकता है। जो डूबने से बचे, वे निहायत अफरा-तफरी में दूसरे किनारे पहुंच सके। दुश्मनं का खतरा सिर पर मंडरा रहा था। इस अफरा-तफरा में गुरु माता और दो छोटे साहबजादे-जोरावर सिंह और फतहसिंह, संगत से बिछुड़ गए। उनके साथ क्या बीती, इसका उल्लेख आगे होगा। दोनों गुरु पत्नियाँ सुन्दरी और साहब कौर को श्रद्धालु सिंहों ने सुरक्षित दिल्ली पहुंचा दिया।

खुद गुरु गोविन्द सिंह और दोनों बड़े साहबजादों—अजीत सिंह और जुझारसिंह ने चमकौर की कच्ची हवेली में जाकर आश्रय लिया। उनके साथ बचे हुए सिर्फ चालीस सिख थे। इससे पहले कि वे कुछ देर आराम करते और ठंड से ठिठुरे हुए

शरीरों को गर्माने के लिए अलाव तापते, दुश्मन के टिड्डी दल ने हवेली को आ घेरा।

मौत या आत्मसमर्पण इसके सिवाय कोई चारा नहीं था। इधर भूख-प्यास, ठंड और थकान से निढाल चालीस सिख और उधर दो लाख से भी अधिक शाही फौज और पहाड़ी सेना। ऐसी स्थिति में बड़े से बड़े जरनैल दिल साथ छोड़ देते हैं। अभी कुछ दिन पहले बंगला देश की लड़ाई में जनरल नियाजी ने अपनी नब्बे हजार फौज के साथ हथियार डाल दिए थे और दूसरे विश्व युद्ध में हिटलर के खिलाफ भेजी गई इतनी बड़ी ब्रिटिश सेना फ्लैड्र्ज के मैदान से बिना मुकाबला किए भाग आई थी। लेकिन भूखे सिंहों ने आत्मसमर्पण के बजाय मौत को तरजीह दी और "चिड़ियों से मैं बाज तुड़ाऊं, सवा लाख से एक लड़ाऊं" के गुरु-कथन को अपने लहू से लिखकर अमिट बना दिया। दुनिया के इतिहास में इस वीरता की दूसरी मिसाल नहीं।

दुश्मन ने हमला शुरू किया। दशमेश ने अपने चालीस सिखों के साथ हवेली के भीतर इस प्रकार मोर्चे कायम किए कि वे शत्रु-सेना को चारों तरफ से रोक सकते थे। भीतर से तीरों की वर्षा होते देखकर किसी की भी आगे बढ़ने की हिम्मत नहीं पड़ती थी। सिख योद्धा, विशेषकर गुरु गोविन्द सिंह शाही फौज के सरदारों को चुन-चुनकर अपने तीरों का निशाना बना रहे थे। दीवारों की ओट में होने के कारण सिखों का तो नुकसान नहीं हो रहा था, लेकिन शत्रु पक्ष के अनेक सैनिक धरती पर लुढ़क गए।

दिसम्बर 1704 की 22 तारीख थी। दिन छोटे से छोटा था। फिर भी तीसरे पहर तक सिंहों के पास गोली-बारूद और तीरों की कमी पड़ गई। हवेली से बाहर निकलकर तलवार के दो-दो हाथ दिखाना आवश्यक हो गया। सिखों ने पांच-पांच के जत्थे बनाए और निर्णय लिया कि एक-एक जत्था बाहर निकले और लड़ते-लड़ते शहीद हो जाए। गुरु के बड़े साहबजादे अजीतसिंह की अवस्था अठारह बरस और उससे छोटे जुझारसिंह की पन्द्रह बरस थी। कोई यह न सोचे कि बेटों को छाती से लगाए रखा और सिखों को शहीद करा दिया, इसलिए पहले दो जत्थों की अगुवाई अजीतसिंह और जुझारसिंह ने की। दोनों भाई बारी-बारी अपना-अपना जत्था लेकर हवेली से बाहर गए और बहुत-से शत्रुओं को तलवार के घाट उतार कर वीर गति को प्राप्त हुए।

सिख योद्धा शाम तक इसी बहादुरी से लड़ते रहे। आखिर रात को जब लड़ाई बंद हुई तो हवेली में दशमेश के अलावा सिर्फ पांच सिख शेष रह गए

थे। शत्रु का हमला सुबह फिर शुरू होना था। वह हमला न भी करे, तीन-चार दिन तक हवेली को घेरे पड़ा रहे, मौत तब भी निश्चित थी। इसलिए इन पांच सिख सैनिकों ने गुरु गोविन्द सिंह से आग्रह किया कि आप यहाँ से चले जाएं, आपकी जान बच जाएगी तो खालसा-पंथ एक बार फिर प्रचंड शक्ति के रूप में उठ सकेगा। पर गुरु जी ने उत्तर दिया, "मैं तुम्हें छोड़कर नहीं जाऊंगा। मेरा जीवन मेरे प्रिय सिखों के जीवन से ज़्यादा कीमती नहीं है। मैं युद्ध में तुम्हारे साथ प्राण दूंगा। इसके अतिरिक्त मेरे लिए कोई दूसरा मार्ग नहीं।" सिख बहुत दुखी हुए। उन्हें अपनी जान की परवाह नहीं थी, पर वह दशमेश के लिए चिंतित थे। उन्हें एक उपाय सूझा। पांचों ने मिलकर एक गुरुमता (प्रस्ताव) पास किया और उसे गुरु के सम्मुख रखकर फिर कहा, "आप हमेशा हमसे कहते आए हैं कि जहाँ भी तुम में से पांच सिख समर्पण की भावना से एकत्रित होंगे, वहाँ मैं अवश्य मौजूद रहूंगा और तुम जो हुक्म दोगे, उसे मानूंगा। यह संगत का, आपके पंथ का निर्णय है। हम इस समय गुरु के रूप में आपको आदेश देते हैं कि आप तुरन्त यह हवेली छोड़कर चले जाएं और हमें शत्रु से निपटने का मौका तलाशने दें।"

गुरु निरुत्तर हुए। उनका अपना आदेश ही उन पर लागू किया जा रहा था। पांच प्यारों को अमृत छकाकर उनसे खुद अमृत छका था और गुरु गद्दी को समाप्त करके घोषणा की थी, "आज से गुरु खालसा और खालसा गुरु है। जब भी और जहाँ भी पांच सिख वाहे गुरु के प्रति समर्पित होकर इकट्ठे होंगे, वहाँ गुरु और वाहे गुरु आप हाजिर होंगे। उनका निर्णय सभी सिखों को मानना होगा।" मौत के मुंह में घिरे इन पांच सिखों ने उन्हीं की शिक्षा को व्यावहारिक रूप दिया था। उन्होंने सिखों को छाती से लगाकर प्यार किया।

"गुरु खालसा" ने दूसरा फैसला यह किया कि तीन सिख भाई दयासिंह, भाई धर्म सिंह और भाई मान सिंह गुरुजी के साथ जाएं और बाकी दो हवेली के भीतर जितनी देर हो सके मुकाबले पर डटे रहें।

जिन दो सिखों को मर मिटने के लिए हवेली में रहना था, उनमें से एक सिख संत सिंह की शक्ल गुरु जी से मिलती-जुलती थी। दशमेश ने उसे अपनी कलंगी पहनाकर उसके साथ भेस बदला ताकि शत्रु उसे ही गुरु समझ बैठे। जिन तीन सिखों को उनके साथ जाना था, एक तारे की ओर संकेत करके गुरु ने उनसे कहा कि अगर बाहर निकल कर हम एक-दूसरे

से बिछुड़ जाएं तो इस तारे की सीध में चले आना। फिर तीनों को दायें, बायें और पीछे नियुक्त किया।[1]

यों पूरी तैयारी करके और योजना बनाकर गुरु गोविन्द सिंह और उनके तीनों साथी पिछवाड़े के गुप्त रास्ते से हवेली के बाहर निकले। पौष की अंधेरी रात थी। शत्रु सैनिक खेमों में सोये खर्राटे भर रहे थे। कहीं-कहीं मशालची खड़े पहरा दे रहे थे। योजना के अनुसार साथ आए तीनों सिखों ने शत्रु-कैम्प के करीब जाकर बारी-बारी आवाज़ लगाई, "हिन्दुओं का पीर गोविन्द सिंह जा रहा है, पकड़ो!" पकड़ो! शत्रुओं की नींद टूटी, वे हड़बड़ा कर उठे। तीनों सिख तीन अलग-अलग दिशाओं में खड़ें "पकड़ो! पकड़ो!" का शोर मचा रहे थे। गुरु जी ने दो मशालचियों को जो उनकी ओर बढ़े, अपने तीरों से दूसरी दुनिया में पहुंचा दिया। हपड़ा-दपड़ी में दूसरी मशालें भी बुझ गई। शत्रु सैनिक आवाज की सीध में इधर-उधर लपके, मार-काट शुरू हुई। जिस तरफ गुरु जी जा रहे थे, उस तरफ की फौज भी आवाज़ों की ही तरफ दौड़ी। इस हपड़ा-दपड़ी में गुरु गोविन्द सिंह और उनके तीनों साथी साफ बच निकले जबकि शत्रु-सेना के अनेक सिपाही आपस में लड़ते हुए कट मरे।

सुबह हुई तो दिन के उजाले में दुश्मन ने देखा कि जो लाशें बिखरी पड़ी हैं, उनमें सिख तो एक भी नहीं, हमने खुद एक दूसरे की हत्या की है। उसने झुंझला कर हवेली पर ज़ोरदार हमला-किया। भीतर जो दो सिख थे, उन्होंने डटकर मुकाबला किया और लड़ते-लड़ते शहीद हो गए।

भाई संत सिंह को गुरु गोविन्द सिंह समझकर शाही कैम्प में खुशी की लहर दौड़ गई। मुगल अफसरों ने एक दूसरे को बधाई दी। पर जब सरहिंद के नवाब वजीर खाँ ने जांच करवाई तो गुरु जी को पहचानने वाले किसी व्यक्ति ने बताया कि यह शव गुरु गोविन्द सिंह का नहीं, उनके किसी सेवक का है। वे तो हवेली से निकलकर चले गए हैं।

मुगलों को बड़ी निराशा हुई। नवाब वजीर खां ने फौज के छोटे-छोटे दस्ते गुरु की तलाश में दौड़ाए।

---

1. प्रो. साहब सिंह ने सिख इतिहास के हवाले से लिखा है कि ग्यारह सिख बचे थे। तीन गुरु के साथ गए, आठ हवेली में रह गए। संख्या कुछ भी हो, महत्व संख्या का नहीं, त्याग का है।

चमकौर की जिस हवेली में सिखों ने शाही फौज का मुकाबला किया था, उसका नाम ''गढ़ी साहब'' पड़ गया है। दशमेश ने खालसा को गुरुता भी यहीं दी थी, इसलिए इसे ''तिलक स्थान'' भी कहते हैं।

चमकौर की जिस रणभूमि में गुरु के साहबजादे और रणबांकुरे सिख शहीद हुए थे, वहाँ एक गुरुद्वारा बन गया है, जिसका नाम ''कत्ल गढ़'' है। पौष की हर आठ तारीख को वहाँ मेला लगता है।

शहीदों की मज़ारों पर लगेंगे हर बरस मेले,
वतन पर मरनेवालों का यही बाकी निशां होगा।

देश के लिए निःस्वार्थ भाव से किए गए ये बलिदान कभी भुलाए नहीं जाएंगे। मौत के मुंह में घिरे इन योद्धाओं ने हंसते-हंसते शहीद होकर दूसरों को जीने का अर्थ बताया और बलिदानों की अमिट लीक डाल दी। पंजाब की वीरभूमि के कण-कण से यह लोक-गीत रह-रह कर ध्वनित प्रतिध्वनित होता रहता है :

दो पैर घट तुरना,
तुरना मडक दे नाल।

दो कदम चाहे कम चलना
लेकिन चलना शान के साथ

पंजाबी में गौरव को ही ''मडक'' अथवा ''अनख'' कहते हैं। अनख बनी रहे तो मनुष्य मिट भले ही जाए, परास्त नहीं होता।

जीवन कई हज़ार

सरहिंद के नवाब वजीर खाँ ने गुरु की खोज में फौजी दस्ते दौड़ाए और मुनादी कारवाई कि जो कोई उन्हें शरण देगा, उसे दंड मिलेगा और जो कोई उन्हें पकड़वाने में सरकार की मदद करेगा, उसे इनाम मिलेगा।

23 दिसम्बर की अंधेरी रात, कड़ाके की सर्दी। इसलिए कि आहट न हो, गुरु गोविन्द सिंह चमकौर से नंगे पांव चले थे। रास्ते में कांटेदार झाड़ियाँ, कंकर, पत्थर, पैरों में छाले पड़ गए, चलते-चलते वह एक घने जंगल में पहुँचे। दिन निकल आया था। दो ढेले सिरहाने रखकर वह नंगी जमीन पर लेट गए। थके हुए थे, सर्दी के बावजूद नींद आ गई। रात को भी वहीं टिके रहे। उस जगह अब गुरुद्वारा बन गया है।

पिछली रात आगे चले और माछीवाड़ा पहुंच गए। गांव के पूर्व की ओर एक घना बाग था। गुरु जी इस बाग में आ टिके। उन्होंने रहट की एक टिंड उतार कर पानी पिया और कई दिन बाद स्नान भी किया। उसके बाद टिंड का सिरहाना बना कर वहीं लेट गए। इस जगह उनकी याद में गुरुद्वारा "कमल चरण" बनाया गया है।

यह बाग गुलाब खत्री का था। उसका नौकर गुरु जी को बाग में सोते देख आया था। गुलाब कभी मसंद था, लेकिन अब उसका अपना कारोबार था। तारे की सीध में चलते हुए इत्तिफाक से भाई दयासिंह, धर्मसिंह और मानसिंह भी गुलाब के घर आ पहुंचे। नौकर ने उन्हें बताया कि आप लोगों का एक साथी बाग में सो रहा है। यों बिछड़े फिर मिले।

नबी खां और गनी खां नाम के दो पठान माछीवाड़े में ही रहते थे। वे घोड़ों के सौदागर थे और कई बार गुरु गोविन्द सिंह के हाथ घोड़े बेचे थे। वे गुरु के

उच्च आदर्श और महान चरित्र से बहुत प्रभावित थे। जब उन्हें पता चला तो वे भी गुरु के दर्शन करने बाग में आए। गुलाब ने अपने घर से भोजन पहुंचाया, जो सबने मिलकर खाया। गुलाब उन्हें अपने घर ले गया, जहाँ गुरु ने विश्राम किया। वहाँ से उन्हें बहलोलपुर के काजी पीर मुहम्मद (अथवा मीर मुहम्मद) के घर पहुंचा दिया गया। काजी पीर मुहम्मद और गुरु गोविन्द सिंह सहपाठी तथा बचपन के दोस्त थे। काजी ने दोस्ती का हक अदा किया और वह बड़ी मुहब्बत से पेश आया और इंसानियत के फर्ज को निभाया।

काजी के मकान पर सबने सलाह-मशविरा किया और तय पाया कि गुरु जी मुसलमान पीर की पोशाक पहन कर "उच्च के पीर" बन जाएं और इसी भेस में उन्हें खतरे से दूर मालवे पहुंचा दिया जाए।

इस इलाके में एक खास फिरके के मुसलमान दाढ़ी और केस रखते थे और आमतौर पर नीले कपड़े पहनते थे। पर वे सिखों की तरह जूड़ा नहीं करते थे। बाल पीछे की तरफ खुले छोड़कर ऊपर साफा बांध लेते थे। पठान और मुगल शासन काल में काबुल की ओर से आकर इस फिरके के पीरों ने प्रमुख नगरों और कस्बों को अपना प्रचार-केन्द्र बना लिया था। बहावलपुर रियासत में उच्च नगर भी पीरों का मशहूर केन्द्र था। पीरो-मुरीदी का सिलसिला दूर-दूर तक फैला हुआ था। पीर अपने मुरीदों से नयाज-नजराना वसूल करने जाया करते थे। मुरीद उन्हें एक पलंग पर बैठा कर और अपने कंधों पर उठाकर एक गांव या नगर से दूसरे गांव या नगर पहुंचाया करते थे।

गुरु गोविन्द सिंह और उनके तीनों सिंहों ने भी नीले वस्त्र पहन लिए, केस पीछे खुले छोड़कर ऊपर से पगड़ियाँ बांध लीं। गुरु गोविन्द सिंह को एक पलंग पर बैठाकर काजी, गनी खां, भाई धर्म सिंह और मानसिंह ने अपने कंधों पर उठा लिया। भाई दया सिंह का यह जुलूस माछीवाड़े से मालवे की ओर चला।

बारह मील का सफर तय करके वे घुंगराली पहुंचे। रात वहाँ बिताकर अगले दिन लल्ल पहुंचे। घुंगराली से लल्ल तेरह मील दूर है। वे तालाब के किनारे आराम कर रहे थे कि गुरु जी की तलाश में निकला शाही फौज का एक दस्ता वहाँ आ पहुंचा। फौज के अफसर को शक हुआ और उसने उन्हें पूछ-ताछ के लिए रोक लिया। काजी पीर मुहम्मद ने अफसर के हर एक प्रश्न का संतोषजनक उत्तर दिया और अंत में कहा, "इन्हें मत रोकिए, यह सच्चे साईं को पहुंचे हुए पाक फकीर हैं।" अफसर ने "पीर साहब" से माफी माँगी और जाने दिया।

लल्ल से वह कटाने और रामपुर होते हुए 27 दिसम्बर (13 पौष) को आलमगीर पहुंचे। वहाँ नागाहिया सिंह और उसके बेटे से उनकी भेंट हुई। पिता-पुत्र घोड़ों का व्यापार करते थे और वे उस समय भी घोड़े बेचने जा रहे थे। गुरु के दर्शन करके वे बहुत प्रसन्न हुए और एक बढ़िया घोड़ा उनको भेंट किया। दशमेश पलंग छोड़कर घोड़े पर सवार हुए। काजी और गनी खां को प्यार और सम्मान के साथ विदा किया। उन्हें एक पत्र लिखकर दिया, जो खालसा को उनकी सेवा का आदर करने का आदेश था।

आलमगीर से गुरु जी होहर पहुंचे। इस गांव में उदासी सिख महंत किरपाल दास का डेरा था। महंत किरपाल सिंह ने भंगानी के युद्ध में पहाड़ी सेना का बड़ी वीरता और निर्भीकता से मुकाबला किया था। अब उनका एक चेला इस गद्दी का महंत था। पहले तो उसने गुरु का बड़ा आदर-सम्मान किया, पर जब पता चला कि शाही फौज उनका पीछा कर रही है, तो वह डर गया और उन्हें तुरन्त वहाँ से विदा कर दिया।

होहर से गुरु और उनके तीनों साथी रायकल्ला की रियासत जटपुरा में पहुंचे। उनके वस्त्र अब भी नीले थे। वहाँ के रईस चौधरी कल्लाराय ने उन्हें कोई पीर समझकर बड़ी आवभगत की। बाद में जब उसे असलियत बताई गई, तब भी चौधरी कल्लाराय ने, चाहे वह मुसलमान था, मुगल हुकूमत की इस करतूत की निंदा की और गुरु जी को हर तरह की सहायता देने का वचन दिया।

सिरसा नदी पार करते समय सैकड़ों सिख और गुरु जी के छोटे साहबजादे उनसे बिछुड़ गए थे। रायकल्ला से सरहिंद बीस-पच्चीस मील दूर था। गुरु गोविन्द सिंह ने चौधरी रायकल्ला से कहा कि वह अपना आदमी वहाँ भेजें, जो यह खबर लाए कि कोई सिख पकड़ा तो नहीं गया। चौधरी ने माही नाम के एक व्यक्ति को भेज दिया। माही जो खबर लाया वह बड़ी दर्दनाक थी।

माता गुजरी सिरसा नदी पार करते समय दो छोटे साहबजादों के साथ संगत से बिछुड़ गई थीं। उनकी भेंट अपने पुराने रसोइए गंगू ब्राह्मण से हो गई। गंगू उन्हें अपने गांव खेड़ी ले गया। माता जी के पास हीरे-जवाहरात का बक्सा था, जिसे देखकर गंगू की नीयत बिगड़ गई। उसने मौका ताड़कर बक्सा चुरा लिया और उसे हजम करने के लिए माता जी और मासूम बच्चों को गिरफ्तार करा दिया। स्थानीय मुगल अफसर ने उन्हें सरहिंद पहुंचा दिया। नवाब वजीर खां ने माता जी और बच्चों को सम्मन बुर्ज में कैद कर दिया। यह बुर्ज अब ''चंडाल बुर्ज'' के नाम से कुख्यात है।

कुछ लेखकों ने हीरे-जवाहरात का उल्लेख नहीं किया। उनका कहना है कि गंगू ने हुकूमत के डर और इनाम के लालच में माताजी और बच्चों को गिरफ्तार कराया। कुछ भी हो यह उसकी नीचता, कृतघ्नता और विश्वासघात था। पर इसके लिए सारी ब्राह्मण जाति को दोषी ठहराना, उस पर देशद्रोही और विश्वासघाती होने का आरोप लगाना, जैसा कि कुछ लेखकों ने लगाया है, उचित नहीं। अच्छे और बुरे व्यक्ति हर जाति, हर धर्म तथा हर देश में होते हैं। यह भी एक व्यक्ति का दोष था।

उस समय जोरावर सिंह की आयु नौ बरस और फतहसिंह की सात बरस थी। नवाब सरहिंद ने उन्हें अपने दरबार में बुलाकर कहा कि अगर तुम इस्लाम कबूल कर लोगे तो ठाट-बाट से जिंदगी बिताओगे और अगर इनकार करोगे तो तुम्हारे सिर तलवार से काट दिए जाएंगे। उनकी शिक्षा गुरु-परिवार में हुई थी, आन पर मर मिटना उनके संस्कार में रच-बस गया था। बड़े भाई जोरावर ने नवाब को उत्तर दिया, ''सिर जाए तो जाए साडा सिखी सिदक न जाए। हमें धर्म गंवाकर जीना मंजूर नहीं।''

वजीर खां यह जवाब सुनकर जल-भुन गया। उसने दोनों भाइयों को कत्ल करने का हुक्म दिया। मलेर कोटला के नवाब शेर मुहम्मद खां भी वहाँ मौजूद थे। उन्होंने एतराज किया, ''कसूर बाप का, सज़ा मासूम बच्चों को मिले? यह कहाँ का इन्साफ है?''

पर पास बैठा दीवान सुच्चानंद मुगल हुकूमत के प्रति अपनी वफादारी का सबूत देने के लिए चट बोल उठा, ''तूंबे तरबूज नहीं बनते, चाहे लाख पैबंद लगाइए। खारे कुंए मीठे नहीं होते, चाहे मनों चीनी मिलाइए। सांपों के बच्चे मीत नहीं बनते, चाहे चुलियाँ दूध पिलाइए। जब इन बच्चों का अभी यह हाल है तो सोचिए, बड़े होकर क्या बनेंगे?''

वजीर खां ने दो दिन बाद जोरावर सिंह और फतहसिंह को फिर दरबार में बुलाया और इस्लाम कबूल करने को कहा। जवाब फिर भी इनकार में था। जालिम वजीर खां नें उन्हें जीते-जी दीवार में चिनने का हुकम दिया। दोनों साहबजादों के गिर्द दीवार चिनी गई। चाहे उम्र में छोटे थे, पर गुरु तेगबहादुर के पोते और गुरु गोविन्द सिंह के पुत्र थे, वे ज़रा भी नहीं घबराए, खड़े मुस्कराते रहे। दीवार छाती तक आ गई, दम घुटने लगा, तब भी उफ् नहीं की। अपने निश्चय पर अडिग रहे और हंसते-हंसते शहीद हो गए।

मासूम बच्चों की यह लासानी बहादुरी देखकर दुश्मन भी दंग रह गया और अपने इस घृणित कार्य पर मन ही मन लज्जित हुआ।

गुरु माता ने पोतों के मरने की खबर सुनी तो वह बेहोश हो गई और यह बेहोशी कभी न टूटने वाली नींद में बदल गई।

गुरु गोविन्द सिंह ने यह सारी घटना सुनी तो शांत मन से ईश्वर को धन्यवाद दिया और धीमे स्वर में कहा कि एक दिन ऐसा जरूर आएगा, जब मेरे सिंह सरहिंद की ईंट से ईंट बजाएंगे और अपने मासुम भाइयों का बदला लेंगे। सिंहों ने उनकी इस भविष्यवाणी को सही सिद्ध किया।

अगले दिन गुरु गोविन्द सिंह रायकिल्ला से विदा हुए। चौधरी ने उन्हें अच्छे घोड़े और शस्त्र भेंट-स्वरूप दिए। दशमेश ने उसके स्नेह और सेवा के बदले अपने गले की तलवार उसे दी और कहा—"जब तक आप और आपकी औलाद मेरी इस यादगार को आदर-सत्कार से संभाल कर रखेगी, आपका खानदान फले फूलेगा।"

वह तलवार तीन पीढ़ी तक चौधरी परिवार में रही और अब नाभे के सिरमौर गुरुद्वारे में है।

रायकिल्ला से रवाना होकर गुरु गोविन्द सिंह मघसर 1761 में देना गांव पहुंचे। यह गांव जिला फिरोजपुर की मोगा तहसील में स्थित है। यह क्षेत्र सिंहों का गढ़ था। जैसे-जैसे गुरु के वहाँ पहुंचने की खबर फैलती गई, सिंह उनके इर्द-गिर्द एकत्रित होते चले गए। ये वे संत-सूरमा थे, जिन्होंने अमृत छककर गुरु पर प्राण न्योछावर करने का संकल्प धारण किया था। कुछ आदमी तनख्वाहदार भी रखे गए और शत्रु से एक बार फिर लोहा लेने की तैयारियाँ शुरू हो गईं।

गुरु के इरादे कितने दृढ़—मजबूत थे, इसका पता उस पत्र से चलता है, जो उन्होंने यहाँ से औरंगज़ेब के नाम लिखा है। यह पत्र एक ऐतिहासिक दस्तावेज है, इसका नाम "जफ़रनाम" अर्थात् 'विजय-पत्र' है। खत चूंकि औरंगज़ेब के नाम है, इसलिए दशमेश ने फारसी शायरी में लिखा है, छंद जो प्रयोग किया है, वह ऐसा जुझारू है कि रण-भूमि में सरपट दौड़ रहे घोड़ों के सुमों की टाप ध्वनित-प्रतिध्वनित होती है, जो दिलों में जोश और बलबला पैदा करती है। "सर्वलौह" परिच्छेद में "जफ़रनामे से कुछ शेर नमूने के तौर पर उद्धृत किए जा चुके हैं; लेकिन गुलामी और जुल्म के प्रति दशमेश के मन में कितनी घृणा, कितना आक्रोश था और वे इसके विरुद्ध लड़ने के लिए कितने दृढ़ संकल्प थे, इसका अंदाजा तभी लग सकता है जब इस खत को पढ़कर गुरु के मन को मथने वाली भावनाओं को समझ लिया जाए।

गुरु गोविन्द सिंह ने खत हथियारों की पूजा से शुरू किया है और फिर लड़ाई में शहीद होने वाले संत-सूरमों और सरपट दौड़ने वाले घोड़ों की प्रशंसा करने के बाद लिखा है—"ऐ औरंगज़ेब, जिस खुदा ने तुझे सल्तनत बख्शी, राजा बनाया, उसी खुदा ने हमें यह बल दिया, शक्ति दी कि हम धर्म की रक्षा करें। न्याय और सत्य का झंडा बुलन्द रखें। तू छल-कपट से लूट-मार करता है और हम उसका उत्तर सच्चाई से देते हैं। तूझे औरंगज़ेब नाम जेवा (शोभा) नहीं देता। तू इस लायक नहीं कि तेरा नाम औरंगज़ेब रखा जाता। तूने जो तस्वीह दिखाने के लिए हाथ में ले रखी है, उससे तू जाल बुनता और शिकार फांसता है। ऐ औरंगज़ेब, तूने अपने बाप को कैद में डालकर और भाइयों की हत्या करके, हुकूमत करने का जो कच्चा मकान बनाया, वह अब ढह रहा है।

"ऐ औरंगज़ेब, परमात्मा की कृपा से मैंने अपने सिखों में नए जीवन का संचार किया है। उन्हें लोहे का पानी अर्थात् अमृत पिला दिया है। मैंने इस अमृत से ऐसी बरसात शुरू कर दी है कि अब उल्लू बाकी नहीं रहेंगे। ऐ औरंगज़ेब, तुझे दक्षिण में शिकस्त मिली और मेवाड़ के राजपूतों ने भी तेरा मुंह मोड़ दिया। अब तेरी क्रूर दृष्टि पंजाब की ओर उठ रही है। पर याद रख, अगर तू पंजाब की ओर आया तो मैं तेरे पांव तले वह आग रखूंगा कि तू एक पल भी यहाँ टिक नहीं पाएगा। अगर एक गीदड़ धोखाधड़ी से शेर के दो बच्चों की हत्या कर दे तो शेर जीवन भर बदला लेने का खयाल नहीं छोड़ता। (जोरावर सिंह और फतहसिंह की शहीदी की ओर इशारा)

"ऐ औरंगज़ेब, मुझे तेरी कसम का जरा भी विश्वास नहीं। तू, तेरे मुंशी, काजी, दूत और दरबारी सब झूठे हैं। अब तलवार उठाए बिना कोई चारा नहीं रह गया। अगर तू चालाक और मक्कार भेड़िया है तो मैंने तेरे लिए शेर पाल रखे हैं। मैंने तेरे वायदों पर भरोसा न किया होता तो अपनी फौज को आनंदपुर से न हटाता। चमकौर में चालीस शूर वीरों की छोटी-सी टुकड़ी क्या कर सकती थी, जबकी तेरी एक लाख से ऊपर सेना धोखा देकर उन पर टूट पड़ी। जब तेरी फौज मेरे पीछे दौड़ी तो मैंने उसे अपने तीरों का थोड़ा-सा मजा चखाया था। तेरे कुछ सिपाही भाग खड़े हुए और कुछ परलोक सिधारे। ईश्वर की कृपा से मैं साफ बच निकला।"

इससे खत के तेवर स्पष्ट हो जाते हैं। अंत यों हुआ है : ऐ औरंगज़ेब, तू यहाँ कस्बा कांगड़ा में आ कि हम तुझसे बात करें। मेरे पास एक हजार में से चुना हुआ एक घोड़ा है। मैं उसे खुला छोड़ देता हूँ। तुझ में हिम्मत हो तो उसे

पकड़ ताकि मैं तुझसे जंग करू। (अश्वमेध-यज्ञ की ओर संकेत है) ईश्वर ने मुझे शक्ति दी है, तलवार दी है और उसी की कृपा से हिमालय की घाटी में मैंने अपनी फौज तैयार कर ली है। मेरे संत सूरमाओं में देवताओं के गुण हैं और उनकी आन-बान आकाश के तारों से भी ऊंची है।

दशमेश ने अपना यह ऐतिहासिक पत्र भाई दयासिंह और धर्मसिंह के हाथ बादशाह के पास भेजा। औरंगजेब उस समय अहमदनगर में था।

अपनी फौज में संत-सूरमा भरती करने के लिए गुरु गोविन्द सिंह ने मालवे की यात्रा की। इस यात्रा के दौरान माझे के कुछ ऐसे सिख उनसे मिलने आए, जिनके नजदीक धर्म केवल कथा-कीर्तन और भक्ति-मुक्ति था। उन्होंने गुरु से बहुत आग्रह किया कि वह युद्ध का मार्ग त्यागकर फिर से गुरु नानक के बताए शान्ति मार्ग को अपना लें।

उन्होंने गुरु की ओर से मुगल बादशाह के साथ बातचीत करने का आश्वासन भी दिया, जिससे दोनों घरानों की शत्रुता हमेशा के लिए समाप्त हो जाए। लेकिन गुरु ने उनकी बात नहीं मानी और बोले, ''मैं एक महान उद्‌देश्य के लिए लड़ रहा हूँ। इसी उद्‌देश्य की पूर्ति के लिए मैंने अपने चार बेटों और माँ-बाप को बलिदान कर दिया और अब आप आए है मुझे लड़ाई बंद करने की सलाह देने—सिर्फ इसलिए कि मैं अपनी जान बचा सकूं। ऐसा कभी नहीं हो सकता? जिसे अपमानपूर्ण शांति का जीवन पसंद है, वह चाहे तो अन्याय और अत्याचार सहता रहे, लेकिन मैं जीते जी इसे नहीं सह सकता और न ही वे लोग इसे सह सकते हैं, जो मेरी राह पर चलना चाहते हैं।'

वे लोग निराश होकर अपने घरों को लौट गए, लेकिन उन्होंने लोगों को गुरु साहब के संकल्प के बारे में बताया, तो सैकड़ों लोग माई भागो नामक महिला के नेतृत्व में गुरु के लिए मर मिटने को तैयार हो गए। उस वीर महिला ने पुरुष-वेश धारण किया और लोगों को फिर से कष्ट और बलिदान के मार्ग की ओर प्रवृत्त किया। उनमें कुछ ऐसे लोग भी थे, जो आनंदपुर में गुरु को छोड़कर लड़ाई के मैदान से भाग आए थे।[1]

आनंदपुर में जिन सिखों ने गुरु को यह लिखकर दे दिया था कि आज से न आप हमारे गुरु हैं और न हम आपके सिख हैं, घर और गांव वालों ने भगोड़ा कहकर उनकी भर्त्सना की और लज्जा के मारे उनके लिए कहीं भी मुंह छिपाना

---

1. डॉ. गोपाल सिंह, गुरु गोविन्द सिंह, पृष्ठ 64-65

मुश्किल हो गया। उनकी संख्या चालीस थी। वे सब गुरु सेना में फिर से भरती हुए और मुक्तसर के युद्ध में शहीद होकर बदनामी के इस दाग को धोया। इससे स्पष्ट है कि गुरु गोविन्द सिंह ने विदेशी सरकार और वर्ग-व्यवस्था के अत्याचार से पिस रहीं जनता में सचमुच नई चेतना का संचार किया था और देशभक्ति की भावना इतनी प्रबल हो गई थी कि एक बार संत-सिपाही बनने के बाद मौत से डरना तथा लड़ाई के मैदान से भागना सामाजिक अपराध समझा जाने लगा था। स्त्रियाँ राजपूतानियों की तरह पीठ दिखाकर आने वाले अपने पतियों से घृणा करती थी।

नवाब सरहिंद को जासूसों ने सूचना दी कि गुरु गोविन्द सिंह दीना गांव में है और बहुत से सिख उनके पास एकत्र हो गए हैं। वह बारह हजार फौज लेकर उन पर हमला करने के लिए चल पड़ा। जब गुरु जी को इस बात का पता चला तो वह भी मुकाबले के लिए तैयार हो गए। युद्ध की दृष्टि से दीना उन्हें उचित स्थान नहीं लगा, इसलिए झिड़ी, भदौड, भगता, पत्तो, जैतों इत्यादि गांवों में से होते हुए कोट कपूरा पहुंचे। इस दौरान सैंकड़ों सन्त योद्धा उनसे आ मिले।

कस्बा ढिलवां कला कूट कपूरा से दो कोस दूर है। वहाँ पृथ्वीचंद की सन्तान में से सोढ़ी कौल रहते थे। गुरु गोविन्द सिंह कोट कपूरा से ढिलवां पहुंचे तो सोढी कौल ने उन्हें दो घोड़े और सफेद वस्त्र भेंट किए। गुरु जी ने अभी तक उच्चपीर के नीले कपड़े पहन रखे थे। गुप्त जीवन बिताने में ये कपड़े बड़े उपयोगी थे, पर अब इसकी जरूरत नहीं रह गई थी। सोढ़ी कौल ने इन्हें उतार देने की विनती की तो गुरु ने उन्हें उतार कर सफेद वस्त्र पहन लिए। सिख इतिहास लिखता है कि दशमेश इन नीले वस्त्रों को लीर-लीर करके आग में झोंक रहे थे और साथ ही कह रहे थे कि इन वस्त्रों के साथ तुर्क-पठान राज भी जल गया। आखिर जब एक लीर रह गई तो पास खड़े भाई मानसिंह ने वह माँग ली और अपने सिर पर बांध ली। निहंग सिंह सम्प्रदाय की शुरूआत यहीं से हुई बताई जाती है।

एक सिख समाचार लाया कि मुगल सेना इसी ओर बढ़ी चली आ रही है। सरदार कपूरा (बैराड जाट) भी वहीं मौजूद था। उसने सलाह दी कि दुश्मन का मुकाबला करने के लिए खिदराने का रेगिस्तान बढ़िया जगह है। वहाँ एक तालाब है, सिर्फ उसी में पानी है वरना पूरे क्षेत्र में कोसों तक पानी का नामोनिसान नहीं। गुरु गोविन्द सिंह ने इसी तालाब पर जा मोर्चे लगाए। युद्ध-नीति का तकाजा था कि शत्रु-सेना तालाब पर कब्जा न कर सके। मोर्चा बंदी करते समय इस बात का विशेष ध्यान रखा गया।

भाई महासिंह और माई भागो के नेतृत्व में जो सेना तैयार हुई थी, वह भी खिदराने आ पहुंची। माई भागो मरदाना लिबास में शस्त्र सजाये घोड़े पर सवार थी। तालाब से थोड़ी दूर इधर घनी झाड़ियाँ थीं। माई भागो और महासिंह ने फैसला किया कि शत्रु का मुकाबला यहीं किया जाए। उन्होंने खद्दर की चादरें इस तरह झाड़ियों पर फैला दीं कि शत्रु को लगे बहुत-सी सेना तम्बू लगाए पड़ी है।

संवत् 1762 (सन् 1705) बैसाख की 20-21 तारीख। दोनों सेनाएं एक दूसरे से टकरा गई। घमासान लड़ाई हुई। सिख हमेशा की तरह वीरता और साहस से लड़े। ज्यादा दबाव पूर्व की ओर के सिखों पर था, क्योंकि उन्हें तालाब की रक्षा करनी थी। गुरु उनकी मदद के लिए नई कुमुक भेज रहे थे और अपने तीरों के अचूक निशानों से शत्रुओं को खत्म कर रहे थे।

उधर लाहौर की ओर से, जो सिख सेना माई भागो और महासिंह के नेतृत्व में आई थी, वह पांच-पांच के जत्थे बनाकर, तलवारें और नेजे हाथ में लिए मैदान में उतर रही थी। एक-एक जत्था दुश्मन से दो-दो हाथ करता और अपने से कई गुना को मारकर खुद भी शहीद हो जाता। उन्हें न मौत की परवाह थी और न हार-जीत की चिंता। उन्हें तो बस शत्रु को आगे बढ़ने से रोकना और अपने आपको पंथ के लिए बलिदान करना था। वे सब इसी प्रकार घायल या शहीद हुए। उनके साथ तीन हजार शत्रु सैनिक भी खेत रहे।

वजीर खाँ तालाब पर कब्जा करने में असफल रहा। बैसाख का महीना फौज ''पानी-पानी'' चिल्ला रही थी। नवाब सरदार कपूरे को भी साथ ले आया था। उससे पूछा कि पानी कहाँ मिलेगा। उसने उत्तर दिया कि आगे तीस और पीछे दस मील तक पानी की एक बूंद तक नहीं। साथ ही उसने सलाह दी कि बाकी फौज की जान बचाने के लिए पीछे लौट जाना ही मुनासिब है। शाही फौज अपने घायल और मृतक सैनिकों को वहीं छोड़कर पीछे हटी। सिखों की जीत हुई। वातावरण ''वाहे गुरु जी का खालसा, वाहे गुरु जी की फतह'' के नारों से गूंज उठा।

लड़ाई बंद हुई तो गुरु गोविन्द सिंह घायलों और शहीदों को देखने उन झाड़ियों में गए, जहाँ सिख पांच-पांच के जत्थे बनाकर शहीद हुए थे। उन्हें आश्चर्य हुआ था कि यह अचानक मदद कहाँ से आ गई। गुरु जी ने शहीदों के मुंह का लहू अपने रूमाल से पोंछा, ध्यान से देखा और अपने आनंदपुर वाले सिंहों को पहचान लिया। महासिंह सख्त घायल हुआ था, पर अभी शरीर में प्राण शेष थे। गुरु जी ने उसका लहू पोंछा और शिष्य के मुंह में पानी डाला। महासिंह ने आंखें खोलीं और दशमेश के दर्शन कर कृतार्थ हुआ। गुरु जी ने प्रसन्न होकर उसे वर माँगने

को कहा। महासिंह का क्षीण स्वर सुनाई पड़ा, ''सच्चे पातशाह, एक ही साध है, हमने जो बेदावा लिखा था उसे फाड़ दीजिए।'' गुरु जी ने बेदावा-पत्र कमरकस से निकाला और पुर्जे-पुर्जे करके फेंक दिया। महासिंह ने सुख की सांस ली और उसकी आंखें हमेशा के लिए बंद हो गईं।

महासिंह की यह बात जो कोई भी सुनता था, हर्ष और गर्व में भरकर ''धन्य सिखी, धन्य सिखी'' कह उठता था।

माई भागो में भी प्राण बाकी थे। गुरु उपचार के लिए उसे साथ ले गए। सभी शहीदों का यथोचित् सम्मान और विधिपूर्वक दाह-संस्कार किया गया।

इन शहीदों की याद में उस युद्धस्थल का नाम ''मुक्तसर'' रखा गया और शहीदों को ''मुक्ता'' कहा जाता है। अब यहाँ चार गुरुद्वारे बन गए हैं और बहुत बड़ा कस्बा आबाद हो गया है। चालीस मुक्तों और दूसरे शहीदों को जहाँ दाह-संस्कार हुआ, वहाँ जो गुरुद्वारा बना है, उसका नाम ''शहीद गंज'' है।

हर साल माघ के महीने में यहाँ बहुत बड़ा मेला लगता हैं।

शहीदों का संस्कार करने के बाद गुरु गोविन्द सिंह नोवेहे, वजीरपुर, रूपियाना और भूंदड आदि गांवो में से हाते हुए छेतेआने पहुंचे। यहाँ एक सैयद फकीर था, जो बचपन में ही ब्राह्मण से मुसलमान हो गया था। उसे ''पाहुल' छकाकर सिंह बनाया और उसका नाम अजमेर सिंह रखा। वह जहाँ भी गए, अमृत छकाकर सिंह बनाए, जिससे जत्थेबंदी मज़बूत होती चली गई।

छेतेआने से बाजक और पक्वेपिंड होते हुए गुरुजी तलवंडी सावोकी पहुंच गए। मालवे से पूरब जाते हुए तेगबहादुर भी आठ-नौ दिन वहाँ रुके थे। नगर से बाहर उनका, जो निवास स्थान था, वहीं गुरु गोविन्दसिंह ने अपने सिंहों समेत डेरा डाल दिया। बाद में इस नगर का नाम दमदमा साहब पड़ गया यानी जहाँ गुरु ने दम लिया—विश्राम किया। वहाँ वह काफी समय तक रहे। सरहिंद के नवाब वजीर खां में यह हिम्मत नहीं रह गई थी कि वह उन पर हमला करे। जो दरबारी कवि खतरे के समय आनंदपुर से बाहर भेज दिए गए थे, वे भी यहाँ आ गए। कथा-कीर्तन, कविता-पाठ आदि सांस्कृतिक कार्यक्रम, जो गुरु गोविन्द सिंह को बहुत प्रिय था, फिर से शुरू हुआ। यहीं उन्होंने आदि ग्रन्थ लिखवाया। वह बोलते जाते थे और भाई मनी सिंह लिखते जाते थे। उसमें उन्होंने अपने पिता की ''वाणी'' और परम्परा अनुसार अपना एक पद भी जोड़ दिया। प्रेस अभी नहीं आया था, इसलिए कई नकलें की गई ताकि श्रद्धालुओं को उपलब्ध हो सकें। कारण यह

था कि मूल प्रति धीरमल्ल के पास थी, जिसे उसने देने से इनकार कर दिया था।

जब गुरु शान्तिपूर्वक साहित्य-सृजन कर रहे थें, उनकी दोनों पत्नियाँ सुंदरी और साहब कौर दिल्ली से तलवंडी साबोकी अर्थात् दमदमा आ गई। यहाँ आकर उन्हें अपने चारों बेटों के शहीद हो जाने का पता चला तो उन्हें बड़ा दुख हुआ। दशमेश ने अपने सिखी की ओर संकेत करते हुए उनका ढांढस बंधाया–

इन पुत्रन के शीश पर, वार दिये सुत चार,
चार मुए तो क्या हुआ, जीवित कई हजार।

यहाँ गुरु ने साहित्य-रचना की, दरबारी कवि और बहुत से सिख योद्धा उनके पास आ जमा हुए, जिससे आनंदपुर की पुरानी महिमा फिर लौट आई।

भाई दया सिंह ''जफ़रनामा'' लेकर औरंगज़ेब के पास दक्षिण गए थे। वह औरंगज़ेब का जवाब लेकर दमदमा आए। औरंगज़ेब ने अपनी मृत्यु शय्या से, जो पत्र अपने बेटों को लिखे, उनसे जान पड़ता है कि वह अन्तिम दिनों में, अपने पापों और अत्याचारों के बारे में सोचा करता था। पत्रों में कहा गया है, मैं नहीं जानता कि मैं कौन हूँ, कहाँ जाऊँगा और मेरे इन पापों का क्या होगा। मेरी जिन्दगी नाकाम रही। ...जब मुझे अपने लिए ही उम्मीद नहीं रही तो दूसरों के लिए उम्मीद कैसे करूँ? मैंने बहुत गुनाह किए हैं और पता नहीं कौन-सी सजा मेरा इन्तजार कर रही है।[1] प्रायश्चित के इन्हीं क्षणों मे औरंगज़ेब ने गुरु गोविन्द सिंह से की गई वादा-खिलाफी और उनके मासूम बच्चों की हत्या पर अफसोस व्यक्त किया था और गुरुजी को बातचीत के लिए दक्षिण बुलाया था।

गुरु गोविन्द सिंह पांच सिखों के साथ जिनमें से सैयद फकीर से हाल ही में सिंह बना अजमेर सिंह भी एक था, 20 अक्टूबर सन् 1706 को दमदमा साहब से दक्षिण की ओर रवाना हुए।

---

1. हिस्ट्री ऑफ इंडिया, विन्सेन्टस्मिथ से डॉ. गोपाल सिंह द्वारा अपनी पुस्तक 'गुरु गोविन्द सिंह'' में उद्धृत पाद टिप्पणी, पृष्ठ 63

बहादुरशाह और गुरु दशमेश

गुरु गोविन्द सिंह तलवंडी से चलकर कुछ दिन पुष्कर और कुछ दिन दादू पंथियों के धार्मिक केन्द्र नरैन में रुके। यात्रा का उद्देश्य विद्वानों से विचार-विनिमय और धर्म-प्रचार था। पड़ाव-दर-पड़ाव चलते हुए जब वह बधोर पहुंचे तो उन्हें औरंगज़ेब की मृत्यु की खबर मिली। यात्रा वहीं स्थगित हो गई।

मुगल परम्परा के अनुसार बाप के मरते ही बेटों में सत्ता के लिए संघर्ष शुरू हुआ। औरंगजेब की मृत्यु 3 मार्च 1707 को हुई थी। दूसरे बेटे मुहम्मद आज़िम ने 14 मार्च को अहमदाबाद में गद्दी पर बैठकर अपने को बादशाह घोषित कर दिया। ईरानी दल के जिन अफसरों की मदद से वह बादशाह बना था, तख्त पर बैठते ही उसने सबकी तरक्कियाँ कर दीं। इसका नतीजा यह हुआ कि वह मुगल फौज के तौरानी घड़े की हमदर्दी खो बैठा। दक्षिण की लड़ाइयों के कारण औरंगज़ेब का खजाना खाली था। आज़िम जिस फौज को लेकर आगे की तरफ चला, उसकी तनख्वाह तीन बरस से रुकी हुई थी। आजिम तल्ख मिजाज और जल्दबाज था और वह किसी की सलाह मानने को तैयार नहीं था। उसका बेटा बेदारबख्त मालवें में था। उसने पिता से इजाज़त माँगी कि मुअज़्ज़म के पहुचने से पहले मैं आगरे पर कब्जा कर लूं। उसका श्वसुर आगरे का सूबेदार था। पर आजिम को शक था कि कहीं बेटा ही ताज-तख्त का मालिक न बन बैठे। उसने इजाज़त नहीं दी। हुक्म दिया कि ग्वालियर में रुककर मेरा इतजार करो।

मुहम्मद मुअज्जम उस समय पेशावर में था। उसे बाप के मरने की खबर 22 मार्च को मिली। उसके पास खजाना काफी था। वह भी पठान फौज साथ लेकर आगरे की ओर चला। लाहौर से 26 मील उत्तर में शाहदौला के पुल पर पहुंचकर उसने बहादुरशाह के नाम से अपने आपको हिंदुस्तान का बादशाह घोषित किया

और 12 जून को आगरे पहुंच गया। आगरा हिन्दुस्तान की राजधानी थी। आजिम अभी राजधानी से 20 मील दूर ग्वालियर में था।

पेशावर से आते हुए मुअजज्म ने अपना एक दूत यह संदेश देकर गुरु गोविन्द सिंह के पास भेज दिया था कि वे इस संघर्ष में उसकी मदद करें। इस सिलसिले में कई तरह की अटकलें लगाई जाती हैं। लेकिन असल बात यह है कि भगुलेरी युद्ध के बाद जब मुअज्जम को विद्रोह दबाने और पहाड़ी राजाओं से कर वसूली के लिए भेजा गया था, नदंलाल गोचा की मार्फ्त सत्ता के संघर्ष में मदद का कौल-करार तभी हो गया था। सिख गुरुओं की हमेशा यह नीति रही कि समझौता और संघर्ष साथ-साथ चले। शत्रु पक्ष की असंगतियों का उन्होंने हमेशा लाभ उठाया। गुरु अर्जुनदेव ने जहाँगीर के विद्रोही बेटे खुसरों को आशीर्वाद देने का जोखिम उठाया और शहीद हुए छठे गुरु हर गोविन्द सिंह ने इसी जहांगीर से समझौता करके न सिर्फ खुद बल्कि ग्वालियर के किले में नज़रबंद 52 हिन्दू राजाओं को भी मुक्त कराया। सातवें गुरु हर राय ने दारा शिकोह को तिलक लगाया और उसका पीछा करती हुई शत्रु-सेना को व्यास नदी पर रोके रखा। नवें गुरु तेगबहादुर ने भी असम का मामला निपटाने में औरंगज़ेब की मदद की। शत्रु खेमे की असंगतियों से लाभ उठाने तथा दो कदम आगे बढ़ने के लिए एक कदम पीछे हटने की जिस लचकदार नीति पर पहले गुरु चलते आए थे उसे दसवें गुरु गोविन्द सिंह ने भी अपनाई और उद्देश्य को कभी नजर से ओझल नहीं होने दिया।

जो लोग गुरु के महान उद्देश्य, देश भक्ति. और राष्ट्र के लिए किए गए बलिदान और सांस्कृतिक कार्यों को समझने में असमर्थ हैं और हमेशा निजी लाभ हानि की ही दृष्टि से सोचते हैं, उनका ख्याला है कि गुरु गोविन्द सिंह ने हताश होकर बहादुरशाह की नौकरी कर ली। इस संकुचित विचार वाले यह भी कहते हैं कि सरहिंद के नवाब वजीर खाँ से बेटों की हत्या का बदला लेने के लिए गुरु बहादुरशाह की शरण में गए। इस स्वार्थान्ध सोच का निकृष्टतम उदाहरण डा. जे. सी. ग्रेवाल ने प्रस्तुत किया है। वह लिखते हैं: "आनंदपुर को गुरु गोविन्द सिंह हमेशा अपने पुरखों की देन और अपना घर मानते थे। आनंदपुर ही भीमचंद और गुरु गोविन्द सिंह में लम्बे झगड़े का कारण बना रहा, वह कहलूर के राजा को कोई किराया देने को तैयार नहीं थे, क्योंकि पहले भी कभी कोई किराया नहीं दिया गया था।" यानी आदर्श, स्वतंत्रता तथा देश भक्ति की बातें बेकार हैं। सारा झगड़ा आनंदपुर का था। गुरु गोविन्द सिंह आनंदपुर के लिए भीमचंद से लड़ते रहे। सिखों

और बेटों का बलिदान भी आनंदपुर के लिए था और आनंदपुर वापस लेने की ही गरज से बहादुरशाह का साथ दिया। तुच्छ और निकृष्ट बुद्धि की इस तुच्छ और निकृष्ट सोच पर किसी टिप्पणी की आवश्यकता नहीं।

औरंगज़ेब के सुन्नी मत के विपरीत, बहादुरशाह शिया था और अपने चाचा दाराशिकोह की तरह एक उदार सूफी था। इसी कारण उसे ईरानी दल के मुकाबले हिन्दुस्तानी दल का, जिसमें पठान भी शामिल थे, समर्थन प्राप्त था। इसी कारण उसने बीजापुर और गोलकुंडा के सुल्तान की ओर मित्रता का हाथ बढ़ाया था और शत्रु के प्रति नर्म बरताव का आरोप लगा कर पिता ने उसे सात बरस कारावास में रखा था। शिया, सूफी और सिख तीनों ही औरंगज़ेब के अत्याचार के शिकार थे, इसी कारण उनके आपसी सम्बंध मित्रतापूर्ण थे। इसी कारण बहादुरशाह और गुरु गोविन्द सिंह में परस्पर सहायता का कौल-करार हुआ था।

अतएव गुरु गोविन्द सिंह अपने पांच सौ सिख जवानों के साथ बहादुरशाह की सहायता को आए।

दोनों भाइयों की सेनाएं 18 जून 1707 को आगरे के चार मील दक्षिण में जाजो के स्थान पर एक दूसरे के विरुद्ध मैदान में उतरी। घमासान लड़ाई हुई। आजम की फौज बहादुरशाह की फौज से कहीं ज्यादा थी, पर उसमें भीतरी फूट और तनख्वाह न मिलने से बेदिली थी। इसके विपरीत बहादुरशाह की ओर से पठान और सिख जी तोड़कर लड़ रहे थे। पहले आजिम का पुत्र बेदारबख़्त मारा गया। सिख इतिहासकार कहते हैं कि वह गुरु गोविन्द सिंह के तीर का निशाना बना। इस बात के सही होने का प्रमाण नहीं, लेकिन यह बात बिल्कुल सही है कि सिखों ने युद्ध में भी अपनी परम्परागत वीरता का परिचय दिया। आजिम के हाथी पर से गिरते ही उसकी फौज भाग खड़ी हुई और विजय बहादुरशाह के हाथ लगी।

गुरु गोविन्द सिंह अपने सिंहों सहित बहादुरशाह के साथ आगरे चले आए। उनकी रिहाइश का प्रबन्ध जिस बाग में किया गया, वहाँ एक गुरुद्वारा बना हुआ है।

बहादुरशाह ने विजय के उपलक्ष में धूम-धाम से दरबार सजाया। खुशियाँ मनाई गईं और अपने पक्ष के उमरा को इनाम बांटे। सिख योद्धाओं को भी इनाम दिए गए। बहादुरशाह ने बड़े आदर-सत्कार के साथ गुरुजी की सेवा में हीरे-जवाहरात भेंट किए।

इस विजय के बाद बहादुरशाह चार-पांच महीने आगरे में रहा और गुरु गोविन्द सिंह भी उसके पास वहीं टिके रहे। बहादुरशाह को विद्वानों की संगति बहुत प्रिय थी। धर्म, दर्शन और कानून पर वाद-विवाद में उसे आनंद आता था। गुरुजी से इन विषयों पर बातचीत होती। इस बातचीत के दौरान जो प्रश्न उठते, गुरु जी द्वारा दिए गए उनके उत्तर ऐसे सटीक होते कि बहादुरशाह सुनकर बहुत प्रसन्न होता।

एक दिन दरबारियों की उपस्थिति में गुरु बहादुरशाह से बातचीत कर रहे थे। दरबारियों में सरहिंद का एक विद्वान सैयद भी था। उसे गुरु को परेशान करने की सूझी और वह बोला "गुरु साहब, मैने गुरु नानक के घराने की महानता के बारे में बहुत कुछ सुना है। आप उनके दसवें उत्तराधिकारी हैं। हम तो उन्हीं को अलौकिक पुरुष मानते हैं, जो कुछ चमत्मकार कर सकें अगर आप इस बारे में हमारी शंका मिटा दे तो हमें बड़ी खुशी होगी।"

इस प्रश्न के पीछे, जो चालाकी छिपी थी, गुरु ने उसे तुरन्त भांप लिया, लेकिन सहज स्वर में उत्तर दिया, "शहंशाह स्वयं चमत्कार कर सकते हैं। नीच से नीच को ऊंचा उठा सकते हैं, ऊंचे ताकतवर को मिट्टी में मिला सकते हैं।" दरबारी अपनी हठ पर कायम था, उसने फिर आग्रह किया "आप जो कहते हैं वह सच है, लेकिन हम तो यह जानना चाहते हैं कि क्या आप भी कोई चमत्कार कर सकते हैं?"

गुरु ने जेब से सोने की एक मोहर निकाली और बोले, "देखिए, यह भी एक चमत्कार है। यह संसार की हर वस्तु और हर व्यक्ति को खरीद सकती है।"

दरबारी ने कहा, "हां,हां महाराज, सो तो है, लेकिन आप खुद कोई चमत्कार दिखाइए। हमारी तसल्ली तभी होगी।"

गुरु ने म्यान से दोधारी तलवार निकाल ली और गरज कर बोले "यही चमत्कार है, जो मैं दिखा सकता हूँ। मुझकों जो ललकारता है, मैं उसकी गर्दन इससे उड़ा सकता हूँ। मनुष्य या राष्ट्र का बस यही भाग्य निर्माता है।"

प्रश्न पूछने वाला सहम गया। बादशाह बड़े ध्यान से उनकी बातें सुन रहा था। उसने अपने दरबारी सैयद को फटकारा और गुरु से बोला, "महाराज, मेरे दरबारी की इस गुस्ताखी से आप नाराज न हों।" जिस किसी ने यह घटना सुनी मुल्क के शहंशाह के रूबरू गुरु के इस साहस पर दंग रह गया।

एक दिन इस विषय पर बातचीत हो रही थी कि वास्तविक धर्म क्या है। बादशाह ने कहा कि "एक इस्लाम ही वास्तविक धर्म है और सिर्फ इस्लाम ही

हमें नरक से बचा सकता है। इसलिए क्यों नहीं सब लोग इस्लाम अख्तियार कर लेते?" गुरु ने असहमति व्यक्त करते हुए उत्तर दिया, "यह बात असंभव है। किसी भी धर्म में ऐसी सामर्थ्य नहीं है। मनुष्य कोई भी धर्म अपना ले, अगर वह पाप करना नहीं छोड़ता तो धर्म उसकी कुछ भी सहायता नहीं कर सकता। उदाहरण के लिए हर रुपये पर बादशाह की मोहर होती है, लेकिन मूल्य मोहर का नहीं उस वस्तु का है, जो रुपये के भीतर है। आदमी नकली रुपया लेकर बाजार चला जाए, कोई भी उसे स्वीकार नहीं करेगा। ईश्वर किसी भी धर्म का विशेष आदर नहीं करता, वह मात्र अच्छे-बुरे की पहचान करता है और धर्म की छाप के बजाय यह देखता है कि हृदय में दया है? मैं एक ही ईश्वर को मानता हूँ, दो या तीन को नहीं, और काफिर उसे मानता हूँ, जो ईश्वर के अस्तित्व में ही विश्वास नहीं करता।"

जहाँ गुरु प्रखर बुद्धि और निडर व्यक्ति थे, वहाँ बहादुरशाह भी गुणग्राही और उदार व्यक्ति था। सत्य को स्वीकारने से झिझकता नहीं था। नन्दलाल से उसकी घनिष्ठता इसी आधार पर बनी थी और वह उसे अपने साथ अफगानिस्तान ले गया था। निश्चय ही वह गुरु की संगति से बहुत प्रसन्न था और चाहता था कि वे उसके पास आगरा में ही रहें। उसने उन्हें बहुत बड़ी जागीर भेंट की। पर गुरु का तो उद्देश्य ही और था, उन्हें बादशाह की मुसाहिबी नहीं करनी थी। जागीर लेने से साफ इनकार कर दिया।

आगरा में गुरु प्रतिदिन दीवान लगाते थे और उपस्थित जन को "नामदान" देते थे।

इस बीच में दक्षिण से तीसरे शाहजादे कामबख्श के विद्रोह की खबर मिली। इस विद्रोह से निपटने के लिए बहादुरशाह 9 नवम्बर 1707 को दक्षिण को रवाना हुआ। उसने गुरु गोविन्द सिंह को भी साथ ले लिया। इसके दो कारण थे : एक, वह गुरु के युद्ध कौशल और वीरता से लाभ उठाना चाहता था। दूसरे, वह उन्हें पंजाब से दूर रखना चाहता था। उसे मालूम था कि विद्रोह भड़क रहा है, सिख वजीर खां से गुरु के मासूम बच्चों की हत्या का बदला लेने पर तुले हुए हैं। गुरुजी राजपूतों और मरहठों का सहयोग प्राप्त करने के लिए पहले ही दक्षिण की ओर जाना चाहते थे। उन्होंने इस अवसर का लाभ उठाया और बहादुरशाह के साथ जाना स्वीकार कर लिया।

बहादुरशाह और गुरु गोविन्द सिंह का राजनीतिक उद्देश्य तथा दृष्टि-कोण एक दूसरे से एकदम भिन्न था। उनमें सहयोग ऊपरी और अस्थायी था, टकराव ही वास्तविक और स्थायी था। यह बात आगे की घटनाओं से सिद्ध हो जाएगी।

औरंगज़ेब के चार बेटे थे और चारों बादशाह बनने के आकांक्षी थे। सबसे छोटे बेटे अकबर ने बाप के खिलाफ विद्रोह किया, जिसमें वह असफल रहा और भाग कर ईरान चला गया। वहीं 1705 में उसकी मृत्यु हो गई। उससे बड़ा तीसरा बेटा कामबख्श था। जब मुअज्जम और आजिम दोनों बड़े बेटे तख्त के लिए लड़ रहे थे, आजिम बीजापुर का सूबेदार था। बाप के मौत की खबर सुनकर उसने भी ताज सिर पर रखा और हिंदुस्तान का बादशाह बन बैठा। दो-तीन दिन में फौज भरती की और तलवार के ज़ोर से अपना हक जताने दिल्ली की ओर चल पड़ा। बहादुरशाह ने उसे दक्षिण में ही रोक लेने का निश्चय किया। भाई के अलावा उसे मरहठों से भी निपटना था। उनकी शक्ति दिन-दिन बढ़ रही थी।

बहादुरशाह और गुरु गोविन्द सिंह राजपूताने में से होते हुए दक्षिण की ओर चले। रास्ते में दशमेश कई बार शाही डेरे से अलग होकर कई-कई दिन तक धर्म-प्रचार करते थे। इस बात की पुष्टि 'तारीखे-बहादुरशाह' से भी होती है कि गुरु गोविन्द सिंह लोगों का "नामदान" करते हुए जा रहे थे। इससे सिद्ध होता है कि वह किसी के अधीन नहीं थे, जो जी में आए, करने के लिए स्वच्छन्द और स्वतंत्र थे।

वे अजमेर, चित्तौड़गढ़ तथा उज्जैन आदि नगरों में से होते हुए नर्मदा तट पर पहुंचे। चित्तौड़ गढ़ के नज़दीक एक दुखद घटना घटित हुई। सिंहों और तुर्कों में किसी बात पर झगड़ा हुआ और एक तुर्क ने भाई मानसिंह की गोली मारकर हत्या कर दी। बहादुरशाह ने उस तुर्क और उसके हमराहियों को गुरु के हवाले कर दिया। गुरु ने अपने उच्च उद्देश्य को सम्मुख रखते हुए अपराधियों को क्षमा कर दिया।

बहादुरशाह और गुरुगोविन्द सिंह में 17 मई, 1708 को नर्मदा नदी पार की। फिर ताप्ती नदी पार करके बुरहानपुर पहुंचे। श्रद्धालुओं ने दशमेश को वहाँ कुछ दिन के लिए अटका लिया। उन्होंने जिस मकान में विश्राम किया वह अब "छठी मंदिर" के नाम से मशहूर है।

दादू पंथियों का महन्त जैत राम इत्तिफाक से बुरहानपुर आया हुआ था। वह दशमेश से भेंट करने आया। जब उसे पता चला कि गुरु दक्षिण को जा रहे हैं, तो उसने कहा कि आप नांदेड़ के वैरागी माधोदास से अवश्य मिलिएगा। जैत राम ने बताया कि वैरागी माधोराम बड़े जीवट का आदमी है और जनता में उसका बड़ा प्रभाव है।

इसी यात्रा में जब वह दादू की समाधि के पास से गुज़रे तो गुरु ने अपना एक तीर समाधि के सामने झुकाकर उसे श्रद्धांजलि अर्पित की। सिंहों ने उन्हें तुरन्त घेर लिया और घोड़े से नीचे उतार कर पूछा, "जब आपकी शिक्षा यह है कि एक अकाल पुरुष के अलावा किसी पीर-फकीर को न मानो, तो आपने यह क्या किया? आपने सिख-धर्म के नियम की अवहेलना की है। आपने इस दोष के लिए हम "पांच प्यारों" द्वारा दी जाने वाली सजा भुगतने के लिए तैयार हो जाएं।" सिखों ने दशमेश पर 125 रुपये जुर्माना किया जो उन्होंने सहर्ष चुका दिया। दरअसल समाधि के नीचे तीरे झुकाने से उनका अभिप्राय ही यह था कि अपने सिखों की परीक्षा लेना और यह जानना चाहते थे कि वे खालसा पंथ की शिक्षाओं को कितना समझते और कहाँ तक व्यवहार में लाते हैं। अब उन्होंने नियम की अवहेलना के लिए टोका और "पांच प्यारो" ने उनके व्यक्तित्व का ध्यान न रखते हुए उन पर जुर्माना किया तो सिखों की इस कर्तव्यपरायणता से उन्हें हार्दिक प्रसन्नता हुई। "पंथ गुरु और गुरु पंथ" के जनवादी सिद्धान्त से जो नई समझ, नई चेतना उत्पन्न हुई थी, सिंहों ने इसका परिचय इससे पहले चमकौर में गुरु के यहाँ से चले आने का गुरुमता पास करके दिया था और अब दूसरी बार दिया। दशमेश ने "पांच प्यारों" के निर्णय के आगे शीश नवाया।

कामबख्श अपनी फौज के साथ हैदराबाद पहुंच गया था। उसकी आयु चाहे तैंतालीस बरस थी, पर वह एक बच्चे की तरह नादान, ज़िद्दी और गर्म मिजाज़ था। इसलिए उसके कई उरमा उसका साथ छोड़कर बहादुरशाह से आ मिले। अब कामबख्श को हरा देना मामूली बात थी। बहादुरशाह के लिए असल खतरा मरहठे थे। लाला दौलत राय के अनुसार बहादुरशाह ने गुरु गोविन्द सिंह को एक बड़ी सेना का कमाण्डर बनाकर मरहठों के खिलाफ लड़ने के लिए भेजना चाहा, लेकिन गुरु ने इनकार कर दिया और वह 19 जुलाई को बहादुरशाह से अलग होकर नान्देड़ चले गए।

बंदा बैरागी का रूपांतरण

नान्देड़ पहुंचते ही गुरु गोविन्द सिंह अपने सिखों सहित माधोदास बैरागी साधु से मिलने गए। गोदावरी के किनारे एक सुन्दर बाग में उसका ड़ेरा था। जब गुरु गोविन्द सिंह डेरे में गए तो माधोदास वहाँ मौजूद नहीं था। वह साधु की कुटिया में गए और जो पलंग बिछा था, निश्चिंत उस पर बैठ गए। महन्त जैत राय ने गुरु गोविन्द सिंह को बताया था कि बैरागी माधोदास ने हठयोग और तांत्रिक साधना द्वारा ऐसी चमत्कारी शक्ति प्राप्त कर ली है कि अगर कोई व्यक्ति उसके पलंग पर बैठे तो पलंग चट उलट जाता है और उस पर बैठने वाला व्यक्ति औंधे मुंह धरती पर गिर पड़ता है। पर गुरु गोविन्द सिंह का न तांत्रिक साधना में विश्वास था और न माधोदास की आध्यात्मिक शक्ति में। वह बड़े इत्मीनान से पलंग पर बैठे रहे।

गुरु गोविन्द सिंह ने डेरे के साधुओं तथा सेवादारों से कहा, ''हमारी संगत को भोजन दो।'' उत्तर मिला कि जब तक बैरागी साधु अपने पवित्र हाथ से स्पर्श नहीं कर लेता अथवा पहले स्वयं खा नहीं लेता, भोजन नहीं दिया जा सकता। यह उत्तर सुनकर गुरु ने अपने सिखों को आदेश दिया, ''डेरे में जो कुछ खाने लायक मिले, लेकर भोजन तैयार करो और खाओ।'' सिखों ने एक बकरा काटा और उसका माँस पकाकर खा लिया। यह डेरे की धार्मिक मर्यादा की अवहेलना थी। डेरे का मुखिया साधु दौड़कर बैरागी के पास गया ताकि उसे इन अनोखे परदेसी के बारे में बताए।

बैरागी माधोदास ने सुना तो उसे बड़ा क्रोध आया और साथ ही यह आश्चर्य हुआ कि ऐसा व्यक्ति कौन हो सकता? वह जल्दी-जल्दी डेरे में आया। उसे सिखों से मालूम हुआ कि आगन्तुक कोई और नहीं, स्वयं गुरु गोविन्द सिंह हैं, जिन्होंने अपना सब कुछ राष्ट्र के उत्थान और मुक्ति के लिए समर्पित कर दिया है। माधोदास गुरु के चरणों पर गिर पड़ा और हाथ जोड़ कर पूछा–

"महाराज, आप किस उद्देश्य से आए हैं और मैं आपकी क्या सेवा कर सकता हूँ?

गुरु जी ने उत्त दिया, "मैं तुम्हें इस भ्रम-जाल से निकाल कर सीधी राह पर डालने आया हूँ।"

माधोदास "आज्ञा कीजिए, मैं आपका बंदा हूँ। आप ही हमारी जाति के रक्षक हैं।"

गुरुजी उसकी भक्ति से बहुत प्रसन्न हुए। उनके पूछने पर माधोदास ने अपनी आपबीती कह सुनाई। वह जम्मू के करीब रियासत पूंछ के राजोरी नगर में संवत् 1727 (सन् 1670) में एक राजपूत के घर पैदा हुआ था। माता-पिता ने उसका नाम लक्ष्मनदेव रखा था। बड़ा होकर उसने तीरंदाजी और बंदूक चलाना सीखा। उसे शिकार का बड़ा शौक था। एक दिन शिकार खेलने गया और एक हिरणी को अपने तीर का निशाना बनाया। मालूम हुआ कि हिरणी के पेट में दो बच्चे हैं। इससे उसे इतनी ग्लानि हुई कि उसने संसार त्यागकर वैराग्य धारण कर लिया। वह वैष्णव साधु जानकीदास का चेला बन गया। उसका नाम माधोदास रखा गया। वैरागियों की एक मंडली के साथ घूमता-फिरता वह पंजाब आया और पंजाब से दक्षिण पहुंचा। नासिक में उसकी भेंट योगी औघड़नाथ से हुई और वह उसका चेला बन गया। औघड़नाथ से उसने योग विद्या सीखी और उसकी मृत्यु के पश्चात् नान्देड़ में अपना आश्रम कायम किया। उसने बहुत जल्द चोखी ख्याति प्राप्त कर ली।

गुरु गोविन्द सिंह ने उससे कहा कि जब संसार में अत्याचार छाया हो तो तुम्हारे जैसे लोगों का कर्तव्य उसके विरुद्ध लड़ना और ज़रूरत पड़े तो प्राणों की आहुति देनी है।

माधोदास स्वभाव से वीर था और उसे प्राणों का रत्ती-भर मोह नहीं था। उसने गुरु से पहले ही कह दिया था कि मैं आपका बंदा हूँ और आपकी आज्ञा का पालन करूंगा। गुरु गोविन्द सिंह ने उसे "पाहुल" छका कर खालसा पंथ में दीक्षित किया और उसका नाम गुरुबख्श सिंख रखा। पर माधोदास ने गुरु से कहा था कि मैं आपका बंदा हूँ, इसलिए वह बंदा सिंह बहादुर के नाम से प्रसिद्ध हुआ। गुरु ने उसे हिदायत की कि वह हमेशा इन पांचों नियमों का पालन करे : 1. यति रहेगा अर्थात् काम को त्याग देगा 2. युद्ध से कभी मुंह न मोड़ेगा और विजय में भी विनम्र रहेगा 3. अपना अलग धर्म या पंथ नहीं चलायेगा। 4. गुरु-गद्दी लगाकर नहीं बैठेगा और 5. सिखों को अपना भाई समझकर उनके साथ समानता का बरताव

करेगा और जैसा कि खालसा बिरादरी का सिद्धान्त है, हर मामले में उनकी सलाह लेगा।

और कहा कि जब तक वह इन सिद्धान्तों पर चलते हुए दुष्टों का दमन तथा शोषित-उत्पीड़ित जन के उत्थान के लिए प्रयत्नशील रहेगा, उसे खालसा का संपूर्ण समर्थन मिलेगा। बंदा ने गुरु के चरण स्पर्श किये, उनके आदेशों का अक्षरशः पालन करने और उनके बताए मार्ग से कभी न भटकने का वचन दिया।

बंदा के अब तक के जीवन में त्याग, वीरता और साहस की कमी नहीं थी और वह शस्त्र-विद्या में भी निपुण था। अब लोहे के तसले और फौलाद के खंडे से तैयार किया गया अमृत छककर और गुरु गोविन्द सिंह का उपदेश सुनकर उसका भ्रम-जाल टूटा। उसमें गुणात्मक वैचारिक परिवर्तन आया और वह वैरागी से सन्त योद्धा बन गया।

अब गुरु गोविन्द सिंह ने उसे खालसा का जत्थेदार बनाकर पंजाब को रवाना किया। गुरु ने उसे अपने तरकश में से पांच तीर निकाल कर आशीर्वाद के रूप में दिये। विनोद सिंह, कान्ह सिंह और बाजसिंह अपने तीन सिंहों को भी उसके साथ पंजाब रवाना किया। उन्हें सिख संगत के नाम हुकमनामे लिखकर दिए कि वे बंदा सिंह की सहायता करें। गुरु ने बंदा से कहा कि वह अम्बाला के निकट बुड़िया के स्थान पर उन लोगों की प्रतीक्षा करे, जिन्हें उससे आ मिलने का आदेश दिया गया है। वहाँ सैनिक तैयारियाँ पूरी करने के बाद सरहिंद के नवाब वजीर खाँ और पहाड़ी राजाओं से उनके अत्याचारों का बदला लेने की योजना उसे समझाई। बंदा तुरन्त नान्देड़ से पंजाब को चल पड़ा।

यह सितम्बर सन् 1708 की बात है। बंदा ने पंजाब आकर किस तरह सरहिंद की ईंट से ईंट बजाई, नवाब वजीर खां को युद्ध में परास्त करके उसका सिर धड़ से अलग किया, अपने वीरतापूर्ण कारनामों से मुगल साम्राज्य की जड़ खोदी और किस तरह उसके नेतृत्व में सिख तीन साल के भीतर-भीतर मध्य तथा दक्षिण पूर्व में एक बहुत बड़े भूखंड के स्वामी बने, इसके उल्लेख की यहाँ गुंजाइश नहीं।

सम्पूर्ण आहुति

बंदा बहादुर को पंजाब रवाना करके खुद गुरु गोविन्द सिंह दक्षिण में ही रुक गए। उन्होंने गोदावरी के किनारे एक सुंदर एकान्त स्थल पर अपना डेरा डाला। देश भर से शिष्यगण उनके दर्शन करने वहीं आने लगे। वे गुरु के लिए मूल्यवान भेंट-उपहार लाते थे। थोड़े ही समय पश्चात् भूमि का एक टुकड़ा खरीद कर उन्होंने अपने लिए एक मकान बनवाया। अफजल नगर उसका नाम रखा और उसका एक दूसरा नाम अथचल भी पड़ गया। वहाँ आजकल इसी नाम का एक प्रसिद्ध मंदिर है। यहाँ भी संगत-पंगत का सिलसिला शुरू हुआ और सिख सेवक काफी संख्या में उनके पास एकत्र हो गए। सुबह धार्मिक दीवान लगते, जिनमें दशमेश संगत को उपदेश देते, दोपहर को लंगर, फिर कथा-कीर्तन और जापजी का जाप होता और कभी-कभी गुरु जी शिकार खेलने भी चले जाते थे। गुरु जी एक कर्मशील और विचारशील व्यक्ति थे और वह अपने अनुयायियों के सामने हमेशा यह प्रस्तुत करते थे कि खालसा को किस प्रकार एक आदर्श संगठन बनना चाहिए। उनका उद्देश्य देश के विभिन्न भागों में जागृति फैलाना और लोगों को अन्याय तथा अत्याचार के विरुद्ध लड़ने के लिए गोलबंद करना था। दक्षिण में आकर टिकने का अभिप्राय भी यही था। गोदावरी के किनारे जहाँ उनका डेरा था, धीरे-धीरे एक नगर बस गया और वहाँ भी आनंदपुर का दृश्य दिखाई देने लगा।

सिर्फ सिख ही नहीं, हर धर्म और हर जाति के लोगों की उनमें अटूट श्रद्धा थी। वे उनके उपदेश सुनने आते, लंगर में भोजन छकते और कुछ समय वहीं टिके रहते। एक मर्तबा एक पठान जरनैल सईद खां उनके दार्शनार्थ नान्देड़ आया। एक दिन जब वह गुरु जी के सम्मुख दरबार में बैठा था, उसे अपनी बहन नसीरा का पत्र मिला। पत्र में बताया गया था कि शाही फौज ने पीर बुद्धशाह पर चढ़ाई करके

उसे मौत के घाटर उतार दिया है। पीर मोहम्मद का एकमात्र अपराध यह था कि वह गुरु की देशभक्ति का कायल था, पहाड़ी राजाओं के विरुद्ध भगानी के युद्ध में उनकी सहायता की थी और इस युद्ध में उसके दो बेटे शहीद हुए थे। नसीरा बहन ने यह भी लिखा था कि पीर बुद्धशाह तो खुदा को प्यारे हुए, अब मेरी बारी है। उसका अपराध भी यही था कि चाहे उसने गुरु के दर्शन नहीं किए थे, पर वह उनकी शिक्षाओं से प्रभावित होकर उनकी श्रद्धालु बन गई थी। नसीरा मर्दाना लिबास पहनकर, सर पर "कफन" बांध, हाथ में तलवार लेकर गुरु जी का सच्चा सिपाही बन गई थी और मौत का मुकाबला करने के लिए हर समय तत्पर रहती थी। उसने पत्र में गुरु जी को अंतिम "आदाब" भेजा था और लिखा था कि मैदाने-जंग में बहादुरों की मौत मरूंगी। नसीरा का पूरा परिवार गुरु-भक्त था। उसके पति और दो पुत्र महान उद्देश्य को सफल बनाने के लिए अपना जीवन न्योछावर कर चुके थे और नसीरा खुद अपने को न्योछावर करने के लिए मैदान में उतरी थी। इसका मतलब था कि नवाब वजीर खां अपने विरोधियों को चुन-चुन कर तलवार के घाट उतारने पर उतर आया है और लोग भी उसके जुल्म का मुकाबला करने को तैयार है। गुरु जी ने पत्र सुनकर आंखें बंद कर लीं, कुछ क्षण चुप रहे और मन ही मन नसीरा को आशीर्वाद दिया।

यह पत्र सुनकर गुरु गोविन्द सिंह असाधारण रूप से गंभीर हो गए और वह पीर बुद्धशाह तथा वजीर खां के ही बारे में सोचते रहे। दो तीन दिन बाद उन्होंने अपनी पत्नी साहब कौर से कहा कि वह दिल्ली लौट जाएं और वहाँ सुन्दरी जी के साथ रहें। साहब कौर ने यह प्रण ले रखा था कि वह जब तक नित्य गुरु जी को देख नहीं लेगी, भोजन नहीं करेंगी, इसलिए साथ रहने की इच्छा व्यक्त की थी। इस प्रण को ध्यान में रखते हुए गुरु जी ने अपने कुछ शस्त्र उन्हें दिये और कहा कि जब भी आपको मेरे दर्शन करने हों, इन शस्त्रों को देख लिया करें, मैं आपको उनमें दिखाई दूंगा। उन्हें भाई मनी सिंह के साथ दिल्ली भेज दिया गया।

शायद गुरु जी को यह आभास हो गया था कि उनका अंतिम समय नजदीक है और यह उसी की तैयारी थी। हुआ भी ऐसा ही कुछ दिन बाद एक पठान युवक ने गुरु जी को अपने छुरे से घायल किया, जिसके परिणाम स्वरूप उनके त्यागमय उत्सर्गित जीवन का अंत हुआ और पीर बुद्धशाह की तरह वह अकाल पुरुष को प्यारे हुए।

इस घटना के बारे में कई कहानियाँ प्रचलित हैं, जो बिलकुल मनगढ़ंत हैं और जिनका एकमात्र अभिप्राय सत्य को झुठलाना और दशमेश की महानता को

हानि पहुंचाना है। इन कपोल कल्पित कहानियों के विस्तार में जाने की जरूरत नहीं, संक्षेप में उल्लेख कर देना काफी होगा और वह भी इसलिए कि सच को झूठ के समक्ष रख कर ही जाना जा सकता है।

ट्रम्प तथा कुछ सिख और दूसरे इतिहासकारों के अनुसार जिस गुलखां नाम के पठान युवक ने गुरुजी को छुरा घोंपा वह उस पैंदे खां का पोता था, जो लड़ाई के मैदान में गुरु हर गोविन्दसिंह के हाथों मारा गया था। अर्थात् पैंदे खां के पोते गुलखाँ ने दादा की हत्या का बदला गुरु हर गोविन्द सिंह के पोते गुरु गोविन्द सिंह की हत्या करके लिया। यह बात इसलिए निराधार है कि गुरु हरगोविन्द सिंह की पैंदे खां से कोई शत्रुता नहीं थी। पैंदे खां गुरु हरगोविन्द सिंह का भक्त था। बाद में वह विश्वासघात करके शत्रु से जा मिला और लड़ता हुआ मारा गया।

एक दूसरी कहानी है, जो प्रोफेसर करतार सिंह के अनुसार सैयद मुहम्मद लतीफ, मैलकम, कनिंघम, मैकरैगर इत्यादि के अलावा टैगोर ने भी लिखी है।[1] इस कहानी के अनुसार जब गुरु गोविन्द सिंह चमकौर युद्ध के बाद इधर-उधर घूम रहे थे तो एक पठान उनके पास आया, जिससे उन्होंने कभी घोड़े खरीदे थे, पर मूल्य नहीं चुकाया था। पठान ने रुपयों का तकाजा किया तो गुरु जी ने उत्तर दिया कि रुपये इस समय मेरे पास नहीं हैं, कभी फिर आना। लेकिन पठान ने जिद की कि मैं रुपये अभी लूंगा। इस पर गुरु जी को क्रोध आ गया और उन्होंने तलवार निकालकर पठान का सिर धड़ से अलग कर दिया। बाद में गुरु जी को अपने किए पर अफसोस हुआ और उन्होंने पश्चाताप के तौर पर पठान की विधवा की आर्थिक सहायता की, उसके बेटे को शस्त्र-विद्या सिखाई और फिर पठान के इसी बेटे को बाप की मौत का बदला लेने के लिए उकसाया। इन लेखकों का यह भी कहना है कि गुरु जी अपने अंतिम दिनों में जिन्दगी से तंग आ गए थे, विक्षिप्त और परेशान रहते थे। इस कारण भी उन्होंने पठान के बेटे को छुरा घोंपने के लिए उकसाया।

यह कहानी एकदम मनगढ़ंत और सफेद झूठ है और गुरुजी के स्वभाव और चरित्र के सर्वथा विपरीत है। उनके खरे व्यवहार, उदारता और उच्च आदर्श से प्रभावित होकर घोड़ों के व्यापारी भी महज व्यापारी न रहकर उनके भक्त और सहायक बन जाते थे। इसका एक उदाहरण नबी खां और गनी खां हैं, जो चमकौर युद्ध के बाद उन्हें माछीवाड़े में मिले और उच्च का पीर बनाकर उन्हें खतरे से बाहर निकाला।

---

1. 'जीवन कथा गुरु गोविन्द सिंह जी', पृष्ठ 447

एक दूसरा उदाहरण प्रो. करतार सिंह ने यह दिया है कि गुरु जी को एक पठान के रुपये जरूर देने थे। पर जब वह पठान गुरु जी से मिला तो उसने रुपये का तकाजा नहीं किया, बल्कि गुरु के याद दिलाने पर उसने रुपये लेने से इनकार किया। पठान के इस व्यवहार से प्रसन्न होकर गुरु जी ने उसे एक हुक्मनामा लिखकर दिया, जो अब तक उसकी सन्तान के पास है।[1]

गुरु के विक्षिप्त और परेशान होने का तो सवाल ही पैदा नहीं होता। वह उस मिट्टी से नहीं बने थे, जिसे निराशा छू सके? जिन्होंने अपने चालीस सिंहों के साथ दो लाख शाही फौज का मुकाबला किया और साफ बच निकले। सोचिए, वह कभी निराश होंगे? उन्होंने चमकौर के बाद भी मुक्तसर का युद्ध लड़ा, बहादुरशाह की मदद की और फिर बंदा बहादुर को पंजाब भेज कर सिखों के नाम हुक्मनामे लिखे। ये हुक्मनामे तभी लिखे जब उन्हें आशा थी कि सिख बंदा बहादुर का साथ देंगे और वे वजीर खां से मासूम बच्चों के कत्ल का बदला चुकाएंगे। बदला चुकाया गया।

मैकालिफ ने इन कहानियों का जिक्र करने के बाद एक तीसरी कहानी को सही बताया है, जो उसने "बहादुरशाहनामा" से उद्धृत की है। इस कहानी में बताया गया है कि गुरु जी अपने दीवान में हठधर्मियों, अन्धविश्वासियों तथा अन्य प्रकार के लोगों को धार्मिक शिक्षा दिया करते थे एक दिन एक पठान, जो गुरु के दीवान में पहले भी आया करता था, दीवान में बैठा गुरु का प्रवचन सुन रहा था। गुरु जी ने इस्लाम अथवा हजरत मुहम्मद के बारे में कोई ऐसी बात कही जो इस गुल खां नाम के पठान को अखर गई। उसने तुरन्त गुरु जी पर छुरे से वार किया, दो घाव लगे, जिनसे उनकी मृत्यु हुई।

"बहादुरशाहनामा" की यह कहानी ताज्जुब से भरी और निराधार है। इतिहास इस बात का साक्षी है कि गुरु नानक से लेकर दशमेश तक सभी गुरुओं ने हिन्दू, मुसलमान सबको अपने धर्म का मानवतावादी उपदेश दिया और किसी भी दूसरे धर्म के प्रति कटुता भरी आलोचना का रुख नहीं अपनाया। उर्दू शायर जिगर मुरादाबादी ने लिखा है—"मेरा पैगाम मुहब्बत है, जहाँ तक पहुंचे।" गुरु गोविन्द सिंह की रचनाओं का भी मुख्य विषय "प्रेम" था और उन्होंने यही बात बहुत पहले यों कही थी—

---

1. 'जीवन कथा गुरु गोविन्द सिंह जी', पृष्ठ 479

साचु कहों सुन लेहु सभे,
जिन प्रेम कियो तिन ही प्रभु पाइयो।

गुरु जी ने यह उपदेश न सिर्फ प्रचारित-प्रसारित किया बल्कि इसे व्यवहार में भी ढाला, इसीलिए पीर बुद्धशाह तथा काजी पीर मुहम्मद सलोह जैसे लोग उनके अनुयायी और श्रद्धालु बने। किसी धर्म पर कटाक्ष का सवाल ही पैदा नहीं होता।

इतिहास की एक और घटना स्मरण हो आई, उसे लिख देना अप्रासंगिक नहीं होगा। नैपोलियन ने अपनी वसीयत में लिखा है, "मैं समय से पहले मर रहा हूँ। ब्रिटिश रईसजादों ने अपने किराये के हत्यारों द्वारा मेरी हत्या की है।" लेकिन ब्रिटिश इतिहासकारों ने नैपोलियन की मृत्यु जिगर के कैंसर द्वारा हुई बताई है। कारण क्या है? ब्रिटेन की सन् 1688 की तथाकथित "स्वर्ण क्रांति" वहाँ के नए उपजे पूंजीपति वर्ग का उस सामंती वर्ग से समझौता था, जिसने क्रामवेल की लाश को कब्र से निकल कर फांसी दी थी और दुनिया की पहली पूंजीवादी क्रांति को विफल बनाया था। उसके बाद सन् 1789 में पूंजीवादी क्रांति फ्रांस में सफल हुई और मानव-समाज प्रगति की दिशा में कई कदम आगे बढ़ा। ब्रिटिश शासक वर्ग और उसके टुकड़खोर बुद्धिजीवियों ने फ्रांस की इस क्रांति का भरसक विरोध किया। नैपोलियन सामंतवाद का नहीं, पूंजीवाद का प्रतिनिधि सम्राट था। उसकी प्रचंड आंधी ने कितने ही सामंत सम्राटों के ताज धूल में मिला दिए। उससे सन् 1688 के प्रतिक्रियावादी समझौते का प्रतीक ब्रिटिश ताज भी खतरे में पड़ गया। इसी खतरे को टालने और प्रगति के रथ को पीछे की ओर धकेलने के लिए ब्रिटेन के रईसजादों ने नैपोलियन के विरुद्ध अपनी सेनाएं भेजीं, जिन्होंने उसकी हत्या की।

समय की गति को रोक रखने का प्रयास करने वाले प्रतिक्रियावादी इतिहास की मिथ्या व्याख्या करके न सिर्फ अपने गुनाहों और सत्य पर पर्दा डालते हैं, बल्कि प्रगतिशील शक्तियों की चेतना को कुंठित और भ्रमित भी करते हैं। इसलिए ट्रम्प, कनिंघम और मैकालिफ आदि ने सिख इतिहास के तथ्यों को तोड़ा-मरोड़ा और उसकी मिथ्या व्याख्या की तो इसमें आश्चर्य क्या है? उनका मकसद ही साम्प्रदायिक घृणा और धर्मांधता को प्रोत्साहन देना था।

सच्ची बात यह है कि जो दरबारी कवि सेनापति की पुस्तक "श्री गुरु शोभा" और भाई वीर सिंह द्वारा खोजी गई पुरानी पुस्तक "चत्रभुजी" में बयान की गई है। गुरु जी को छुरा घोंपने वाले पठान का नाम गुल खां, जसमद खां अथवा कुछ

और हो सकता है लेकिन यह तय है कि वह नवाब वजीर खां का भाड़े का आदमी था। गुरु के मासूम बच्चों का खून वजीर खां के सिर चढ़कर बोल रहा था और उसे विश्वास हो गया था कि गुरु के सिंह और अनुयायी इस खून का बदला जरूर लेंगे। इस डर से उसने पीर बुद्धशाह को मौत के घाट उतारा और इसी कारण नसीरा की जान पर आ बनी थी। गुरु गोविन्द सिंह तो नवाब की आंखों का एक ऐसा कांटा था, जिसे वह सहन नहीं कर पा रहा था। उसका भेजा हुआ पठान युवक किसी का परिचय-पत्र साथ लाया था। गुरु ने उसे अपने दीवान में सम्मानित स्थान दिया। वह सुबह-शाम कई दिन लगातार आता रहा। इससे उसने एक तो लोगों में यह विश्वास पैदा किया कि वह गुरु का अनन्य भक्त है, वह किसी बुरी नीयत से नहीं श्रद्धा और प्रेम से आता-जाता है और दूसरे उसने परिस्थिति को भलीभांति देख-समझ कर वार करने का मौका खोजा। वह जब भी आता गुरु जी उसके प्रति स्नेह दर्शाते और उनके सिंह तथा सेवक भी उस पर किसी प्रकार का संदेह नहीं करते थे।

30 सितम्बर 1708 की शाम को वह उस समय आया जब गुरु जी ''रहिरहास'' के भोग के बाद अपने खेमे में जाकर पलंग पर लेट गए थे और दिन भर का थका हुआ उनका निजी सेवक सो गया था। उसने खेमे के भीतर आकर गुरु को नमस्कार किया और गुरु जी ने उसे आशीर्वाद दिया। इस दुष्ट ने छुरा निकाला और गुरु जी के पेट में घोंप दिया। इससे पहले कि वह दूसरा वार करता, गुरु जी उठे और उसे अपनी तलवार से वहीं ढेर कर दिया।

''कोई है!'' गुरु जी ने आवाज दी। सिंह दौड़े हुए आए। एक जर्राह को बुलाया गया और घाव सीकर मरहम-पट्टी कर दी गई। गुरु जी बिलकुल शांत रहे। चौथे दिन से दरबार में आने लगे। लोगों ने समझा कि वह जल्द अच्छे हो जाएंगे। पन्द्रह दिन बीत गए। जख्म लगभग भर गया था। गुरु के एक श्रद्धालु ने उन्हें एक बहुत बड़ी कमान भेंट की। गुरु जी ने चिल्ला चढ़ाने का प्रयास किया तो जख्म के टांके टूट गए। इसके बाद जख्म ऐसा बिगड़ा कि जीने की आशा चुक गई। सिख अनिष्ट की आशंका से चिंतित थे, पर दशमेश का मुख मंडल सदा की तरह निर्मल और शांत था। अंतिम प्रार्थना के बाद वह गम्भीर स्वर में बोले, ''मनुष्य को सबसे ज्यादा भय मृत्यु से लगता है। मैं तो हमेशा मृत्यु के नजदीक रहा हूँ, उसे सामने खड़े देखा है मेरा जो अनुसरण करना चाहते हैं, उन्हें भी सदा मृत्यु के साथ में रहना होगा। मैं तो उसी तरह मौत के पास जाऊंगा जैसे बरात में दूल्हा घोड़े पर सवार होकर जाता है। मेरे लिए शोक मत करना। जहाँ कहीं

आप लोगों में से पांच ईश्वर भक्त मौजूद होंगे, वहीं मैं रहूँगा।'' जब पूछा गया कि उनके बाद गुरु नानक की गद्दी का उत्तराधिकारी कौन होगा तो वह बोले, ''शब्द, जो ग्रंथ साहब में मिलता है। जो कोई मुझे उसमें ढूंढ़ेगा, मैं उसमें मिलूंगा। आज से ग्रन्थ साहब को ही गुरु का पार्थिव रूप समझना।''

7 अक्टूबर, 1708 को उनका देहांत हुआ। (श्रद्धालु सिखों का विश्वास है कि वह घोड़े पर सवार होकर सशरीर स्वर्ग में चले गए) उनकी आयु उस समय सिर्फ बयालीस बरस थी, लेकिन वह जो महान कार्य कर गए, उसकी इतिहास में मिसाल नहीं। मृत्यु से न डरने की जो परम्परा उन्होंने डाली, वह सदा जीवित रहेगी।

उपसंहार

यूनान की एक राजकुमारी थी। वह जिस महल में रहती थी, उसके ठीक सामने भूलभुलैया थी। राजकुमारी बड़ी हुई। उसके विवाह के लिए स्वयंवर रचा गया। शर्त यह ठहरी कि जो नौजवान इस भूलभुलैया में प्रवेश करेगा और घूम-फिर कर उसमें से बाहर निकल आएगा, राजकुमारी उसी के गले में जयमाला डाल देगी।

बहुत से नौजवान आए। भूलभुलैया में प्रवेश किया, पर एक भी बाहर नहीं निकल पाया। सभी उसके टेढ़े-मेढ़े रास्तों में मर-खप गए।

आखिर एक ऐसा बांका नौजवान आया जिसके रंग रूप ने राजकुमारी को मोह लिया। राजकुमारी ने उसे धागे का एक गलोटा दिया, जिसका सिरा अपने हाथ में थामकर कहा, "तुम यह धागा छोड़ते हुए भीतर जाओ और फिर इसी के सहारे लौट आना।" नौजवान ने भूलभुलैया में प्रवेश किया और घूम-फिर कर धागे के सहारे बाहर निकल आया। राजकुमारी ने उसके गले में जयमाला डाल दी।

इस लोककथा में धागा परम्परा का प्रतीक है। मतलब यह कि **दुनिया एक भूलभुलैया है। जो कोई इसमें प्रवेश करता है, वह इसके टेढ़े-मेढ़े मार्गों में मर-खप जाता है। जयमाला सिर्फ उसी के गले में पड़ती है, जो परम्परा से जुड़ जाता है।**

गुरु गोविन्द सिंह परम्परा से जुड़े हुए व्यक्ति थे। इतिहास ने उनके गले में जयमाला डाली। उनका नाम हमेशा आदर और सम्मान से लिया जाएगा और जयमाला के फूल मानव जीवन को सौन्दर्य और सुगंध प्रदान करते रहेंगे।

परम्परा चीज क्या है? वह उससे कैसे जुड़े? और अब उनके बाद स्थिति क्या है?

इन प्रश्नों का उत्तर देने के बाद ही हम गुरु गोविन्द सिंह की ऐतिहासिक भूमिका को समझ पाएंगे और तभी उनकी शिक्षाओं को जीवन में ढाल पाएंगे, अन्यथा नहीं।

मनुष्य नाम का प्राणी अन्य प्राणियों से इस बात में भिन्न है कि और सब प्राणी प्रकृति उन्हें जैसे रखती है, वैसे रहते हैं। उन्हें अपने आपको जीवित रखने के लिए प्रकृति और परिस्थिति के अनुरूप ढालना पड़ता है। लेकिन मनुष्य ने दो टांगों पर खड़े होते ही प्रकृति को चुनौती दी कि मैं अपने को तुम्हारे अनुरूप नहीं ढालूंगा। मैं तुम्हें और परिस्थितियों को बदलूंगा, उन्हें अपने अनुरूप ढालूंगा। यों मनुष्य ने प्रकृति को अपना मित्र नहीं शत्रु समझा और दोनों में ठन गई। इससे जो संघर्ष शुरू हुआ, उसमें मनुष्य निरन्तर विजय प्राप्त करता हुआ, प्रकृति और परिस्थितियों को बदलता हुआ चांद तक जा पहुंचा है। इस संघर्ष में मनुष्य की चुनौती देने वाली जुझारू छवि क्रमशः वृहद् और विशाल होती चली गई। उसमें आत्मगौरव, आत्मसम्मान अर्थात् "अनख" की भावना उत्पन्न हुई, जिसकी उसने हर कीमत पर रक्षा की। वह मिट भले ही गया, लेकिन परास्त कभी नहीं हुआ।

बस, इस संघर्ष को जारी रखने और कभी परास्त न होने का नाम ही परम्परा है। संघर्ष को आगे बढ़ाने वाले जो तत्व समय-समय पर इसमें जुड़ते रहे, उन्होंने उसे समृद्ध बनाया। आगे भी तत्व बराबर जुड़ते रहेंगे, परम्परा को समृद्ध और सबल बनाते रहेंगे। जुड़ने के साथ-साथ, पुराने का, जो अपनी उपयोगिता खो चुका है, झड़ जाना भी आवश्यक है। संघर्ष की तरह जुड़ना और अड़ना भी एक सतत् प्रक्रिया है। इस प्रक्रिया और समूची परम्परा को समझने एवं आत्मसात् करने के लिए अतीत का अध्ययन अत्यावश्यक है। दूर अतीत में घटित घटनाएं आज भी हमारे कर्म और चिंतन को प्रभावित करती हैं, प्रेरणा देती हैं और दिशा निर्धारित करती हैं, भूलभुलैया से बाहर निकलने में मदद करती हैं।

प्रकृति और परिस्थिति के विरुद्ध अपने लम्बे संघर्ष में आग और तीर-कमान के साथ-साथ मनुष्य ने भाषा का भी आविष्कार किया, जो बहुत ही महत्वपूर्ण आविष्कार था। सदियों का अनुभव और ज्ञान भाषा में लिपिबद्ध हुआ, कठिन परिस्थिति, विपदा तथा मौत तक से जूझने वाला शब्द और मुहावरा मिला। वेद, उपनिषद्, रामायण, महाभारत, शुक्रनीति, चाणक्य-नीति, मनु-स्मृति, कालिदास के नाटक और काव्य, विष्णु शर्मा का पंचतंत्र, कल्हण की राजतरंगिणी, कबीर का बीजक, तुलसी का रामचरित मानस और गुरुवाणी (आदि ग्रन्थ और दसम ग्रन्थ) इस यात्रा में मील के पत्थर हैं और परम्परा में सूत्रबद्ध हैं।

परम्परा से जुड़ने और राष्ट्र नेता बनने के लिए अतीत को समझना अनिवार्य था। गुरु गोविन्द सिंह ने अतीत को न सिर्फ खुद समझा, बल्कि अपने अनुयायियों

और सामान्य जनता को भी उससे अवगत कराया। यह बहुत बड़ा काम था, जिसे अकेले कर पाना संभव नहीं था। उन्हें देश भर के पचासी विद्वानों की सेवायें प्राप्त थीं, जिनमें बावन प्रसिद्ध कवि थे। अधिकांश प्राचीन साहित्य चूंकि संस्कृत में है, इसलिए उन्होंने अपने सिखों को संस्कृत सीखने के लिए बनारस भेजा। वह खुद हिन्दी, पंजाबी और फारसी के बहुत बड़े कवि थे, लेकिन इसके अलावा संस्कृत भी सीखी। दरबारी विद्वानों में जो संस्कृत के ज्ञाता पंडित थे, उनसे वह संस्कृत के अलभ्य ग्रंथ पढ़वाकर सुनते थे, अर्थ पूछते थे और चर्चा करते थे। सामान्य जनता में चूंकि संस्कृत का चलन नहीं था, इसलिए रामायण, महाभारत आदि ग्रंथों का जन-भाषा में अनुवाद कराया, खास-खास प्रसंगों पर कविताएं लिखाई, जिन्हें दरबारी कवि पढ़कर सुनाते थे। श्रोता दत्ताचित्त होकर सुनते, प्रेरित और आंदोलित होते थे। वह विद्वानों और कवियों का सम्मान करते, उन्हें हर तरह की सुविधाएं जुटाते और अच्छा वेतन देते थे। कहा जाता है कि दरबारी कवि अमृतराय ने गुरु जी की आज्ञा से महाभारत के "सभापर्व" का हिन्दी में अनुवाद किया। इसके लिए गुरु जी ने उसे साठ हजार रुपया दिया।[1] एक-दूसरे कवि हंसराम ने महाभारत के "कर्ण-पर्व" का सुन्दर हिन्दी कविता में अनुवाद किया। आनंदपुर के युद्ध से पहले गुरु जी ने उसे हाथी, घोड़े और बहुत-सा धन देकर विदा किया। उसका यह ठाट-बाट देखकर पहाड़ी राजे डर गए कि कहीं गुरु जी ने हम पर हमला तो नहीं कर दिया। हंसराम ने एक कविता पढ़कर उनका यह भ्रम दूर किया।[2]

इन कवियों में नोक-झोंक और दिल्लगी भी खूब रहती थी। एक बार चंदन नाम के कवि ने अपना एक सवैया सुनाया और दर्प में भरकर कहा कि कोई इसका अर्थ बताये तो जानूं। गुरु जी मुस्करा कर बोले, "वाह, यह भी कोई बात है। इसका अर्थ तो गुरु-घर के घसियारे भी बता सकते हैं।" उन्होंने घोड़ों के सेवादार भाई धन्ना सिंह को बुलवाया। धन्ना सिंह खुद भी कवि थे। फिर उन्होंने अपने दो सवैये पढ़े, जिनका अर्थ चंदन नहीं बता सका और बड़ा शर्मिन्दा हुआ। मतलब यह कि कविता और संस्कृति जो एक वर्ग की बपौती थी, उसे सामान्य जनता तक पहुंचाया।

दरबारी कवि जो रचनाएं करते थे, गुरु गोविन्द सिंह उन्हें सुनते, उनके बारे में अपने सुझाव देते और जब पास हो जातीं तो मोटे कागज पर बारीक अक्षरों

---

1. प्रो. करतार सिंह द्वारा "गुरु विलास" से "जीवन कथा गुरु गोविन्द जी" से उद्धृत, पृष्ठ 541
2. प्रो. करतार सिंह द्वारा "गुरु विलास" से जीवन कथा गुरु गोविन्द सिंह जी" में उद्धृत, पृष्ठ 541

में लिखवा देते थे। इस प्रकार जो अद्‌भुत ग्रन्थ तैयार हुआ, उसका नाम गुरु जी ने "विद्यासर" अर्थात् "विद्यासागर" रखा। इसका वजन नौ मन था।

गुरु जी की अपनी रचनाएं दसम ग्रन्थ में संकलित हैं। संवत् 1778 में भाई मनीसिंह दरबार साहब अमृतसर के ग्रंथी नियुक्त हुए तब उन्होंने बड़ी दौड़-धूप और परिश्रम से यह संकलन तैयार किया। इस बारे में एक कहानी भी प्रचलित है। कहानी दिलचस्प ही नहीं, इन रचनाओं से सिखों का जो चरित्र बना, वह भी व्यक्त होता है। कहानी इस प्रकार है–

भाई मनीसिंह 1794 में लाहौर में शहीद हो गए। दसम ग्रंथ दमदमा साहब भेजा गया। उसके प्रकाशन के बारे में विद्वानों में मतभेद पैदा हो गया। एक मत यह था कि सभी रचनाएं एक जिल्द में छपें। दूसरा मत यह था कि हर एक रचना अलग-अलग छपे। तीसरा मत यह था कि ये रचनाएं दो जिल्दों में छपें। एक जिल्द में दसवें गुरु की वाणी हो, अर्थात् वे रचनाएं जिनमें नौ गुरुओं की वाणी की तरह आत्मिक उपदेश हैं। दूसरी जिल्द में अनुवाद और इतिहास संबंधी रचनाएं छापी जाएं।

यह विचार हो ही रहा था कि भाई मेहताब सिंह मीरकोटिये वहाँ आ पहुंचे। वह दरबार साहब अमृतसर की बेअदबी करने वाले मस्से रांघड़ का सिर काटने की मुहिम पर जा रहे थे। दसम-ग्रन्थ के बारे में उनकी राय पूछी गई तो उन्होंने तर्क और विवाद में जाने के बजाय यह कहा कि अगर मैं मस्से का सिर काट लाने में सफल हो जाऊं तो सभी रचनाएं एक जिल्द में छपें और अगर न सफल हो पाऊं तो अलग-अलग।

भाई मेहताब सिंह मस्से का सिर काट लाने में सफल हुए और गुरु जी की सभी रचनाएं एक जिल्द में छपीं। इन रचनाओं के नाम इस प्रकार हैं। (1) जपु साहब (2) अकाल स्तुति (3) विचित्र नाटक (4) चंडी चरित्र पहला (5) चंडी चरित्र दूसरा (6) चंडी दीवार (7) ज्ञान प्रबोध (8) चौबीस अवतार, (9) महिदी मीर (10) ब्रह्मा अवतार (11) शस्त्र नाम माल (12) श्रीमुख बाक सवैये 33 (13) शब्द हजारे (14) स्त्री चरित्र और (16) जफ़रनामा।

बहुत-सी रचनाएं आनन्दपुर में रह गईं और कुछ सिरसा नदी पार करते समय डूब गईं, लेकिन जो कुछ बचा है उससे गुरु जी की कविता-प्रतिभा का अनुमान सहज में लगाया जा सकता है। प्रतिभा जिस चीज़ का नाम है, वह संघर्ष में बनती है और अतीत के समूचे अनुभव के सारतत्व को अपने भीतर संजोए रहती है। गुरु गोविन्द सिंह को यह प्रतिभा अपने पुरखों-सिख-गुरुओं से विरासत में मिली

थी, जिसे उन्होंने महान कवियों और विद्वानों के सहयोग से और विकसित किया। जैसा कि हम पहले देख चुके हैं कि गुरु नानकदेव जिस सिख-धर्म के प्रवर्तक थे, उसका जन्म देश की विशिष्ट परिस्थितियों से हुआ था और वह भारतीय इतिहास के विकास-क्रम की अनिवार्य कड़ी था। उसका उद्देश्य भारतीय समाज को रूढ़िवाद की भ्रांतियों और दासता के बंधनों से मुक्त करके एक नए और स्वतंत्र राष्ट्र में परिवर्तित करना था। इसी लक्ष्य की पूर्ति के लिए गुरु-गद्दी की स्थापना हुई। एक के बाद एक कितने गुरु इस गद्दी पर बैठे, किसी ने भी इस लक्ष्य को नजर से ओझल नहीं होने दिया। वे सभी विद्वान और कवि थे और सभी ने नए धर्म की नई शिक्षाओं को प्रचारित-प्रसारित करने के लिए जनभाषा में साहित्य की रचना की। नई चेतना जब कविता-कथा द्वारा जनता तक पहुंचती है तो वह उसे सहज में आत्मसात् करके क्रान्तिकारी भौतिक शक्ति में बदल देती है। वास्तव में यही भौतिक शक्ति के साथ राष्ट्र की अध्यात्मिक शान्ति होती है, समाज के रूपांतरण के साथ-साथ उसका भी रूपान्तरण होता रहता है। ज्यों-ज्यों क्रांतिकारी आन्दोलन ऊंचा उठता है, राष्ट्रीय संस्कृति के स्वस्थ और श्रेष्ठ तत्व उभर कर ऊपर आते हैं और वे विचार तथा साहित्य में व्यक्त होते हैं। जो सिख लहर मुगल राज्य के प्रारम्भ में शुरू हुई, पौने दो सौ साल बाद जब दसवें गुरु गोविन्द सिंह उसका नेतृत्व कर रहे थे, वह अपनी पराकाष्ठा पर थी। मुगल राज्य विघटन की स्थिति में था और समूचे देश में अद्‌भुत क्रांति उभर आई थी, इसलिए दशमेश और उनके दरबारी कवियों की रचनाओं में राष्ट्रीय संस्कृति के स्वस्थ और श्रेष्ठ तत्वों का व्यक्त होना स्वाभाविक था। डॉ. गोकुलचंद नारंग ने ठीक लिखा है—"उन्होंने अपने समय के प्रमुख हिन्दी कवियों की संगति और अभ्यास से ऐसे वीर-रसपूर्ण काव्य की रचना की जिससे पंजाब पहले अवगत नहीं था, जिसे उन्होंने जनता की सुप्त शक्तियों को जगाने के लिए इस्तेमाल किया।[1]

दसम ग्रंथ के अध्ययन से यह बात स्पष्ट हो जाती है कि उन्होंने राष्ट्रीय इतिहास और संस्कृति का गहरा अध्ययन करके उसे आलोचनात्मक ढंग से अपनाया है। "चंडी चरित्र", "चंडी दीवार", "विचित्र नाटक" और "जफ़रनामा" का उल्लेख पहले हो चुका है और उनसे काफी उद्धरण भी दिए गए हैं। अब जरा दूसरी रचनाएं देखिए ताकि उनके विचार और व्यक्तित्व को भली भांति समझा जा सके। "चौबीस अवतार" में उन्होंने विष्णु के कृष्ण और राम इत्यादि चौबीस अवतारों के कारनामे अत्यन्त जोशीली कविता में लिखे हैं। अभिप्राय "चंडी चरित्र" और "चंडी दीवार"

---

1. ट्रांसफार्मेशन ऑफ सिखिज्म—पृष्ठ 78

की तरह साहस और वीरता की भावनाओं को उजागर करना था। साथ ही यह भी बताया है कि अन्याय और अत्याचार की दानवीय शक्तियों का विरोध हर काल में होता आया है। अर्थात् अन्याय और अत्याचार का विरोध करना हमारी राष्ट्रीय परम्परा है, दानवीय शक्तियों से लोहा लेने वाले वीर पुरुष हमारे राष्ट्रीय हीरो हैं। हम उनका आदर-सम्मान करें, उनसे प्रेरणा लें। उन्हें अवतार मान लेना गलती है। अवतार मान लेने से जड़बुद्धि उत्पन्न होती है, जो मनुष्य को विमूढ़ और निष्क्रिय बनाती है। गुरु सिर्फ अकाल पुरुष के आराधक हैं। ''जपु साहब'' में लिखा है—''नमस्ते अकाले'' (नमस्कार है उसे, जिस पर काल का असर नहीं) और इस अकाल पुरुष ने—

केते कृष्ण से कीट कोटै उपाय।
उसारे गढे फेर मेटो बनाए ॥76॥

(कृष्ण ने जैसे लाखों-करोड़ों कीड़े पैदा किए, फिर बनाए और मिट्टी में मिला दिए)

जो कहों राम अजोनि अजै अति काहे को
कौशल कुख जयोजू ॥13॥

(अगर तुम राम को न जन्म लेने और न शरीर धारण करने वाला मानते हो तो वह कौशल्या के पेट में कैसे आया?)

मैं न गणेश ही प्रथम मनाऊं ॥
किशन, विश्न कबहू न ध्याउं ॥
कान सुने पहचान न तिनसों ॥
महाकाल रखवार हमारे ॥
महा लोह में किंकर बारे ॥

(कृष्ण अवतार)

(मैं गणेश, कृष्ण और विष्णु को पहले कभी नहीं मानता। मैं उनकी आराधना नहीं करता। मैं केवल महाकाल प्रभु का उपासक हूँ। वही मेरी रक्षा करता और तमाम कष्टों से बचाता है।)

एकेश्वरवाद ही उस समय का सर्वोत्तम जीवन दर्शन था। सभी सिख गुरुओं की तरह दशमेश ने भी अपने अनुयायियों को देवी-देवता और मूर्ति-पूजा के भ्रम

जाल से निकालने के लिए केवल अकाल पुरुष को अपना आराध्य बनाने की सीख दी है।

लेकिन प्रकृति और परिस्थितियों के विरुद्ध लम्बे संघर्ष में जादू-टोने और देवी-देवता की तरह ईश्वर भी मावन-कल्पना की सृष्टि है। और फिर समाज परिवर्तन के साथ-साथ ईश्वर अवधारणा का भी निरन्तर विकास हुआ है। हम देख चुके हैं कि गुरु नानकदेव ने इस अवधारणा के साथ निर्भय और निर्वैर के विश्लेषण जोड़े। राष्ट्र के उत्पीड़ित और शोषित को निर्भय बनाना समय का तकाजा था, लेकिन निर्भय तो लुटेरा और बदमाश भी हो सकता है। सिख धर्म को जिस नए मनुष्य का निर्माण करना था, उसे निर्भय के साथ-साथ निर्वैर भी बनना था। मनमुख के बजाय गुरुमुख बनाना था। संन्यास को गृहस्थ में लाना था। गुरु गोविन्द सिंह ने भगवती को तलवार और ईश्वर को सर्वलौह से उपमा देकर इस अवधारणा को और विकसित किया। कारण यह कि गुरु नानक द्वारा शुरू किया गया आन्दोलन अब अपनी पराकाष्ठा पर पहुंच गया था और उनकी शिक्षाओं को व्यावहारिक रूप देने का समय आ गया था। सोचिए, मुगल साम्राज्य से लोहा लेने—सवा लाख से एक को लड़ाने के लिए कितनी बड़ी आध्यात्मिकता की दरकार थी। जो अध्यात्मवाद सामाजिक कर्तव्य से मुंह मोड़े, वह निरा पलायनवाद है। गुरु नानक के नए धर्म का पुराने धर्म से संघर्ष का मुद्दा ही पलायनवाद का विरोध था।

एक बात और, द्वंद्वात्मक भौतिकवाद के अनुसार हर चीज दो में विभाजित होता है। सिख धर्म भी दो में विभाजित हुआ। एक तरफ गुरु नानक से गोविन्द सिंह तक दसों गुरुओं ने नए धर्म के उद्देश्य की रक्षा की और उसके लिए सब कुछ न्योछावर कर दिया। दूसरी तरफ पृथ्वीचंद, धीर मल्ल और रामराय ने आध्यात्मिकता का चोला ओढ़कर गुरु-गद्दी के लिए विवाद खड़ा किया और अपने लिए सुख-सुविधाएं जुटाईं, जागीरें लीं, उत्पीड़ितों तथा रूढ़िवादियों के पूज्य बने। रामराय की आध्यात्मिकता का यहाँ तक ढिंढोरा पीटा गया कि जब वह समाधि में लीन होते हैं तो उनकी आत्मा शरीर को छोड़कर भगवान से साक्षात्कार करने चली जाती है और फिर शरीर में लौट आती है। लेकिन रामराय के अपने मसंदों ने उनकी हत्या कर दी। आध्यात्मिकता उसकी रक्षा नहीं कर पाई। अगर गुरु गोविन्द सिंह भी संघर्ष का मार्ग छोड़कर इस भक्ति-मुक्ति की आध्यात्मिकता का मार्ग अपनाते तो उन्हें जागीर मिल सकती थी। औरंगज़ेब यही चाहता था और बहादुरशाह भी यही चाहता था, लेकिन राष्ट्र कुछ और चाहता था। गुरु गोविन्द सिंह ने वही किया जो राष्ट्र चाहता था। उनकी आध्यात्मिकता ही वास्तविक आध्यात्मिकता थी। उन्होंने

नकली आध्यात्मिकता अर्थात् धर्मांधता से अपने खालसा को अलग रहने का आदेश दिया।

प्रकृति और परिस्थिति के विरुद्ध संघर्ष की परम्परा जिस प्रकार समाज व वर्ग में विभाजित हुई, उसी प्रकार खालसा-पंथ भी दो खेमों में विभाजित हो गया। उदाहरण के लिए बुद्ध परिवर्तन से भयभीत पुनरुत्थानवादी थे। उन्होंने प्रगति के रथ को पीछे की ओर धकेलने का प्रयास किया। यथास्थिति बनाए रखने वाले जन-विरोधी और प्रतिक्रियावादी बुद्ध की अहिंसा और महाकरुणा को आज भी इसी उद्देश्य के लिए इस्तेमाल कर रहे हैं और उन्होंने बुद्ध को भी अवतार अर्थात् भगवान बना दिया है। लेकिन गुरु गोविन्द सिंह ने अवतार-परम्परा में बुद्ध का उल्लेख नहीं किया।

''दसम ग्रंथ'' में संकलित ''स्त्री-चरित्र'' के बारे में कुछ विद्वानों का मत है कि यह गुरु गोविन्द सिंह की नहीं, उनके किसी दरबारी कवि की रचना है और इसे दसम ग्रंथ में शामिल करने की जरूरत नहीं थी। कारण यह कि इसमें सौत और विमाता के दुख और स्त्रियों के हाव-भाव की कहानियाँ दर्ज हैं।[1] सतही ढंग से सोचा जाए तो यही मत बनता है, लेकिन यह मत दुरुस्त नहीं। अगर यह रचना गुरु गोविन्द सिंह की नहीं, किसी दरबारी कवि की है तो सोचना होगा कि क्या गुरु जी ने दरबारी कवि अनाप-शनाप लिखने को रखे थे। नहीं, गुरु जी की यह अपनी रचना है। वह यह कहानियाँ अपने दीवान में सुनाते थे। उद्देश्य सिंहों को स्त्री के सम्मोहन से बचाना और उन्हें लंगोट के पक्के और सच्चे बनाना था। रावलपिंडी में वेश्या का कोठा सामने देखकर जब भाई जोगा सिंह का मन विचलित हो गया था, तब इसी शिक्षा ने उनकी रक्षा की थी।

''शस्त्रनाम माल'' में शस्त्रों के महत्व को उजागर किया गया है।'' ''श्रीमुख वाक सवैये 33'' में पुराण और कुरान की शिक्षा का भेद बताया है और वेदों का निरीक्षण करते हुए उनमें सिर्फ वे प्रसंग उठाए गए हैं, जिनसे मनुष्य प्रकृति की भयंकर शक्तियों से लोहा लेता है और संकट में घिरा हुआ भी सौ बरस तक जीने की कामना करता है।

गुरु गोविन्द सिंह ने गुरु-गद्दी अपने पर खत्म तो की, पर दसम ग्रंथ को आदि ग्रंथ की तरह धार्मिक रूप नहीं दिया। उद्देश्य यह था कि जिस तरह उन्होंने अतीत का अध्ययन-विश्लेषण किया है, असार को छोड़कर सारतत्व को न सिर्फ

---

1. दौलत राम, 'साने--कमाल गुरु गोविन्द सिंह', पृष्ठ 239

ग्रहण किया, बल्कि उसमें समय के अनुकूल नए तत्व भी जोड़े हैं, नई पीढ़ी उनकी रचनाओं का इसी तरह अंध्ययन-विश्लेषण करे, दिमाग की मशीनरी चालू रखे और पुराने को त्यागकर नए को ग्रहण करने में सक्षम बने। उनका आदि ग्रंथ धर्म-शास्त्र नहीं, समाज-शास्त्र है। उनकी शिक्षा का सारतत्व यह है—

राज-साज हम पर जब आयो ॥
जथा सक्त तब धरम चलायो ॥
भांति-भांति बन खेल सिकाए ॥
मारे रीछ रोझ झंकारा ॥

(विचित्र नाटक)

अर्थात्—जब समय का आदेश हुआ, तब हमने यथाशक्ति धर्म चलाया। जंगल में भिन्न-भिन्न प्रकार के शिकार खेले। रीछ, रोझ आदि हिंसक पशुओं का शिकार किया।

शिकार खेलना युद्ध की तैयारी करना था और इस युद्ध का उद्‌देश्य जन-विरोधी और राष्ट्र-विरोधी हिंसक शक्तियों का नाश करके नए और स्वतंत्र समाज का निर्माण करना था।

क्या गुरु गोविन्द सिंह अपने इस उद्‌देश्य में सफल हुए? इस प्रश्न का सही उत्तर यह है कि वह राष्ट्र को धर्मांधता और कुसंस्कारों की भूलभुलैया से निकालकर सफलता की राह पर डाल गए। उनकी मृत्यु के सिर्फ तीन साल बाद ही बंदा बहादुर के नेतृत्व में सिख मध्य तथा दक्षिण-पूर्व पंजाब में एक बहुत बड़े भूखंड के स्वामी बन गए। तीस बरस बाद उन्होंने सतलुज के इस पार कई स्वाधीन रियासतें कायम कीं, जिन्हें मिसलें कहा जाता था। अहमदशाह अब्दाली जब दिल्ली को लूट कर लौट रहा होता था तो सिख गुरिल्ले उसे लूट लेते थे। वह जिन औरतों को बंदी बनाकर लाता था ये गुरिल्ले उन्हें सम्मान सहित अपने-अपने घर पहुंचा देते थे। लोग उन्हें स्वेच्छा से रक्षा कर देते थे। आखिर मिसलों को मिलाकर जो शक्तिशाली राज्य अस्तित्व में आया, वह अंग्रेजों से इसलिए पराजित नहीं हुआ कि सिखों की वीरता और त्याग में कमी आ गई थी। नहीं, उनकी वीरता और त्याग की मिसाल मानव जाति के इतिहास में शायद ही मिलेगी। पराजय का कारण था रणजीत सिंह के दरबार में संस्कृति का अभाव। मरहठों की आपसी फूट और पराजय का कारण भी मरहठा दरबार में संस्कृति का अभाव था। गुरु गोविन्द सिंह की महानता युद्ध

लड़ने और उसमें सर्वस्व बलिदान कर देने में इतनी नहीं, जितनी संस्कृति को समृद्ध बनाने और उसे नया रूप देने में है।

गुरु गोविन्द सिंह के बाद धर्मांधता और कुसंस्कारों के भ्रमजाल को तोड़ने और राष्ट्र में स्वतंत्र-चिंतन की भावना जगाने का श्रेय स्वामी विवेकानंद को प्राप्त है। सुनिए, वे देशवासियों को सतर्क और सावधान कर रहे हैं–

"तुम में से प्रत्येक मनुष्य कुसंस्कारपूर्ण मूर्ख होने के बजाय यदि घोर नास्तिक हो जाए तो मुझे पसंद है, क्योंकि नास्तिकता तो जीवन्त है, तुम उसे किसी तरह परिवर्तित कर सकते हो। परन्तु यदि कुसंस्कार घुस जाएं तो मस्तिष्क बिगड़ जाएगा, कमजोर हो जाएगा और मनुष्य विनाश की ओर अग्रसर होने लगेगा। तुम इन दो संकटों से बचो। हमें निर्भीक साहसी मनुष्य का प्रयोजन है, हमें खून में तेजी और स्नायु में बल की आवश्यकता है, लोहे के मुट्ठे और फौलाद के स्नायु चाहिए, न कि दुर्बलता लाने वाले वाहियात विचार। इन सबको त्याग दो, सब प्रकार के रहस्यों से बचो।[1]

क्या यह दशमेश का स्वर नहीं?

विवेकानंद फिर कहते हैं–"मैंने उपनिषदों के अतिरिक्त कहीं अन्यत्र से उद्धरण कभी नहीं दिए, उपनिषदों में से भी केवल "बल" का आदर्श। वेद एवं वेदान्त का समस्त सार तथ्य अन्य सब कुछ एक इस शब्द में निहित है। ...बल और अभय।"[2] उनके पास कुछ विद्यार्थी आए और कहने लगे कि स्वामी जी हमें गीता पढ़ाओ। स्वामी जी का उत्तर था, 'बेटा जाओ, मैदान में जाकर फुटबाल खेलो। देश को लोहे के मुट्ठे और फौलाद के स्नायु वाले युवक चाहिए।"

शिकार खेलो या फुटबाल खेलो, मतलब एक है, उद्देश्य एक है।

लाहौर के सिखों ने दशमेश से कहा था कि आप युद्ध की बात छोड़िए गुरु नानकदेव के आध्यात्मवाद का प्रचार कीजिए, हम औरंगज़ेब से आपका समझौता कराए देते हैं। गुरु जी ने उन्हें जो उत्तर दिया था, उसका उल्लेख हो चुका है। इसी प्रकार एक दिन स्वामी विवेकानंद के एक गुरु-भाई ने उनसे कहा कि आपकी शिक्षा का श्रीरामकृष्ण की शिक्षा से कोई मेल नहीं। एकान्त भक्ति के साथ अनन्यचित्त होकर साधन-भजन की सहायता से केवल ईश्वर की उपलब्धि की चेष्टा करना ही रामकृष्ण देव का आदर्श था। स्वामी जी पहले तो चुप बैठे सुनते रहे, आखिर तैश

1. विवेकानंद साहित्य, पंचम खंड, पृष्ठ 172
2. विवेकानंद साहित्य, अष्टम खंड, पृष्ठ 132

में आकर बोले, "तुम जिस भक्ति का उल्लेख कर रहे हो, वह मूर्खों की भावुकता मात्र है, जो मनुष्य को कापुरुष और कर्मविमुख कर डालती है। ...छोड़ो इन बातों को। कौन तुम्हारे श्रीरामकृष्ण को चाहता है? शास्त्र क्या कह रहे हैं या नहीं कह रहे हैं, कौन सुनता है? यदि मैं घोर तमोगुण में डूबे हुए अपने स्वदेशवासियों को कर्मयोग के द्वारा अनुप्राणित कर वास्तविक मनुष्य की तरह अपने पैरों पर खड़ा कर देने में समर्थ हूँ, तो मैं आनंद के साथ लाख बार नरक में जाऊंगा। मैं तुम्हारे रामकृष्ण या अन्य किसी का चेला नहीं हूँ। जो लोग अपनी भक्ति-मुक्ति की कामना को छोड़ दरिद्र नारायण की सेवा में जीवन को उत्सर्गित करेंगे—मैं उन्हीं का चेला, भृत्य क्रीतदास हूँ।"[1]

विवेकानंद ने गुरु गोविन्द सिंह के उत्सर्गित जीवन के प्रति भाव-भीनी श्रद्धांजलि अर्पित की है और उनके स्वर में दशमेश का स्वर सुनाई पड़ता है। विवेकानंद की शिक्षाओं से जागृति फैली, उसके परिणामस्वरूप राष्ट्रीय आंदोलन की लहर इतनी ऊंची उठी कि लार्ड कर्जन को अपनी बंग-भंग योजना वापस लेनी पड़ी और उसी के परिणामस्वरूप क्रांतिकारी गुप्त संगठन बने। क्रांतिकारी आंदोलन के विकास के साथ-साथ विचार का भी विकास हुआ। भगत सिंह क्रांतिकारी आंदोलन के शहीदेआजम हैं। उनका जीवन भी उत्सर्गित जीवन था और उन्होंने आजादी की व्याख्या यह की कि हम मार्क्सवाद के आधार पर मजदूर-किसान का राज चाहते हैं। मार्क्सवाद वैज्ञानिक चिंतन है। भगतसिंह का चिंतन भी कल्पना की भूलभुलैयों से निकल कर वैज्ञानिक बन गया था। क्रांति से जुड़कर उनके चिंतन में जो गुणात्मक परिवर्तन आया, उसे उन्होंने अपने एक लेख "मैं नास्तिक क्यों हूँ" में इस प्रकार व्यक्त किया है—

"ईश्वर की शुरुआत के बारे में मेरा अपना विचार यह है कि जब मनुष्य को अपनी सीमाओं, कमजोरियों और कमियों का अहसास हो गया तो परीक्षा की घड़ियों में उनका दृढ़ता से मुकाबला करने के लिए साहस प्राप्त करने और मर्दानगी से मुकाबला करने और खुशहाली तथा अमीरी में अपनी इच्छाओं पर नियंत्रण के लिए ईश्वर का उसने एक काल्पनिक अस्तित्व बना लिया। मनुष्य ने ईश्वर को निज रूप और पालने वाले के रूप में कल्पना की और उसे इसी रूप में चित्रित भी किया। उसके क्रोधी और निजरूपक नियम पर विचार करते समय वह प्रताड़ना का काम देता था ताकि मनुष्य समाज के लिए खतरा न बन जाए। उसके पालने

---

1. विवेकानंद चरित्र, पृष्ठ 366

वाले गुणों में वह माता-पिता, बहन, भाई, दोस्त और सहायक था। हर किसी के छोड़ जाने वाली कठिन घड़ियों में भी मनुष्य को यह विश्वास रहे कि उसकी सहायता करने, उसे धीरज बंधाने के लिए सदा सलामत सच्चा मित्र ईश्वर है। आदिकाल में ईश्वर सच्चे अर्थों में समाज के लिए लाभदायक था। कठिन समय में ईश्वर का ध्यान आदमी के लिए सहायक होता है–"

"समाज ने जिस तरह मूर्ति-पूजा और धर्म के संकीर्ण संकल्प के खिलाफ संघर्ष किया था, उसी तरह उसे ईश्वर में विश्वास के खिलाफ भी संघर्ष करना होगा। इसी तरह जब आप भी आत्मनिर्भर और यथार्थवादी बनने की कोशिश करेंगे तो आपको भी ईश्वर में विश्वास को एक तरफ पटक देना पड़ेगा और हर मुश्किल, हर आफत और हर एक स्थिति का डटकर मुकाबला करना होगा। इस समय मेरी हालत एकदम यही है। मेरे दोस्तो, यह मेरा अहं नहीं है। मैं अपने सोचने की प्रक्रिया ही में नास्तिक बना हूँ। मैं नहीं समझता कि ईश्वर में विश्वास करने और रोज प्रार्थना करने (जिसे मैं मनुष्य का सबसे स्वार्थपूर्ण और घटिया काम समझता हूँ) से मेरा कुछ संवर सकता है या इससे मेरी स्थिति और ज्यादा खराब हो जाएगी। मैंने उन नास्तिकों के बारे में पढ़ा है, जिन्होंने पूरी तरह डटकर सभी मुश्किलों का सामना किया था। इसलिए मैं अंत तक, फांसी के तख्ते पर भी, आदमियों की तरह सिर सीधा रखकर डटे रहने की कोशिश कर रहा हूँ।"[1]

गुरु गोविन्द सिंह ने देवी-देवताओं तथा अवतारों में विश्वास का विरोध किया और विरासत में मिली ईश्वर की अवधारणा को विकसित करके "सर्वलोह" कहा। विवेकानंद ने "यत्रजीव तत्रशिव" की गुरु शिक्षा पर चलते हुए मनुष्य को ही भगवान बताया, यानी इस अवधारणा को भौतिकवाद के कगार पर ला खड़ा किया और भगतसिंह ने उसे अनीश्वरवाद में प्रवर्तित कर दिया। यह हमारे राष्ट्रीय चिंतन का क्रमिक विकास है। चिंतन पर विराम संभव नहीं। चिंतन पर विराम वही लगाते हैं, जो क्रांति विरोधी हैं, यथास्थिति के पक्ष-पोषक हैं। गांधी ने, जो बुद्ध की तरह क्रांति-विरोधी थे और राम राय की तरह आत्मसपर्मणवादी थे, हमारे कर्म और चिंतन को चर्खे से बांधकर रखा और राष्ट्र को बौना बनाया। भगतसिंह ने गांधी के नेतृत्व वाली कांग्रेस के क्रांति-विरोधी चरित्र को भली-भांति समझ लिया था।

"भारत की वर्तमान लड़ाई ज्यादातर मध्यम श्रेणी के लोगों के बलबूते पर लड़ी जा रही है, जिसका लक्ष्य बहु सीमित है। कांग्रेस दुकानदारों और पूंजीपतियों

---

1. 'भगतसिंह के दस्तावेज', हिरावल प्रकाशन, पृष्ठ 15-16

के जरिए इंग्लैंड पर आर्थिक दबाव डालकर कुछ अधिकार ले लेना चाहती है। परन्तु जहाँ तक देश के करोड़ों मजदूर और किसान जनता का ताल्लुक है, उनका उद्धार इतने से नहीं हो सकता। यदि देश की लड़ाई लड़नी हो तो मजदूरों, किसानों और सामान्य जनता को आगे लाना होगा, उन्हें लड़ाई के लिए संगठित करना होगा। नेता उन्हें आगे लाने के लिए अभी तक कुछ नहीं करते, न कर ही सकते हैं। इन किसानों को विदेशी हुकूमत के जुए के साथ-साथ भूमिपतियों और पूंजीपतियों के जुए से भी उद्धार पाना है, परन्तु कांग्रेस का उद्‌देश्य यह नहीं है।''

''इसलिए मैं कहता हूँ कि कांग्रेस के लोग सम्पूर्ण क्रांति नहीं चाहते। सरकार पर आर्थिक दबाव डालकर वे कुछ सुधार और रियायतें लेना चाहते हैं। भारत के धनी वर्ग के लिए कुछ रियायतें और चाहते हैं। और इसीलिए मैं यह भी कहता हूँ कि कांग्रेस का आंदोलन किसी न किसी समझौते या असफलता में खत्म हो जाएगा।''[1]

भगतसिंह ने देशवासियों के नाम यह संदेश 2 फरवरी, 1931 को जेल की कोठरी से भेजा था। उनकी यह भविष्यवाणी सही सिद्ध हुई। नमक सत्याग्रह का अंत गांधी-इरविन समझौते में हुआ, जिसमें भारत के उद्योगपतियों को लायसेंस और कोटे मिले और बदले में गांधी ने अंग्रेजों की यह शर्त मानी कि कांग्रेस विदेशी माल के बायकाट का आंदोलन आगे कभी नहीं चलाएगी। भगतसिंह ने ''कौम के नाम संदेश'' में अपने दल और कांग्रेस के लक्ष्य का अन्तर बताते हुए और भी आगे की बात कही है, बहुत बड़ी भविष्यवाणी की है–

''हमारे दल का लक्ष्य क्या है और उसके साधन क्या हैं, यह भी विचारणीय है। दल का नाम ''सोशलिस्ट रिपब्लिकन पार्टी'' है और इसलिए इसका लक्ष्य एक सोशलिस्ट सामाजिक संगठन की स्थापना है। कांग्रेस और इस दल के लक्ष्य में यही भेद है कि राजनैतिक, क्रांति से शासन-शक्ति अंग्रेज के हाथ से निकल कर हिन्दुस्तानियों के हाथ में आ जाएगी। हमारा लक्ष्य शासन शक्ति को उन हाथों में सुपुर्द करना है, जिनका लक्ष्य समाजवाद है। इसके लिए मजदूरों और किसानों को संगठित करना आवश्यक होगा, क्योंकि उन लोगों के लिए लार्ड रीडिंग या इरविन की जगह तेज बहादुर या पुरुषोत्तम दास, ठाकुर दास के आ जाने से कोई भारी फर्क नहीं पड़ सकेगा।''

क्या 1947 में ठीक यही नहीं हुआ? क्या इरविन की जगह ठाकुर दास या प्रेमचंद के शब्दों में जॉन की जगह गोविन्द सिंह नहीं आया? सिख गुरुओं ने ''किरत

---

1. 'भगतसिंह के दस्तावेज', हिरावल प्रकाशन, पृष्ठ 15-16

करो और बांट खाओ" वाले जिस नए समाज का, विवेकानंद ने शूद्र राज्य के नए भारत का और भगतसिंह ने मजदूर-किसान राज का जो स्वप्न देखा, वह साकार क्यों नहीं हुआ?

इस प्रश्न का उत्तर राष्ट्रीय आंदोलन के इतिहास से मिलेगा।

जिस नियम से प्रकृति और परिस्थिति के विरुद्ध संघर्ष दो में विभाजित हुआ, सिख लहर दो में विभाजित हुई, उसी नियम से राष्ट्रीय आंदोलन भी दो में—राष्ट्रवादियों और आत्मसपर्मणवादियों में विभाजित हुआ। 1905 में बंग-भंग आंदोलन का नेतृत्व राष्ट्रवादियों के हाथ में था और आत्मसपर्मणवादियों अर्थात् माडरेटों के कड़े विरोध के बावजूद सफल हुआ, लेकिन प्रथम विश्वयुद्ध के बाद जब देश क्रांति के कगार पर था, कांग्रेस का नेतृत्व गांधी यानी आत्मसपर्मणवादियों ने हथिया लिया और फिर उन्हीं के हाथों में रहा। परिणाम यह कि न सिर्फ बंगाल बल्कि पंजाब और पूरे देश का विभाजन हुआ।

जिस नियम से आंदोलन दो में बंटा, उसी नियम से विचारधारा भी दो में बंटी। गांधीवाद जन विरोध और क्रांति विरोधी दर्शन था। "गांधी का गुरु गोविन्द सिंह को गुमराह देशभक्त कहना स्वाभाविक था, इसमें आश्चर्य या नाराज होने की कोई बात नहीं। इससे क्रांतिकारी और क्रांति-विरोधी विचारधाराओं का आपसी टकराव स्पष्ट होता है और यह टकराव "भगतसिंह के दस्तावेज" से भी स्पष्ट है।

गुरु गोविन्द सिंह और भगतसिंह का मार्ग ही देश की मुक्ति और प्रगति का मार्ग है।

❑❑❑